LE PETIT TROQUET
DES BRÈVES DE COMPTOIR

DU MÊME AUTEUR

AUX ÉDITIONS JULLIARD

Chut !, roman, 1998 (Prix populiste ; prix Alexandre-Vialatte ; prix Bacchus).
L'Eau des fleurs, roman, 1999.
Brèves de comptoir, théâtre, 1999 (Grand Prix de l'humour noir).
Apnée, roman, 2005.
Les Nouvelles Brèves de comptoir, théâtre, 1999 (Grand Prix de l'Académie française du jeune théâtre, 2000 ; Grand Prix de l'humour noir).
Alice dans les livres, roman, 2006.
Un café sur la Lune, roman, 2010.
Sextoy, roman, 2012.

CHEZ D'AUTRES ÉDITEURS

Merci Bernard, en collaboration, Balland, 1984.
Autopsie d'un nain, roman, Ramsay, 1987.
Tue-tête, roman, Bernard Barrault, 1989.
Palace, en collaboration, Actes Sud, 1989.
La Carte des vins, roman, Michel Lafon, 1991.
Vous me croirez si vous voulez, Flammarion, 1993.
Les Coccinelles de l'Etna, roman, Gallimard, 1994.
Brèves de comptoir, Michel Lafon, 1987-1988-1989-1990-1991-1992-1993-1994-1995-1996-1997-1998.
10 000 Brèves de comptoir, Michel Lafon, tome 1, 1993 ; tome 2, 1995.
Chiens de comptoir, avec Blandine Jeanroy, Michel Lafon, 1996.
10 000 Brèves de comptoir, Robert Laffont, tome 3, 1999.
Brèves de comptoir 2000, Robert Laffont, 2000.
Brèves de comptoir, texte intégral, collection « Bouquins », tomes 1 et 2, Robert Laffont, 2002.
Brèves de comptoir, l'anniversaire !, Robert Laffont, 2007.
Les Nouvelles Brèves de comptoir, tome 1, Robert Laffont, 2008.
Les Nouvelles Brèves de comptoir, tome 2, Robert Laffont, 2009.
Brèves de comptoir, théâtre, « Une journée, une année, une semaine », Actes Sud papiers, 2010.
Brèves de comptoir, texte intégral, collection « Bouquins », tome 3, Robert Laffont, 2012.
Le Grand Café des Brèves de comptoir, Robert Laffont,2013.
Aïkus de mes comptoirs, Castor Astral, 2014.

(Suite en fin de volume)

JEAN-MARIE GOURIO

LE PETIT TROQUET DES BRÈVES DE COMPTOIR

Robert Laffont

ISBN 978-2-221-18856-9

On ferme !

Fin des Brèves de Comptoir

Ouvert en 1985, le Café des Brèves de Comptoir ferme définitivement ses portes. 60 000 brèves, notées sur un carnet, au cours de formidables balades dans les bars. Publiées, servies aux lecteurs comme on sert la tournée ! Vingt livres. Jouées trois fois au théâtre, mises en scène par Jean-Michel Ribes. Portées au cinéma, par le même Jean-Michel Ribes. Pendant trente ans, les Brèves auront été ma musique. Mon obsession. Mon bonheur. Les comptoirs ! Les gens qui parlent en buvant un verre. Qui rient. Qui pleurent. Qui rêvent. Qui déraisonnent. Qui déconnent. Pour moi, la vie est là. Je continuerai toute ma vie à traîner les bars. À écouter les gens. À les aimer. Mais ces mots resteront là où ils sont nés. Dans le bar. Collés sur les murs ! Tombés au sol ! Finie la cueillette. Je ne ramasserai plus le raisin des mots. Ce qui n'empêchera pas la belle vigne de pousser. Entrez dans les cafés. Enivrez-vous. Écoutez. Tout est là.

Jean-Marie Gourio

J'ai ma maison qui me boit mes bouteilles, je les planque, je les retrouve vides !

– *Vous m'avez manqué ! j'ai soif soif soif soif !*
– *J'ouvre juste juste juste juste !*

De loin ça fait une jolie lumière jaune dans la neige, on dirait le jour qui se lève mais en petit.

Plus on vit vieux, plus on devrait être fort, puisqu'on a dans le corps la vie de toute une vie.

– *Les seuls pas dans la neige devant le café, c'est les miens.*
– *Vous êtes le premier.*

Quand j'étais gamin, je voulais que personne marche dans la neige pour pas salir.

– ***Vous allez en faire du vin chaud ?***
– ***Ça cuit.***

La nuit blanche, la lune elle y arrive et la neige aussi, c'est les deux seuls qui peuvent combattre.

– Ils ont fait un beau bonhomme de neige dans la cour de l'école.

– C'est bien, ça leur servira plus que l'orthographe !

C'est Giono qui marche bien dans la neige dans ses livres.

– La neige c'est le blanc manteau, après, c'est le clair linceul.

– Buvez quelque chose !

Même si à Noël je bois beaucoup plus, je suis saoul pareil que d'habitude.

De nos jours, le corps de Jésus, c'est plus des huîtres qu'une viande.

Quand je marche dans la neige, j'écoute mes pieds, sinon jamais.

– Tu pars à gauche, tu reviens à droite.

– La Terre est ronde.

– Je suis catholique, je mange pas de cochon, comme quoi, ça veut rien dire.

– Tu bois de l'alcool.

– Bien sûr ! je suis catholique.

Le vent dans le dos, c'est mon vent dominant.

– Le givre sur la porte, je vous regardais à travers, vous bougiez pas, je me suis dit : « Hibernatus ! » Je me suis dit : « Je vais entrer lui dire ! »

– Merci, et elle boit quoi ?

Dans un congélateur, t'as pas de sud, t'as que du nord.

La présence, l'absence, c'est bonnet blanc pas de bonnet !

Ça fait mystérieux les prés gelés.

Les enfants, ils sont toujours éblouis par la neige et par la mer, c'est quoi qu'ils ont de naissance, qu'on a encore vieux ?

Mon cadeau de Noël que j'aimerais, c'est une connerie en bois.

Un renard qui m'a traversé devant, à l'entrée du village, il venait vers ici, il cherche à se réchauffer, comme nous tous.

On commence à boire à midi, minuit, c'est trop loin.

D'un pied à l'autre, y a qu'un pas.

À force de rouler les cigares, elles ont le cancer des dessous de bras à Cuba !

Le ciel est laïque, monsieur ! les cloches n'ont pas à sonner !

Je suis craintif et inadapté au vol.

Au moins, le vin n'est pas gras.

L'herbe gelée, toute droite, bleue, du poil de barbe, sur le talus, j'ai la roue droite qu'a touché, c'est parti dessus, zip, houla !

Ça sert à rien d'apprendre les dates à l'école ! les dates, de toute façon, ça change tout le temps.

Sa connerie, c'est une barricade de fortune !

Une merde toute gelée devant la porte de l'église dure mais comme du bois, véridique.

Un santon ?

Pareil que Christophe Colomb, je croyais que c'était un resto indien, c'était un McDo.

– *Vous avez l'heure ?*
– *Ici on apporte son manger !*

C'est la voiture le danger public, pas le chauffeur, le chauffeur, il est pas en fer.

– *C'est de la torture le gavage des oies !*
– *Et les pédés ?! vous croyez que c'est mieux ce qu'ils font ?!*

Épicure, ça fait docteur.

– *Je regardais par le carreau, je voyais personne.*
– *Évidemment, vous étiez dehors.*

C'est fini le rap, ils mettent des violons.

– *Je sens plus mes doigts avec le froid.*
– *Vous travaillez aujourd'hui ? non ? alors vous avez pas besoin de vos doigts.*

C'est l'ibis rouge qui met des plumes sur l'océan Indien.

Il était bien gras Jésus pour un bébé de l'époque.

On demande aux pauvres de nourrir les pauvres, j'aime pas Les Restos du Cœur !

Ça serait idiot que le boudin blanc et le boudin noir se détestent parce que c'est quand même que du boudin.

– *Les marmottes se font la bise.*
– *J'en vois des marmottes, mais jamais se faire la bise.*
– *Évidemment, si vous les regardez.*

La crèche vivante, je sais pas si je préfère pas l'autre, la petite qui bouge pas.

Picoler dans le cristal, faut les lèvres en boudin, et pas les grandes dents.

Les bonhommes de neige, ils sont normaux comme nous, ils ont pas les abdominaux.

Tu me feras pas avancer une idée avec l'antagonisme primaire qui au contraire sera un frein à l'avancée que je te parle.

T'as bu quoi à c't'heure ?

– C'est bon le froid, ça réveille !
– Allez dire ça à ceux qui dorment dehors !

Si on se compare on est jamais content, moi je me compare à une poule morte, ça va.

– Ils remboursent l'avortement et pas les lunettes !
– On peut pas comparer !
– Et les dents ?! ils remboursent la pilule et les dents rien !
– Chaque fois vous revenez là-dessus.
– Bien sûr ! on rembourse que le cul en France !
– Mais non !
– Les capotes on en fait cadeau dans les hôtels, si ! si ! et le jus d'orange ? hein ?
– J'y vais pas dans les hôtels.
– Au prix où ça coûte ! vous avez raison ! vaut mieux se faire avorter gratuit nourri logé qu'aller une semaine au ski aujourd'hui !

La neige c'est pour les jeunes, la pluie pour les moyens, le soleil c'est pour les vieux.

C'est qui le con qui lui a mis sa carotte dans le cul au bonhomme ?

Je suis venu au radar et le radar a bien fait les choses, je suis direct ici.

– Faites voir vos mains, vous êtes Sagittaire.
– Je lave les vitres.

On a pas à copier l'Allemagne, on est plus pendant la guerre !

Un vin chaud ! j'ai pris les intempéries !

Si on lui parlait pas à ce monsieur, qui c'est qui lui parlerait, je crois que y a que nous qui lui parlons de toute la journée, il vient boire un coup, on lui dit quelques mots, il repart dans la rue, il dort sur le matelas derrière le Monoprix, on a jamais eu d'ennuis avec lui, si vous croyez qu'ils vont le laisser rentrer à la bibliothèque municipale pour parler, on est plus un livre pour lui que les livres là-bas qui veulent pas de lui, les mots qu'on lui dit ici c'est sa lecture à lui de tous les jours un peu, eh bien avec mon mari, on est fiers des mots qu'on dit !

Je l'ai fait le rite initiatique à treize ans, avec la cigarette et le verre de Bartissol.

Le préjugé sur le ravioli chinois est absurde.

La Terre est ronde, c'est l'homme qui veut du plat.

– *Et danseuse de l'Opéra ?*
– *Non plus, c'est pas un métier ! un métier, faut de la farine ou du ciment.*

En vous regardant je pense à quelqu'un d'autre.

La philosophie, à part ma grand-mère qui parlait jamais, j'en ai pas entendu de meilleure.

– *C'est quoi toutes les bouteilles ?*
– *Les vides là ? c'était hier.*
– *Ça a dû être la folie !*
– *Pas tellement, on était trois.*

Il a pas de sous, je le sais, il se parfume en bas avec le pschitt des cabinets.

J'ai arrêté d'en acheter, c'est des slips qui tiennent pas la route.

J'emmerde le monde, tous pays confondus !

– *T'es allé au Cadran sur l'avenue ?*
– *Non, au Savoy derrière.*
– *Tu fais du hors-piste ?*

Faut pas servir un homme déjà gorgé de vin.

Tous les tableaux sur les murs des musées, ça fait du lierre coloré, c'est de l'art grimpant !

Je bois pas d'alcool le matin, je suis un cornichon de l'après-midi.

– *Souchon, il perd ses cheveux.*
– *Ça lui va bien, je trouve, ça fait oiseau.*

La nature a eu raison, ça va bien avec la neige les sapins.

L'invention de l'homme va de la bombe atomique à la fraise gariguette.

– *Tu t'en vas ?*
– *Oui, mais je re-vins !*

J'aime bien être tout seul mais avec quelqu'un.

Tout le centre de la France est dépeuplé, comme l'Australie chez nous.

– *Il a le cœur gelé c't'homme-là !*
– *Faudrait passer la saleuse !*

Il vivait chez lui dedans-dedans et puis il est allé dans les cafés dedans-dehors et puis il vit dehors-dehors.

– *Quand on meurt, c'est comme quand on s'endort.*
– *Moi je pète.*

J'étais mieux en prison, au moins, j'avais envie de sortir.

Quand il va aux cabinets, il le dit, comme si ça intéressait les gens sa vie du ventre !

– *Vous avez acheté quoi ?*
– *De la saoulographie et des huîtres.*

On serait tous nains avec des petites voitures et des petites maisons, on pourrait être plus.

Un seul être vous manque et le linge est pas plié.

Mon chien il attaque les chats noirs, c'est pas le noir qu'il aime pas, c'est les chats, moi c'est pareil, je m'en fous de la couleur, c'est les hommes que j'aime pas, les Noirs, les Blancs, les Jaunes, j'aime que les chiens.

Un bébé qui meurt le soir de Noël, ça fait naissance de Jésus à l'envers.

Moi, rien me manque, quand je perds mes clés, je passe par la fenêtre.

Un bulbe de tulipe en plein cerveau, après l'explosion de la serre.

– *Eh ben.*
– *Ah oui ! eh ben !*

Le poisson sait pas qu'il est dans la mer, il nage, il sait même pas qu'il nage dans l'eau, nous, on le sait, on est pas plus heureux pour autant, à la mer on nage pas dans l'eau, on bronze et on va bouffer des glaces.

Je suis pas plus seul que toi !

La Bretagne, c'est le pêcheur et l'agriculteur, c'est pas la connasse qui fait des crêpes aux moules pour le bouseux qui vient de Paris !

– *J'ai mon œil droit tout collé.*
– *On va vous appeler « n'a qu'un phare » !*

Le vin chaud, ça l'a fait partir au quart de tour !

Faut jamais qu'il boive trop parce qu'après il veut boire plus.

Il fait caca où le bébé dans le ventre de sa mère ?

Je préfère les poissons plats, même pour la viande, je préfère le jambon.

– *T'es con comme une merde !*
– *Et toi t'es bourré.*
– *T'es con comme une bite !*
– *Tu vois, tu sais déjà plus.*

C'est surtout en Afrique que nous la France on fait la guerre, on adore tuer des Noirs.

La Terre si elle explose, elle ira pas loin, à cause de l'attraction.

Neuf ans dans le coma, t'as le temps de visiter !

La meilleure attraction terrestre, c'est le train fantôme.

Pour les bœufs, c'est aussi des cornes, ou c'est que pour les vaches le mot ?

– *Plus ça va, plus vous ouvrez tard.*
– *C'est vous qui venez de plus en plus tôt !*

Il rit avec les yeux parce qu'il veut pas qu'on voie ses dents.

Non, je n'ai pas problème de santé majeur, à part le diabète et la prostate.

Falsificateur !

– *Ça sent quoi ?*
– *Hier soir, j'avais des écaillers.*

Les valises sous les yeux, ça passe à la douane.

Ça serait bien que le bébé qui sort du ventre de sa mère, il sent le pain chaud.

Là où mon mari est le plus imprudent, c'est sur l'échelle.

La Noël, tout clignote, des fois j'ai les yeux qui se demandent.

Le rêve, faudrait l'oreiller qui fait l'imprimante.

Un Ricard, quatre volumes d'eau, c'est le mouton à cinq pattes !

Juppé, droit dans ses bottes, droit dans ses crottes.

Les grands pieds, on pense tout de suite aux grandes chaussures, dans ce cas-là faut penser aussi aux grandes chaussettes.

– *Le caca, c'est pas sale.*
– *C'est pas propre non plus, c'est à part.*

Si t'enlèves les haies, t'enlèves les oiseaux, si t'enlèves les bistrots, t'enlèveras les gens !

Signé Furax !

Comment il me regarde mon chat, il aime pas quand je bois.

Je suis la race des seigneurs, j'ai la médaille d'or sur le camembert à la maison !

N'est pas noir qui veut.

Ostensiblement, c'est la croissance lente de l'huître.

La sieste sous un cocotier, c'est pas la même que sous un olivier.

Jacques Brel enterré sous les cocotiers, ça lui va pas, c'est pas Alain Barrière !

C'est pas la peine d'avoir deux étages dans une boîte de chocolats si l'étage en dessous c'est le même étage que l'étage du dessus !

Je ris tout le temps, j'ai le rire incrusté.

– *Un de plus de fait.*
– *Faut pas être content que les jours passent.*
– *Je parle des mots croisés.*

J'ai l'apéro qui m'a mis une chape de plomb.

Le bouillon de poule, c'est de la poule morte écrasée dans l'eau chaude et qui cuit, je vois pas pourquoi on donne ça aux malades ?!

Le réveillon, c'est un repas normal qui aurait le cancer tellement t'as des plats partout qui se développent !

La dérive des continents, la dérive des départements, et après c'est les haies dans les prés qui bougent.

– *C'est vous sur la photo ?*
– *Mais non, c'est un portrait du général de Gaulle que je garde.*
– *Je vois pas de près.*
– *Même de loin, c'est de Gaulle.*
– *Oui, en effet.*
– *Si je vous le dis !*

La queue, c'est pas fait pour les chiens !

– Le caviar, c'est cher pour ce que c'est.
– Moins que* La Joconde *!

C'est con de moderniser une tradition.

C'est idiot d'être jeune si c'est pour vieillir.

– *Il est saoul, il s'en remet une deuxième couche !*
– *C'est un peintre.*

T'as soif de justice et t'as faim d'humanité ? t'es gourmand de beauté ? t'en as que pour l'estomac !

Même les écolos ils ont pas un cul pour chier la viande, un cul pour chier les légumes.

On a pris l'apéro, on a sauté le rosé, on a bu le blanc, on a sauté le trou normand, directement le rouge, on a bu le champagne, on a sauté l'alcool, un vrai parcours du combattant !

Je pourrais être gaucher, des fois je bois avec.

Faut réserver pour aller aux cabinets maintenant ?!

Je mets le réveil à sonner, pour savoir quand les gens vont travailler.

C'est pas rigolo d'être moche à trente ans.

La neurologie, c'est le haut du panier, c'est golf et compagnie, le neurologue !

La nuit j'ai la bouteille sur la table de nuit, ici j'ai le verre, le jour, la nuit, il est quoi l'heure, c'est qui ici ?

– J'ai perdu ma mémoire récente.
– Vous devez deux demis.

Un animal qu'on mange finalement il est plus aimé qu'un mort à nous qu'on jette dans la terre.

Dans les Alpes, mets pas des lunettes 3D, tu vas exploser.

Ton père qui meurt, c'est que la bande-annonce du film qui va t'arriver.

La caisse d'arrêt maladie a remplacé la caisse à outils !

Pourquoi il faut bouffer tout le temps ?

J'ai habité Limoges, après c'était Montpellier, j'ai pas de carcan.

Ma mère qui est morte, j'ai pas dit au revoir, alors l'adieu à Mandela, je m'en tape !

Quand c'est silencieux, le temps passe moins vite, je vois pas le rapport.

– J'ai acheté un nouvel écran plat.
– Ton autre était plus plat ?

Ce que j'aime pas chez les cons, c'est qu'ils sont bêtes.

Un bel ensoleillement en perspective ? c'est du bon français ça ?

Quand t'écoutes les Miss France maintenant, elles sont moins connes que Ségolène Royal.

Pour que les gens soient heureux vous voulez savoir ce qu'il faut ? il faut que les gens crèvent de faim monsieur, oui monsieur, j'ai pas honte de le dire ! si les gens crèvent de faim ils auront envie de bouger mais là les pauvres sont trop nourris, ils sortent pas de chez eux, moi les pauvres qui pleurent toute la journée sur leur sort, je leur retire les allocations, oui monsieur, et le logement, il faut que le pauvre soit très malheureux si il veut être heureux un jour !

Un caveau en marbre, c'est du palace pour asticots.

La moustache est un nid à bactéries, surtout chez l'amateur de fromage.

Les loups, faut pas les remettre à la montagne, faut les foutre à l'Élysée !

– *Mais comment expliquez-vous en ce moment cet engouement pour Proust ?*
– *Pas remarqué.*

Quatre fois il a fait une crotte pendant la balade, c'est sans précédent.

– *C'est difficile de parler avec vous.*
– *Ah bon ? alors parle à mon cul !*

Mandela pour un poisson, c'est bien ou pas comme nom ?

Celui qui aurait tué Hitler enfant serait allé en prison, on lui aurait pas donné une médaille !

– C'est pas l'intelligence qui vous étouffe !
– J'en mange pas.

Mandela, c'est un nouveau Jésus, qui reviendra pas non plus, comme l'autre !

Mes allers-retours, souvent le retour est loin après l'aller.

– Je suis fatigué comme si j'allais mourir.
– Vous inquiétez pas, plein de gens qui meurent sont en pleine forme, si ça va pas, ça risque d'aller.

J'ai un étang, je suis moins envahi par les Arabes que par les jacinthes !

La bouse de vache, y a pas tellement d'exemples qui ressemblent à ça.

À vingt à l'heure on avait peur, maintenant dans le TGV à trois cents on se fait chier !

La garde à vue ? ils m'ont enfermé, ils m'ont même pas regardé !

– Tout de suite les flics ont vu que j'avais bu de la bière.
– Vous avez pas d'estomac pourtant.

Ça peut pas marcher l'Europe, déjà, on a pas tous la même heure.

Je peux rien manger, j'ai le brouhaha intestinal.

Elle est toute ridée de la figure, elle a reçu un caillou dans l'eau.

Pour se lever le matin, l'Indien, il mettait le serpent à sonnette à sonner !

Boulanger, pâtissier, charpentier, menuisier, c'est des métiers qui font sentir bon des mains.

Au début Mitterrand il était avec Pétain et à la fin il a eu la prostate.

La première voile qui fait avancer l'homme avec le vent, c'est le poumon !

Pourquoi tu dis que t'es originaire d'Amiens ? y a des origines là-bas ?

Aujourd'hui t'es célèbre si t'es otage, il en faut pas beaucoup !

Pourquoi le cœur est à gauche, y a de la place à droite.

T'es un connard musqué !

La nuit les couleurs sont plus là, le matin, en dix minutes, faut tout repeindre !

– Le problème c'est que les gens veulent changer de pays pour être dépaysé.
– Moi quand j'étais petit, on me dépaysait avec rien, sortir dehors ça me suffisait.

Mon meilleur souvenir de lecture, j'avais faim, c'était un baratin écrit sur le papier de jambon.

Moi j'y pense pas à l'anus des gens, quand je les vois.

Ça pousse ! ça pousse ! il faudrait un désherbant qui marche sur les chômeurs !

– Mon père me battait, je me suis jamais plaint.
– T'en parles tout le temps.
– Je peux en parler, maintenant, je suis plus vieux que lui.

J'allais pas à l'école pour apprendre, j'allais pour plus être chez moi.

Un livre, moi, je dis, un sandwich de mots à emporter !

Père Ubu, c'est celui avec le cheval ?

J'habite dans le XXe depuis dix-sept ans, j'ai un ami qui habite le XVIIe depuis vingt ans, y a qu'à Paris qu'on voit ça.

La moule est une huître des bas quartiers.

Appuyez-vous sur moi.

Le mieux pour la démocratie, c'est que plus personne vote !

Il connaît les derniers mots de Marie-Antoinette mais quand sa femme elle parle, il écoute rien !

Il est tombé du troisième étage sur une voiture ! forcément, j'ai pas dit qu'il était à moi le nain !

Il dort dans son verre, il est même pas là quand il se bourre.

Bientôt on aura un camp rom sous chaque assiette !

J'habite toute seule, un quatre-pièces, mon mari est mort, ma fille elle est en Belgique, c'est grand pour moi, j'ai quatre fenêtres d'un côté, et quatre autres sur le périphérique, l'après-midi je me mets à la fenêtre et je compte les smart, elles m'amusent ces petites voitures, toutes les dix smart, je bois un verre de blanc, je peux, je regarde, je conduis pas.

– *T'as lu* L'Écume des jours *?*
– *L'enclume de quoi ?*

T'es sûr que c'est « La Frite enchantée ? »

Ça me ferait chier d'être une rose et qu'on m'appelle Anny Duperey !

Qu'en est-il de votre constipe ?

Les Étrusques ? les vases étrusques ? si on dit pas « vases » je sais pas ce que c'est les Étrusques ! c'est comme Ming, les vases Ming ! Étrusque, Ming, on dit vases, c'est les vases, comme minute, la cocotte, c'est pas pareil mais c'est le même style de mots collés, persan, les tapis, c'est collé pour comprendre, ou la jungle, les lois, le permis, de conduire, trois temps, la valse, vous voyez ? les couples qui sont ensemble, sinon on comprend pas... l'eau de source ! l'est d'Éden ! le mur de Berlin, et j'en passe, j'en oublie, des mots collés... bon... je vais au pain... ça aussi c'est collé !

J'habite au-dessus de gens qui habitent en dessous, j'y pense même pas, sinon je pourrais pas habiter là !

C'est en ça que le légume est un garde-fou.

À soixante ans, elle était octogénaire.

Ils se blanchissent la peau avec du savon, alors que nous, c'est en se lavant pas qu'on noircit.

Ça a été la Bérézina son Waterloo.

Les footballeurs chantent plus « La Marseillaise » que les professeurs au Collège de France !

Je vous sers, vous buvez, vous payez, c'est le meilleur pacte de compétitivité que je connais !

– *Merde de crotte !*
– *Soyez pas redondant.*

Tu pleures, t'essuies les yeux avec du jetable, c'est pas la même peine qu'avec le mouchoir tissu.

– *Vous allez bien, monsieur Damien ?*
– *Mon objectif, c'est d'être debout.*

On y reviendra au tic-tac de la montre, et au franc !

Je m'en fous de la nationale 7, moi c'est l'axe Rennes-Lorient !

Mouchoir jetable, larmes jetables !

– *Quel jour on est ?*
– *Quand ?*
– *Aujourd'hui, on est quoi ?*
– *Nous ?*
– *Aujourd'hui.*
– *Jeudi.*
– *Ça m'étonnerait, j'ai mangé du poisson.*

C'est un Martiniquais, je l'ai jamais vu quitter la rue, même les bananes voyagent plus.

Un cœur artificiel tout en plastique, tu meurs, lui il vit encore.

François Hollande laissera en France une trace de gras comme la rillette.

Le cœur artificiel a pas besoin de l'homme pour vivre !

– *J'ai été transplanté du genou.*
– *Bon, je la fais ma vaisselle oui ?! poussez-vous ! tout le monde me parle !*

Je l'ai connu, il était bipède.

– *Hitler mangeait pas de viande.*
– *Il mangeait de la chair !*

Tu pars, tu reviens, t'aurais pu inventer l'élastique !

Si on vivait mieux avant, pourquoi ils sont tous morts ?

– *Je connais quelqu'un, son nom de famille c'est Trouduc, c'est pas facile.*
– *Moi j'ai eu des voisins qui s'appelaient Bernard.*

C'est que des vieux qui sont enterrés là, c'est un hospice de morts, plus qu'un cimetière.

– *Je préfère revoir un film que j'ai déjà vu qu'un nouveau film que je connais pas.*
– *Moi, pareil avec les gens.*

On s'est saignés aux quatre veines, après, aux trois veines, après on s'est saigné la veine et après on l'a foutue dehors !

Le cœur de la femme est plus petit parce que les nichons prennent de la place en dessous la peau.

– *Dis-lui que tu l'aimes !*
– *Au chien ?*
– *Ben oui ! pas au chat.*

Tu veux que j'te le dise en langue romane ?!

C'était la grève dans la fonderie, les gars passaient la journée dans le bar, le soir avec ma mère on allait se coucher on les laissait là comme chez eux, le matin on trouvait l'argent posé sur le zinc, toute la grève les gars l'ont faite dans le café, où tu vas trouver ça maintenant ?

– *Le Téléthon, j'ai rien donné.*
– *Ça prouve que vous n'êtes pas malade.*

Parlez-lui de ce que vous voulez, il va vous regarder les pieds, il a du chiendent dans le jardin et des caries aux dents.

Hollande, plus il fait des guerres, plus il grossit !

Quand les Noirs votent, c'est toujours un Noir qui est élu, ils sont pas plus ouverts que nous !

Mandela ou pas Mandela, les Noirs sont toujours noirs.

Il aura évité entre les Noirs et les Blancs toutes les bisbilles.

Nelson Mandela pour moi ça fait un nom comme Nelson Montfort.

Vingt-sept ans de prison il a fait Mandela ! Hollande, tu lui pinces un bout de nichon, il s'écroule !

C'est un journal qui n'est diffusé que dans le village, vous ne le trouverez pas ailleurs que dans le village, comme le reste du village, vous ne le trouverez qu'ici, c'est un village d'ici.

Un mec m'emmerde, je l'emplâtre, je suis pas Mandela !

Il faut replacer les choses dans leur contexte, comme toujours.

Il a un cancer de la prostate Hollande, il fait la guerre pour pas crever tout seul.

– Ça se lit comme un roman.
– C'est pour ça que je l'ai pas lu.

L'ordinateur empêche le cerveau de réfléchir, il lui mâche sa viande.

Je rentre direct par le boulevard, c'est plus pour moi les ruelles, une époque, fallait me voir, je mettais deux heures pour rentrer en faisant vingt fois le tour !

– Je t'ai jamais vu bosser.
– Je vais pas bosser devant toi pour te faire plaisir !

J'ai été sorti de l'auberge quand j'ai commencé à aller dans les bistrots.

Même si tu aimes un homme, tu crois que ça vaut le coup d'être pédé ?

– J'en ai déjà bu trois de vins chauds, gaffe, je conduis !
– C'est pas fort, l'alcool est parti, on te retire pas le permis si t'as mangé du coq au vin.

Ils ont une prostate les bébés ? ils arrêtent pas de pisser au lit.

Y avait les dieux, les demi-dieux, les quarts de dieux.

– Bonjour Vincent.
– Je m'appelle pas Vincent.
– Et alors ? qu'est-ce que je m'en branle.

Heureusement qu'il y a des gens comme moi pour commercialiser du vin !

Je dis pas que je suis un génie, mais vous ne m'aurez pas sur les grades de la Marine nationale.

En code alimentaire, je serais plus de la viande de cheval que du veau, dans mon esprit.

Qui connaît Derrida ?

La marée, c'est le yoyo !

– C'est trop cher, maintenant je m'achète une bouteille et je la bois à la maison ! deux verres ici c'est le prix de la bouteille à Carrefour !
– T'achètes dans une grande surface et tu picoles dans une chambre de bonne ? t'es pas logique !

Sur le comptoir, un grand champagne et un petit vin rouge sont à la même hauteur !

On a qu'à foutre nos poubelles en Antarctique, y a personne.

Tu me feras ma perfusion !

Un Ricard, deux volumes d'eau, un Ricard, trois volumes d'eau, j'inverse ma courbe !

Le hêtre pourpre vit tout seul, y a d'autres arbres autour de lui mais il les aime pas.

Tu m'as trop fait chier hier ! je te mets en vigilance rouge !

On se bat pas à dix heures le matin !

Je t'aime... un peu, beaucoup, à la folie, passionnément, pas du tout... va te faire enculer, un peu, beaucoup, à la folie, passionnément...

Il est aveugle mais ça se voit pas, il marche droit, il se guide avec ses oreilles de vue.

J'ai vieilli d'un coup, comme ça, ça va plus vite.

La pâquerette, elle sait séduire.

Il est parti à pied au ralenti se foutre la gueule dans le poteau.

Il a son pain qui sent le chien mouillé.

– *Dix-sept coups de couteau, c'est beaucoup.*
– *Moins que trente-deux.*

Deux couilles par personne, c'est pas non plus l'opulence.

Les couilles c'est des jumelles, on peut pas les séparer.

On doit être les seuls à changer d'année tous les ans dans le cosmos.

Ils veulent pomper la mer Rouge pour la mettre dans la mer Morte, moi je te dis que l'homme est fou ! pourquoi pas prendre les Alpes et les foutre dans les Pyrénées ?!

– *Je vais venir de moins en moins parce que, avec ma mère, vous savez, c'est difficile, je peux pas la laisser toute seule, avec l'Alzheimer.*
– *Prenez-la avec vous.*
– *Ah non ! l'autre jour aux courses, je l'ai oubliée dans le magasin.*

Socrate, c'est Platon, ou c'est le contraire ?

Je connais tous les champignons et je suis expert en crottes de bêtes.

Un supporter qui fout la merde on l'interdit de stade, un mec qui rentre bourré on l'interdit de maison !

Quand je suis con, ça me crée un déclic.

Le dessin, pour vous, Jules, c'est quoi ?

Tout le monde est fou en France, ma femme, le chien, les portes !

La plus grande réussite, c'est le pâté Hénaff.

Si c'était à refaire mon accident, je rentre à pied.

Tous les jours c'est dimanche, tous les jours je me fais chier !

La Vierge elle était vierge, Jeanne d'Arc elle était vierge, la plupart des grandes femmes de l'histoire étaient vierges, Marie Curie même je crois n'a pas connu l'homme.

Le chien de berger à la retraite continuera à aimer le berger.

Les vagues sur les galets, ça parle, quand on marche dans le gravier, ça parle pas, c'est les pieds qui font taire.

C'est pas la première fois qu'on fricote avec le potentat gabonais.

Le nez tordu, l'odeur elle fait un coude.

... prout... ça va mieux en le disant...

Il se saoulait au Vieux Papes et mangeait que du Caprice des Dieux, il est au ciel, maintenant.

Pas trop rempli le verre, sécurité maximum !

C'est à quelle heure ici la cérémonie de clôture ?

Jamais la télé quand je mange, j'aime pas qu'on me regarde.

L'Afrique, on me la donnerait, j'en voudrais pas.

Non, je garde la petite ! ni un dernier ni un demi-dernier, je vais la chercher chez sa mère alors si j'arrive bourré je te raconte pas le bordel que ça va être, je l'ai jusqu'à dimanche, je la rapporte le soir, demain tu me verras pas, je l'emmène au cinéma, on va aller voir un dessin animé, elle répète à sa mère tout ce qu'on fait, une fois on est allés dans un café, comment je me suis fait incendier ! je l'avais assise sur le comptoir, y en a un qui a renversé son rouge sur sa robe, le soir je l'ai rendue à sa mère comme ça, pleine de pinard, la gamine elle pleurait pour sa robe, alors le dernier non ! ou alors vite, il est quelle heure ? je suis déjà en retard ! elle est grande, elle a huit ans, elle pourrait venir ici toute seule, en métro c'est qu'un changement, à l'école elle y va toute seule, alors... pas plus haut que le bord !

Mandela est éternel, alors moi aussi ! pourquoi y aurait que Mandela qui serait éternel et nous on serait de la merde ?!

On marche debout sur les pieds, on vieillit, peut-être en marchant sur les mains on rajeunit, comme un sablier !

Le coût du travail ? moi ça m'a coûté soixante ans de vie !

Le chien d'aveugle verra pas trop d'amour dans les yeux de son maître.

Je tremble comme une feuille qu'a pas bu !

Je suis marqué du coin de l'humour, même une crotte de chien avec une forme, je ris, si les conditions sont réunies, avec des amis, avec qui on se comprend, parce que souvent vous gâchez une soirée avec des humours qui sont trop tous azimuts.

– *Vous voyez ce que je veux dire ?*
– *Non.*

Pas sûr qu'il y ait un avenir dans le futur.

Mais t'y connais quoi en contradictions de la Chine moderne ?!

Faut arrêter de faire des gosses si on veut qu'y ait moins de vieux.

Ségolène Royal, plus elle vieillit, plus elle rigole, ma grand-mère, ça lui faisait ça à la fin.

C'est pour les femmes la voiture électrique, ça se branche comme un aspirateur.

Tu siffles tout le temps quand tu pisses ? t'as une bite de luthier ?

– *Il est très bon, je l'ai rentré ce matin.*
– *Non.*
– *Un tout petit blanc ?*
– *Non, un demi.*
– *Vous voulez pas goûter ?*
– *Non.*
– *Juste une goutte.*
– *Non, un demi.*
– *Vous auriez pas marché sur la Lune vous !*

Avant d'être femme de président, faudrait que la femme soit femme de maire, femme de député, qu'elle soit femme de ministre, femme de Premier ministre, et seulement après femme de président !

À l'époque préhistorique, l'homme n'avait pas un avis sur tout !

C'est pas de la répression d'ivresse publique, y en avait qu'un qu'était bourré.

– *Le centime d'euro, c'est le centimètre monétaire.*
– *Vous me devez cinq mètres.*

C'est la croûte du cantal qui a un goût de chemin.

– *J'aime bien dormir sous la tente quand il pleut.*
– *On dormira sous la pluie quand on sera mort.*

Un vase minuscule, c'est le vase qui fait déborder la goutte.

C'est un chien qui se serait fait tuer pour moi, malheureusement, je l'ai fait piquer.

– *On est soixante-cinq millions d'habitants en France.*
– *Moi je rentre jamais.*

Il est arrivé à jeun, il s'est bourré la gueule en dix minutes, comme un fétu de paille !

Le malheur, on l'aura cherché, on l'aura trouvé !

Il boit toujours un peu de vin quand on est à table, c'est un épagneul breton.

Les clients du café qui sont sales, c'est rien, à condition que le patron du café, il est propre.

– Tu paies un verre ? faut que j'te parle !
– Tu paies un verre ? faut que j't'écoute !

Nous les maçons on est soudés par le ciment, à la poste vous avez quoi ? la colle des timbres ?!

Comment quand on mange, l'estomac sait si ça fait grossir ou si ça fait maigrir ?

– *Excusez-moi, mais y a pas de papier aux WC.*
– *J'ai que des papivores ici !*

Je bouquine entre deux coups de blanc, c'est mes presse-livres.

Le réchauffement de la planète, je me le fais au comptoir avec les potes.

Les pieds, j'aurais pas appelé ça comme ça.

C'est pas un vin qui se boit seul, c'est un vin qui se boit entre deux autres vins.

Le bordel hier ! j'étais pas patron de bar, j'étais gardien de troupeau !

– *Les yeux, on voit, c'est le cerveau qui regarde.*
– *Un coude pour boire et un coude pour parler !*

Pourquoi on jette pas les poubelles dans les volcans, plutôt que construire des incinérateurs géants ?

Il ronronne fort, je peux plus dormir, c'est un chat qui ronfle comme un mari.

Les gens entiers sont au café, les autres sont des passants que tu vois la tête que tu vois les pieds, de dos !

Il appelle son trou du cul « Guinguette ! » À part ça, c'est un bon cuistot.

– *Tu réponds jamais ?*
– *Au téléphone, je sais pas quoi dire.*

Du passé, faisons table basse !

Je suis pas un gars du peuple, je suis un homme de la populace !

Depuis le temps qu'on parle, on devrait être dans le dictionnaire.

La science progresse par bonds, depuis la bagnole, y a eu quoi ?

– *J'ai calculé, t'achètes un journal tous les jours à un euro cinquante, à la fin de l'année t'as dépensé plus de cinq cents euros ! tous les ans tu peux te payer une télé neuve pour regarder les infos !*
– Le Monde, *c'est deux euros par jour.*
– *Personne le lit ! ça fait plus de sept cents euros par an ! T'as deux télés si tu veux des infos !*

Le cœur est l'organe le plus vivant du corps humain.

– *C'est quel millésime ?*
– *Pour moi l'âge n'est pas un critère.*

Le mieux comme journal, c'est *Le Parisien*, il est déjà là quand on arrive.

J'ai le cœur qui arrête pas de bouger.

Faut pas lui toucher son verre ! il picole bec et ongles !

Le nez est un outil pour respirer, il a une forme qu'on pourrait ranger dans la caisse.

– « Étrange et inquiétant accident survenu à Châteaurenard au retour du réveillon de la Saint-Sylvestre, on est toujours sans nouvelles... »
– On lit pas le journal à haute voix quand y en a d'autres qui attendent pour le lire !

Une fois, Jack Lang, il a fini aux urgences de nuit avec un ananas dans le cul, c'était dans *Le Canard enchaîné*.

Véridique ! en plus, c'est vrai !

– Il boit quoi le jeune homme ?
– Un Picon dans la casquette !

Il a le cancer du côlon, je savais pas, je suis passé plein de fois devant sans voir.

– Chaud devant !
– Froid derrière !

Qu'est-ce que je voulais dire ? ah oui ! vous allez bien ?

Ségolène Royal, elle doit avoir des chats obèses, cette femme.

Une femme est toujours plus une connasse par rapport à son mari qui est un connard, parce qu'elle reste avec.

La paix, c'est bien si c'est après la guerre, la paix après la paix, on s'en fout.

– *Une odeur de Javel démoniaque !*
– *C'est le chien qui a renversé le bidon avec sa queue.*

Une heure de navigation dans le brouilly suffit pour atteindre le pays de Blondin !

Le génépi est mon guide spiritueux.

Cent ans ! elle mangeait au restaurant avec sa famille, la table d'à côté, rue de Buci, elle me regarde, tu sais ce qu'elle me dit ? « Y a pas d'arêtes dans le poulet », et elle rigole ! après j'ai vu, elle a pris du baba au rhum, cent ans, toute belle toute bien coiffée ! juste elle avait froid, elle disait : « La nuit à la maison j'ai froid », cent ans, elle vivait seule, une femme intelligente, ça se voyait, les yeux tout brillants, elle buvait du vin en suçant le bord, slurp ! cent ans ! vive les vieilles !

L'enterrement devrait être gratuit pour les plus de cent ans.

Monsieur le Premier ministre, je conclurai ma question au gouvernement en vous rappelant que j'attends toujours mon demi !

J'ai des douleurs articulaires aux yeux quand je tourne.

L'écriture, ça serait du violon, c'est là qu'on entendrait qu'on a pas beaucoup de bons écrivains.

J'ai rencontré mon chat sur Internet.

Je bois moins l'hiver parce que je mange de la soupe.

– *Il est où mon verre ?*
– *Je suis pas visionnaire.*

Au cinéma tu pars pas avec le film, à la bibliothèque tu gardes pas le livre, c'est pareil.

Ils séquestrent le patron dans l'usine et personne dit rien ! c'est un rapt ! avec séquestration ! aux États-Unis tu fais ça, c'est la prison à vie, en France on t'envoie BFMTV !

– *Dès que je vois un corbillard, je meurs !*
– *Faut saisir la balle au bond.*

La vie en temps réel, t'en as beaucoup à jeter si tu veux que ça soit intéressant à regarder.

Ils mettent quoi dans l'extrême-onction ?

La pâtisserie, c'est précis, c'est l'horlogerie du sucre.

Je vois pas l'intérêt d'aller aider la Centrafrique si c'est pour les avoir à Belleville après !

Bientôt, ils voudront se faire rembourser le vaudou !

– Le kir, j'aime pas tellement, mais y a que ça que je bois bien.
– C'est la quadrature du kir.

J'urine au Café de la Poste ce que j'ai bu au Café de la Mairie, je transvase !

Elle est enceinte, elle picole, avec elle, c'est fœtus au vin.

Je suis en autosuffisance, je me suffis.

– Moi, je lis dans le marc de café.
– Et dans le marc de boulot ?

La vie, tu vis tous les jours, tu te réveilles, tu revis, normalement, la mort, tu meurs tous les jours, tous les matins, tu te réveilles, tu remeurs.

C'était bien les histoires de Toto, « prends ton béret et va acheter dix kilos de pommes de terre », j'aimais bien.

Météo France qui donne les températures à New York, de quoi je me mêle !

Pourquoi les victimes ont honte, et les bourreaux sont fiers ?

Les souvenirs, c'est pas les plus grands qui sont les mieux, je me souviens y a un oiseau qui s'est posé sur ma tête à la campagne où on habitait, j'avais six ans, je m'en souviens plus que ma mère.

Je fais rien, mais au sens noble du terme.

Tu veux léguer le monde aux générations futures alors que t'as même pas un carton de chaussettes !

Trois gosses, trois catastrophes ! Faudrait pas avoir le permis de faire des enfants quand on sait pas conduire son ventre !

Jésus a pas écrit la Bible, et d'ailleurs, il l'a même pas lue !

T'apprends par cœur tous les livres qui existent, des millions de pages ! tu pèses pas un gramme de plus, c'est ça que je comprends pas.

Pourquoi l'héroïne porte un nom héroïque ?

– Mahomet a pas d'image.

– Jésus, quand tu vois comment il était sale, il ferait mieux.

Jésus, c'était le premier hippie, sauf qu'il joue pas de guitare.

L'égalité homme-femme ?! d'accord ! alors la Vierge se fait clouer aussi !

Plus tu limites la vitesse et plus les gens roulent vite, t'es forcé d'accélérer pour doubler ceux qui se traînent comme des merdes.

Canne à sucre et mine de sel, jamais mine de sucre et canne à sel !

Moi j'ai l'amour du chômage bien fait !

– Maternité Port-Royal ! je suis né dans un élevage !

– T'es né toi ? ça se voit pas !

L'ivresse est un droit fondamental !

Je fais la manche avec mon chien et les gens ils passent ils sortent de Shopi avec des boîtes de croquettes ! ils me donnent des croquettes pour chien ! J'ai dix boîtes de croquettes pour mon chien ! et moi j'ai pas une pièce ! les gens ils sont contents de nourrir mon chien ! moi je crève la dalle ! enculés !

C'est un wagon-bar ton bar ! je monte le matin, je descends le soir, je reconnais pas la gare !

Un calva avec une tartine ? j'en ai marre de servir les Martiens !

– *Et le croissant qui c'est qui le paye ?!*
– *Le pape !*

Je peux pas manger si j'ai bu, par contre, si je mange, faut que je boive, là si j'ai mangé normal qu'après le repas je rebois, mais si j'ai pas mangé et que l'après-midi je rebois faut que je mange le soir parce que sinon le lendemain si je bois sans manger la veille et que je saute le midi l'après-midi si je rebois je le paye cher le lendemain.

Tu parles une heure et après tu te tais une heure, je sais pas comment tu fais.

Je suis un buveur d'un autre temps.

Un jeune qui tue une vieille, c'est moins grave qu'une vieille qui tue un jeune !

– *Un pastis sans eau !*
– *Tu fais ton choc de simplification ?*

Elle est vieille, on dirait une femme d'archéologue !

Tu parles plus ? Tu fais hibernatus ?

Depuis que je suis né en 65, soixante-cinq fois on a changé d'année !

Enfant à la montagne, adulte à la ville, vieux à la mer, les grands fleuves font ça.

Enceinte et dans le coma, c'est une tomate farcie cette femme !

La Nouvelle-Calédonie, c'est à vingt mille kilomètres de Paris, de Montgeron, tu peux rajouter trente bornes.

Paris, c'est la ville lumière, sauf que c'est éteint !

Accident de ski ! deux jambes dans le plâtre ! comme la Vénus de Milo.

Moi je veux bien faire des gosses et rester à la maison à rien foutre que la bouffe et la vaisselle ! et elle, elle va bosser sur le chantier et elle gagne la paye ! et elle va pas au bistrot, je viens jamais ! et je picole à la maison, comme elle !

Ça fait longtemps que je vis plus en temps réel.

– *J'ai toujours été constipé.*
– *C'est une école de patience !*

Je m'appelle Denise, alors vous pouvez m'appeler comme ça.

Un centime, plus un centime, plus un centime, ça finit par faire trois centimes !

– Y a deux cents races de poules dans le monde, tu le savais, ça ? rien qu'en France, y en a quarante-deux.

– Tu sais tout toi...

– Tu sais d'où ça descend les poules ?

– Des dinosaures.

– Des coqs sauvages !

– Eh ben...

– Elle mange de tout, mais comme elle a pas de dents, elle avale des petits cailloux pour broyer les graines.

– Eh ben...

– Tu sais c'est quoi l'animal le plus dangereux ? l'éléphant ou le buffle ?

– T'as eu ta coke dans Pif *?*

Je fais de la connerie de résistance !

C'est quoi qui descend des dinosaures à part nous ?

Si ça continue la mondialisation, on saura même plus où on habite !

Le plus clair de mon temps, c'est de nuit.

Hollande grossit, maigrit, il grossit, il maigrit, même avec sa graisse il est lâche !

Miss France, c'est comme miss Grèce, ça va pas loin.

Miss Univers, faudrait peut-être demander aux autres planètes !

– Si tu donnes ton corps à la science, faut afficher le certificat dans l'entrée de chez toi, pour quand on vient te chercher, si tu meurs à la maison.

– Moi dans l'entrée, c'est le calendrier des pompiers.

Je suis cent pour cent de chômage à moi tout seul !

Nous sommes tous des piétons de naissance.

C'est facile de se battre contre les Noirs et les Arabes ! je voudrais bien la voir l'armée française contre des Blancs !

Y a plus d'humanité chez le chien que dans le chat.

Au restaurant, je prends le plat du jour, dans la vie, je prends la vie du jour.

C'est triste, la vie privée.

C'est surtout les étrangers qui aiment la France.

J'ai mangé du filet d'hareng, je vais prendre du blanc pour noyer le poisson !

Inchoullah ! comme on dit.

Plus on réduit la vitesse, plus on est dangereux, moi si je vais pas vite, je lis.

Je bois plus que du vin à table, ça j'ai droit autant que je veux, l'apéro midi soir, mais les alcools, presque jamais, sauf le week-end, je bois la prune, et les jours de fête, ou en vacances, ou si on m'offre, parce que un jour, faut savoir s'arrêter.

Vu le prix de l'essence, ils pourraient faire cadeau de la bagnole !

Les gens le sentent quand on est sincère... je boirais bien un coup !

Pour ma part c'est comme ça.

Un 51 et une 16 pour la génération numérique !

Bientôt Blanche-Neige elle sera noire avec les nouveaux dessins animés !

Quand tu meurs après huit ans de coma, t'as pas beaucoup de chemin à faire.

Elle aime pas quand c'est moi qui change son gravier, ah non ! elle me pousse ! elle me dit de sortir : « Va dehors ! va dans le garage ! » la caisse du chat, c'est son bastion !

Quand tu vois tous les gens qu'on garde dans le coma, c'est difficile d'être mort maintenant.

Il est comme moi mon chien, il regarde la télé, il lit pas le journal.

Jack Lang, avec sa figure pleine de piqûres, ça lui fait une tête avariée.

En prison, Claire Chazal, ça suffit pour se branler.

Le musée du Vaudou à Strasbourg ? c'est qui le maire ?

Mort à la naissance, tu revois ta vie de fœtus en un centième de seconde.

Le phoque, toute la journée sur la banquise, il est tout mou ! le beurre, une heure au frigo, tu peux plus l'étaler !

Depuis le temps que je donne les étrennes aux pompiers, je mériterais d'avoir un feu.

En prison t'as des couverts en plastique, moi j'avais pas de draps au lit pour pas me pendre, pas de glace, pas de rasoir, je me coiffais en me regardant dans le mur !

J'ai soif, mettez-vous une paille dans la bouche, je vous bois dedans !

Mon gosse, il a peur de moi depuis qu'il est né.

Ça me crée un sentiment d'insécurité quand la fourchette elle est à droite de l'assiette, et quand le pain est posé sur le dos, je supporte pas.

Je réfléchis pas, pour pas être influencé.

Mozart c'est vieux mais c'est rejoué par un orchestre de maintenant alors qu'un vieux livre est pas réécrit.

La réalité a pas de forme !

Louer le ventre d'une femme pour faire un enfant, ça vaut le coup, mais si tu veux plusieurs gosses, c'est plus intéressant d'acheter carrément le ventre que le louer à chaque fois.

– *Je l'assois devant la télé.*
– *Avec l'Alzheimer ?*
– *Télématin, ça change rien.*

Il rentre ? il sort ? il nous fait l'opération escargot le chien ?

Les fautes sur les ardoises ! « bœuf aux carotes » avec un seul *t*, « rôti de port » avec un *t* ! baladez-vous dans Paris et regardez les menus ! que les Pakistanais fassent la cuisine, mais qu'ils laissent écrire les menus par des Français !

– *J'écris comme je parle.*
– *Si vous faites un roman, lavez-vous les dents !*

J'ai mon chien qui a l'Alzheimer, il miaule.

– L'orthographe, du moment qu'on comprend.
– Carotes avec un seul t, je comprends pas !
– Vous le faites exprès.
– C'est de la politesse !
– Moi une fois je rentre pour manger un bœuf aux carottes, y en avait plus, alors la politesse...

Après ma mort, on se souviendra de moi, que je mangeais du corbeau !

– On traite pas un inconnu de grosse merde !
– Mais je le connais !

C'est le dieu Bacchus qui a inventé le vin, le Coca, c'est un pharmacien.

T'es chrétien oriental ? t'es un harki de Dieu ?!

J'ai une mémoire visuelle, je reconnais les gens quand je les vois.

Le plus beau levier pour soulever le monde c'est la levure dans le pain !

C'est quand même plus intéressant pour un jeune de faire le jihad que de rester vautré devant la télé avec un Coca !

– Les toilettes, s'il vous plaît ?
– Vous avez pas des cabinets chez vous ?!

Moi je te parle de l'Afrique de tous les possibles.

Ils augmentent le prix du tabac pour qu'on arrête de fumer, ils font pareil avec le coût de la vie, pour qu'on arrête de vivre !

T'as la farine du pain tout dans les cheveux, t'as fait le Paris-Dakar ?

Hollande en scooter ! on a pas un président, on a un livreur de pizzas !

– *Tu vas pisser ? tu rebois un coup ? tu fais quoi ?*
– *Je suis au milieu du gué.*

Moi, c'est la santé que je rembourserais, pas la maladie !

– *J'ai la verve !*
– *La vervouille, même.*

La transparence en politique, du coup, on voit bien les tripes !

Je fais comme les anciens, je vais chier chez dame nature.

– *Il est où Caméléon ?*
– *Derrière son verre !*

Il me lèche, il croit que j'ai des joues en jambon.

Mon père il est dans le fauteuil, il bouge pas, ma mère elle est assise dans la cuisine, elle bouge pas, on dirait le musée Grévin.

Boire du pinard en cachette ? j'ai plus quatre ans !

Vivre et travailler au pays ! Y a pas de travail, y a plus de pays.

– *Tu sais même pas combien t'as de gosses !*
– *Trois... non quatre !*
– *Et tu fais le comptage des oiseaux d'eau ?!*

C'est surtout les pédés qui se marient, les gouines sont moins connes.

Du même sexe, on picole ensemble, mais on se marie pas !

Je sais pas où vous allez les chercher vos soixante millions de Français, ici j'ai personne.

Ça crée un lien charnel d'appeler une vache avec un nom de femme.

À mon âge, j'aime pas trop la foule, même au cimetière je trouve qu'il y a trop de monde.

Et quoi d'autre ?

On construit rien dans le ciel, c'est la dernière réserve naturelle.

– Le mont Blanc est pas français, c'était italien.
– La moitié de la France a été volée, Bordeaux, c'était romain.

L'écologiste est une viande molle !

– Tous les bistrots ferment.
– Ici c'est ouvert !
– Oui, mais si je veux aller ailleurs ?
– T'es pas bien ici ?
– Si, mais la liberté de boire partout ?!

Le blanc, le kir, la bière, le pastis, le rouge, j'ai suivi tout le cursus.

La première dame de France, dans les basses-cours aussi, t'as la première dinde !

– On a bu l'apéro à minuit.
– Mieux vaut tard que jamais !

Quand tu votes pour un président de la République, tu votes pas pour son chien, ou sa femme !

C'est quand je suis bourré que je suis normal.

Le matricule des policiers à sept chiffres, t'as pas un jeune qui pourra s'en rappeler !

Pétasse !

Il faut le croire pour le voir !

Le journal gratuit dans le métro, je le prends pas parce que, après, il faut le jeter.

Un crabe, faut des outils, ça se mange comme une Peugeot.

Le kir n'est pas un apéritif tellement charismatique.

Il fait froid le matin, pour moi sortir le chien est un événement climatique !

– *J'ai rêvé que je buvais du champagne, y avait des bouteilles partout !*
– *Je vais te faire le tarif de nuit.*

Le boucher de Damas, le boucher libyen, le boucher coréen ! y a qu'ici qu'on a plus de boucherie !

La femme à Hollande, une semaine d'hôpital parce qu'elle est cocue, ça va être quoi quand elle sera morte ?!

C'est qui cette connasse de Laura Philippon ?

– *Y a des jours où je me demande.*
– *Quoi ?*
– *Où je me demande, c'est tout.*

Moi je m'appelle Bernard, avec moi, c'est du tac au tac !

Le cardinal de Richelieu sur son lit de mort, on l'a pas en tableau quand il était bébé, il était pas cardinal, c'est rare d'avoir un grand homme bébé sur son lit de mort.

Ils ont rien d'autre à foutre que la chasse aux sacs plastique ?

Faut jamais regarder une abeille en face.

T'as quatre-vingt-dix pour cent de chances que ça soit du football quand le ballon est rond.

Les virages de la vie, ça sert à se surpasser pour tourner.

Moi, mon passé, je l'ai derrière moi.

Dans la galette, y avait deux fèves ! c'était l'événement du jour.

Racine, c'est une racine, alors que Corneille, c'est un oiseau, tu vois la différence ?

Le tourisme ?! ils descendent du car et ils marchent dans les salades ! si c'est ça, le tourisme !

C'est digne d'un film de science-fiction.

Est-ce que c'est une fille ? un garçon ? déjà, c'est un stéréotype !

Faudrait interdire aux chômeurs de faire des gosses !

– *La France est en plein déclin !*
– *Parlez pour vous !*

Tu réfléchis longtemps pour dire une connerie, c'est le paradoxe.

Tous ces nuages qui neigent pas, c'est des promesses en l'air !

J'ai vu la connerie dans ses yeux.

Je me suis rayé la cornée avec une frite !

Mieux vaut prévenir que guérir, si je suis malade, je préfère guérir que prévenir.

– Il a eu sa greffe de foie hier.
– Si c'est un foie de jeune, il va pouvoir repicoler.

Si on te greffe le foie d'un jeune motard qui est mort parce qu'il a eu un accident bourré, c'est normal que tu reboives.

Neuf morts tous les jours sur les routes, on a ça par an dans l'armée française, prendre sa bagnole, c'est plus dangereux que la guerre !

Je préfère l'égalité homme-femme à l'égalité femme-homme.

Il était quasiment mort dans le coma, il est sorti de l'hôpital, c'est un vivant récidiviste.

– Est-ce que vous avez déjà subi la colère de l'eau ?
– D'abord celle du vin.

Les musées sont des lieux publics ! c'est laïque ! faut décrocher les Christs peints en croix ! les mettre dans les églises ! moi si je vais au Louvre avec ma gosse, j'ai pas envie qu'on lui mette des Jésus et des Bouddhas dans la tête !

Les toilettes, elles sont quelque part ici ?

Toutes les jeunes qui font la météo à la télé finissent à poil dans un film.

Comme de Gaulle, j'ai quitté la proie pour Londres !

Le cerveau, il est tout le temps en construction, espère pas que tu vas tomber un jour sur un cerveau qui est fini.

En France, on attend que quelqu'un soit malade pour le soigner !

J'ai trop d'extérieur par rapport à mon dedans.

Tout ce que je dis je le pense et tout ce que je bois je le mange !

Toutes les ondes électro-magnétiques nous traversent, quelqu'un qui parle dans le téléphone, tu te le retrouves dans le sang !

Je bois, c'est public, je pisse, c'est privé, eh ben ! c'est pas épais la séparation !

Ça serait mieux d'apprendre à vivre avant de naître, on passe des milliers d'années à rien foutre, on pourrait sortir du ventre qu'on sait déjà lire, et parler l'anglais !

Avant de naître, déjà t'es enfermé neuf mois dans ta mère, et après, c'est dans ta chambre qu'on t'enferme !

Je pourrais avoir le prix rillettes tellement j'aime les rillettes.

Biodégradable ? moi j'aime pas beaucoup les choses qui se dégradent toutes seules !

Tous les enfants ont envie de tuer leurs parents, y a que quelques génies qui y arrivent.

– *Crois pas ça.*
– *Je crois rien.*
– *Oui mais ça le crois pas.*
– *Je crois pas.*
– *Oui mais ça le crois rien.*

Un jour on aura le côlon connecté à Internet et ça sonnera sur le portable pour savoir quand faut y aller !

Se faire enterrer pour laisser nos os au futur, on est pas des chiens.

Le murmure de l'eau, quand ça sort du robinet, c'est que du bavardage !

L'origine de la vie, pour moi, c'était le XIVe arrondissement.

Cinq ans dans le coma, on devrait pouvoir tuer le malade, comme cinq ans au guichet de la poste !

– *J'ai encore la gastro.*
– *T'es insatiable !*

Le coma c'est dans la tête, c'est pas grand.

– *Tout mon pognon, ça part au bistrot.*
– *Travailler plus pour boire plus !*

À force de tout regrouper les régions les départements on a qu'à regrouper aussi les bras, les jambes !

– *Elle est fragile cette bonne femme, Trierweiler, une semaine d'hosto parce qu'elle est cocue !*
– *On s'en fout, elle sert à rien.*
– *Elle fait des actions humanitaires en Afrique.*
– *Eh ben, ils sont pas près de bouffer !*

Le temps, un pas en avant, jamais un pas en arrière !

Maurice Druon ? quel pédé çui-là !

J'aime pas qu'on regarde dans mon panier, c'est sacré, l'intimité des courses.

– *Ma tête est une île.*
– *L'île aux cons !*

Tu m'as l'air bien fécondé !

Je vais me payer une société privée pour aller pisser à ma place.

Le poivre est enchaîné au sel, il est amoureux !

– Quand Bob Dylan va mourir, je m'en remettrai pas.
– C'est un grand.
– Vous le connaissez pas, c'est mon chat.

Y a des nuits, je fais cinq rêves, des nuits, rien du tout, faudrait répartir.

– À propos de Mai 68 puisque vous parlez de ça...
– On parle pas de ça.

Mandela a réconcilié les Noirs et les Blancs, les Arabes, c'est pas sa tasse de thé.

Neuf milliards de gens qui vivent sur terre, la moitié sont dans les étages.

Les dix doigts, j'ai toute la collection.

En Afrique, les morts, c'est comme nous les feuilles par terre.

La prostate, c'est la rate de la bite.

Innovation ! rénovation ! bière et Picon !

La truffe, elle est sous terre, vous la mangez, elle se cache dans la purée.

– *Jean Marais, il aurait eu cent ans aujourd'hui.*
– *La Belle et la Bite !*

J'ai des livres que je lis pas mais je suis content qu'ils soient là, je lis pas mon chat non plus.

Les pêcheurs de homards sont liés par la mer, ceux qui les mangent sont liés par la mayonnaise, c'est pas le même ciment.

Le beaujolais ça allait, mais c'est le boudin qui allait pas, on a été malades, mais c'était bon enfant.

Il est enterré au carré des pédés du cimetière Montmartre.

Mandela est mort, ils l'ont dit au Millésime.

Le voile intégral, ça cache rien, on voit encore plus que c'est des Arabes.

C'est la monture qui coûte cher dans les lunettes, comme les chocolats, c'est la boîte.

La montagne, la campagne, mais la mer on marche qu'au bord.

Tout ce que je sais, je l'ai pas appris.

– *Je suis myope, et en plus je connais pas le quartier.*
– *Et en plus vous êtes bourré !*

Il est bourré comme nous ici présents.

À la campagne nos voisins ils avaient un cochon qui était timide, quand on en a mangé, il avait pas tellement de goût.

Nous voulons de la lenteur !

– *Les loups sont entrés dans Paris !*
– *C'est rien, faut pas qu'ils entrent dans les Parisiens.*

Fermer les yeux pour dormir, on fait comme les coquillages.

Arditi, je l'aime bien, mais il a des problèmes de dentier.

– *C'est beau la France.*
– *Surtout les élevages de faisans.*

Le plus poétique dans la tour Eiffel, c'est les rivets.

– *Je bois jamais d'alcool avant dix heures et demie le matin.*
– *Eh ben ?*
– *Il est vingt-neuf, c'est pour ça que je ris.*

Y a des cancers de tout, bientôt les cancers se refileront le cancer !

Un Noir et un Blanc qui bossent ensemble, tu vois si y a du racisme juste en regardant comment il est posé le carrelage.

Si j'étais pédé, je le saurais !

– *Vous avez une mouche dans votre verre.*
– *Pas vue.*
– *Vous l'avez avalée.*
– *Ah bon ?*
– *Moi je vous dis ça...*

Ces mecs-là, un bracelet à la cheville et une boîte noire dans le slip !

C'est de la neige collante qui casse les fils électriques, avec vos longs cheveux, moi je sortirais pas.

Doux comme un agneau, entre chien et loup, c'est pas une heure pour lui !

Pourquoi ça s'appelle le « Millionnaire » si on gagne dix euros ?!

– Je suis toujours amoureux de la patronne !
– C'est pas réciproque.

Va te laver déjà !

Le corps humain, ça se reconnaît de loin.

– *Le mec qui a du diabète, en taule !*
– *Dylan, il chante du nez.*
– *Moi je trouve qu'il a la bouche pas mal ouverte.*

Ça me gêne pas de me contredire, de toute façon, le contraire c'est pareil.

Une hirondelle ne fait pas le printemps ! ni l'automne, ni l'été, ni l'hiver ! ni rien ! l'hirondelle ne fait rien !

Le latin, c'est plus approfondi, on peut dire.

– *Ils vont la faire la voiture sans conducteur avec pilotage automatique.*
– *C'est pas nouveau, dans le Calvados, on a tous ça.*

Faudrait que la météo marche avec l'horoscope, beau temps pour les Lion, pluie pour les Vierge, neige sur les Scorpion !

C'est pas moi qui irai me recueillir devant une dépouille !

Une dépouille, ça fait pas très propre.

Les grands morts de ce monde sont fourrés au baume.

Ma grand-mère elle tuait le lapin, elle arrachait la peau, elle jetait la dépouille aux poules, on allait pas se prosterner !

Tout le monde a droit à une maison avec un toit, ou même une terrasse.

Sans le bistrot, je serais mort depuis longtemps, la solitude, ici je vois des gens, je parle, même à des cons comme vous.

Sexuellement, le lapin est un lièvre.

Pour les Chinois, c'est l'année du Serpent, nous on est dans le poulet de Loué !

Chez les animaux, c'est les vieux qui font le plus de conneries, chez les hommes, c'est les jeunes.

– Cinquante-trois ans ! comment tu veux trouver du boulot après ?!
– Même avant !

Il est à vous, ce coude ?

Quand y a un cheval qui gagne l'Arc de triomphe, à côté, t'as pas la première jument de France !

Une maman qui fait une bise à son môme, c'est ça qu'il faut mettre au Grévin !

Sept heures et demie ? demie de quoi ? de l'heure d'avant ou d'après ?

C'est l'intestin qui trie ce qui est bon pour l'organisme et ce qui l'est pas, ça serait plutôt au cuistot de le faire !

Le temps qui passe est pas non plus épargné par les siècles.

Contre la nature, on peut rien faire.

En ville, on a pas besoin du climat.

Liberté, égalité, fraternité, c'est con de mettre ça sur les mairies, c'est les trois trucs qui marchent jamais !

On vieillit le jour où on a peur d'être mouillé par la pluie.

– *Je suis citoyen du monde !*
– *Fais gaffe, tu vas payer des impôts partout.*

Regarder le feu de bois, t'as pas besoin de télécommande, y a qu'une chaîne.

La pluie, ça augmente le vide.

Si tu veux rester debout, s'asseoir, c'est pas l'idéal.

Tu trouveras pas d'ADN dans le cornichon à cause du vinaigre.

– *On a bu dans le même verre !*
– *Ah bon ? on est frères de kir.*

Je sais pas comment ils savent qu'il est tombé un mois de pluie en deux jours parce que la semaine d'après il a presque pas plu pendant un mois.

Dans une glace, je suis deux fois plus tout seul.

Que l'Europe se fasse en Europe mais pas en France !

Ça leur plaît aux vaches quand c'est vallonné.

Tu serais un arbre, tu continues à me faire chier, je te pète une branche !

Bûcheron de mes couilles !

Lâche-moi !

Lâche-le !

Le Grand Paris, ça va pas nous rallonger la rue Frochot !

– *T'as mis ton pantalon aujourd'hui ?*
– *Pourquoi ?!*
– *Tu te rappelles pas ?*

Aux États-Unis, les maisons sont hantées parce qu'ils ont pas de châteaux.

– *Ne soyez pas présomptu... machin.*
– *... eux.*
– *C'est ça, faites le malin !*

Cinq poussettes dans le bus, on aurait dit une chenille pleine d'œufs !

Le chapeau finit bien la silhouette, grâce à la tête.

C'est pas des petits riens que je dis, c'est des petits tout.

Avec les pieds on est debout mais avec les mêmes pieds on peut être assis, tout le corps humain pareil, assis debout, c'est le même corps.

Moi, des fois, le corps, j'en ai marre.

Le mariage pour tous, ça fait le mariage pour personne !

Qu'est-ce qu'il boit l'affreux ?

Personne sera heureux à notre place.

Il a pas chié droit l'affreux ?

Personne sera malheureux à notre place !

On fera tout tout seul.

Donnez-y une bière qu'il tombe !

Merde.

Hitchcock, il a même fait un film avec des poules.

Le Terrien, c'est un individu, mais le Martien, est-ce que ça sera un individu pour nous les Terriens, ou un extra-individu ? Tu sais toi ?

Est-ce qu'on peut pleurer de tout ?

– C'est où les chiottes ?
– Moi d'habitude je vais par là.

Je fais des blagues sur les Arabes mais j'apprécie aussi beaucoup l'humour algérien.

Ses tripes au SDF elles sont logées dans son ventre, y a pas tout le SDF qui vit dehors, y a que des bouts.

Mariage pour tous ! travail pour personne ! je préfère le contraire !

– Je vais prendre un whisky... j'ai commencé à boire à la mort de mon mari.
– Faudrait pas qu'il ressuscite !

– En Afrique ils veulent tous apprendre.
– Si ça se trouve en crevant de faim les gosses français travailleraient mieux à l'école.

La dernière date historique, c'est 39-45, ça remonte pas à hier l'histoire en France.

Je préférerais être noir, c'est eux qu'ont tout !

– Les jeunes Français, c'est les plus drogués d'Europe.
– En vieillissant ça s'arrête, quand ils boivent.

Luis Mariano est mort en mangeant ses excréments.

J'aime pas vivre avec le passé mais c'était quand même mieux avant.

T'irais en Turquie toi ? Si on t'obligeait t'irais ? qui c'est qui va là-bas ?

– *Hollande, le matin, il vire sa femme, l'après-midi, il va en Turquie !*
– *Il est taré ce mec.*

Trois clients ce matin... c'est l'affluence des grands fonds.

– *Je suis parti de chez moi et j'arrive ici.*
– *Eh bé... c'est une belle tranche de vie !*

On s'est toujours fait chier à la salle des fêtes !

Vous l'avez vu, il faisait son caca, mais sinon, on dirait un loup.

– *Vous avez de la bière sans alcool ?*
– *Oui, et des toilettes handicapés.*

Le cholestérol, y a le bon et le mauvais, c'est un tranchant à deux visages.

La télé, c'est un bocal de formol, quand tu les vois dans la rue, ils font dix fois plus vieux !

En Inde, à part un déplacement humanitaire, je vois pas ce qu'on peut faire ?

– *T'as oublié de servir la dame.*
– *Oh ! j'ai pas le thé infus !*

Tu bois un coup vite ou tu picoles ? parce que si c'est pour pas boire j'en prends qu'un petit.

Les chiffres du chômage, pour nous depuis deux ans, c'est toujours les mêmes, ma femme et moi !

J'apporte ma flemme à l'édifice !

Le mongolien, c'est à cause du fœtus qui a pas eu l'ADN.

Plus y a du chômage, plus il grossit ! c'est un porc Hollande, plus on est dans la merde, plus il mange ça.

Quand tu vois le résultat, Paul Ricard a mieux travaillé à l'école que Jules Ferry.

T'as fait ton diagnostic thermique ? t'es tout rouge ?

À partir de cinquante ans tout le monde est au chômage et ils reculent l'âge de la retraite !

À cinquante ans, c'est pas moi que je vais rebondir.

Y a cent fois plus de pollution dans l'eau d'Évian que dans l'eau de la Seine !

– *Jamais je t'ai vu boire un café le matin.*
– *Tu vas pas controverser mon processus !*

Vous gênez pas de respirer, j'ai mis de la bombe parfum frais.

Commander à boire et le boire ! des paroles et des actes !

– *Je peux emprunter votre journal ?*
– *Vous pouvez le garder, y a rien, c'est que l'Ukraine et le Mali.*

Dans le corps social, c'est quoi les vieux dans les hospices ? les larmes ?

– *Moi, de toute façon, y a qu'un truc qui m'intéresse, c'est être malheureux !*
– *Tous les gens veulent être heureux.*
– *Qu'ils le fassent ces cons ! moi au moins, j'y arrive à me faire chier !*

La croissance crée pas d'emploi, un adulte a pas plus de travail qu'un bébé !

– C'est la poste qui licencie le plus en France.
– Je le sais, j'ai jamais de courrier.

Pète pas en public si tu sais pas le faire !

L'année dernière, on avait fait une crèche avec les coquilles d'huître, je me rappelais plus, on a retrouvé ça le matin en se levant.

Au Sénat, ils se font mettre des couches, pour les débats de nuit.

On peut pas se comprendre, Paris, c'est la Seine, Marseille, c'est la mer !

J'ai acheté une boîte de petits pois qui est bonne jusqu'en 2018, je serai mangée avant eux !

– Faut pas qu'il boive !
– Toute la journée il se regarde dans la glace du fond, il se fait de la vidéosurveillance.
– Je suis venu ici, hier ?

Les photomatons, j'ai la sale gueule, on dirait des photos animalières.

Le lavage de cerveau, c'est rien, le pire, c'est l'essorage !

Je la lève pour manger, je la recouche, je la relève pour manger, je la recouche, elle a l'heure dans l'assiette.

L'égalité homme-femme, déjà qu'ils le fassent entre femmes, après on verra !

– La Grèce est au fond du trou, elle ne peut que se relever, alors que nous, nous sommes au bord du gouffre, nous allons tomber.
– Y parle comme au musée Grévin lui !

En Chine, ils ont la culture de l'inondation.

– Un chauffeur de car scolaire avec un gramme vingt dans le sang !
– Avec les gosses, non, mais si le car est vide, à la limite, ça gêne personne.

L'armée fait ce que le président décide, si il veut qu'elle se tape Julie Gayet, elle le fait !

Je peux pas passer devant un café sans regarder dedans.

Faudrait que les prix augmentent, mais dans l'autre sens !

Ma femme elle est mère porteuse, et moi, je veux bien faire la digestion pour autrui.

– Faire chier le diable, faudrait pas se tromper de cible !
– C'est quoi le Grec par rapport à nous ?

On picolait et on allait faire les vendanges, maintenant ils se droguent et ils font le jihad !

Qui c'est qui comprend le grec de nos jours ?!

– Ça m'a donné la diarrhée.
– Ma brandade ? ça m'étonnerait !
– Ah ça ! il faut l'accepter aussi le discours du revers de la médaille !

Jésus, c'est quand même mythique, faut reconnaître.

On est pas plus intelligents que les mouches !

Ça me fait germer l'estomac, la salade.

C'est pas grand-chose les générations futures, y a une époque, c'était nous le futur.

Que tu boives ou que tu boives pas, tu meurs, et si tu bois pas des fois même tu meurs plus, parce que tu te fais chier !

Faut les foutre à l'HP, si c'est ça qu'ils veulent, les demandeurs d'asile !

L'écologie, c'est pour les riches, moi le garage qui pue l'essence, ça me va très bien !

Le problème, c'est qu'il y a plus de livres sur les guerres mondiales que sur les paix mondiales.

– Il a le cœur sur la main.
– Et le foie dans l'autre !

Un garage qui sent la menthe, c'est pour les cons !

Pour moi, la femme n'a pas de bras.

– Le vin chaud, je le bois tiède.
– Hurluberlu !

Au prorata du temps passé pour rien faire, la prochaine fois je ferai rien du tout plutôt que faire semblant de faire quelque chose que je fais pas !

L'âge d'or de la journée, c'est le petit matin.

– *Son cardiologue, c'est un Libanais, mais apparemment, ça la dérange pas.*

– *Oui mais bon, le cœur, c'est quand même important !*

Marcher sur la Lune, pour aller où ?

La mort, je m'en fous, mais j'ai peur d'avoir froid sous la terre.

Faut le boire pour le croire !

Les Américains sont allés sur la Lune ! après c'est les Chinois ! les Russes ! les Roumains ! Et nous, on va y aller marcher, et après les Arabes ?!

Un festival d'accordéon ? y a qu'à Termignon qu'on voit ça.

Le Ricard, sans eau, t'en bois moins et t'es bourré comme si t'en bois plus.

– *Excusez-moi pour hier.*

– *Mais non, c'est rien, les connards, ça fait partie du métier.*

L'eau, c'est pire que le feu, tu peux pisser dessus, tu l'éteindras pas.

Je m'en fous de leur léguer les déchets nucléaires aux générations futures, on nous a bien légué les zones inondables à nous !

C'est pas moi qui invente qu'elles ont des gros culs les écologistes !

J'entends bien, j'ai mon oreille qui a une bonne acoustique.

– Tu nous mettras dix demis !
– Vous êtes en alerte inondation les gars ?

Bouddha, jamais on l'a vu debout.

– C'était bien ?
– J'ai redécouvert le Berry au-delà de mes espérances.

Le vin, ça délie les langues, ma femme ça lui délie les pieds, elle danse.

J'aime bien discuter, mais ça dépend ce qu'on boit.

Le bébé qui naît, il est consentant aussi, qu'il vienne pas pleurer après !

Le sport féminin, on voit bien qu'elles n'ont pas le corps fait pour.

La télé-réalité ! et la radio ! vous trouvez ça réel ! un bout de plastique qui parle sur le buffet !

– *Vous êtes bien sage.*
– *J'agis contre le rhume.*

C'est l'homme qui devrait porter les enfants ! on a porté pire !

Le cœur, les poumons, les reins, le foie, il n'y a pas d'os, vous avez remarqué ?

À force de taper dans le vin, il a le nez qui s'effondre comme une falaise.

J'ai la gueule de bois, je vais reprendre une cuite, je suis entre le marteau et l'enclume.

Je vais aux cabinets avant mes mots fléchés, pour être tranquille dans ma tête.

Le sida y est pour rien, il fait ce qu'on lui fait faire.

– J'ai 455 cafés sur mon ticket !
– Ah ? faites voir ?

Il est relativement con.

Ça rajeunit de grossir, ça remplit les rides.

Soixante pour cent du corps humain, c'est de l'eau, alors pourquoi on est saouls ?! moi le midi ça me fait cinq Ricard dans soixante litres d'eau !

Le père qui rentre pas, la mère pas là, ça m'aura pas fait plus mal que l'ordinaire.

Un vieux qui se suicide retrouve son adolescence en un geste.

– *I'm free !*
– *Tout le monde.*
– *I'm free !*
– *Eh ben !*

Je marche sur un fil des fois, comme dans la musique.

Oh yeah ! ça veut dire « Oh oui ! » en français.

D'un coup, ça allait pas, elle a le cœur qui s'est garé sur le côté et elle est morte.

– *La solitude, c'est difficile.*
– *Vous n'êtes pas toute seule.*
– *Ici, non, mais chez moi !*
– *Rentrez pas !*

Une vache, ça meurt pas dans vos bras.

– *Je voulais te dire un truc, je sais plus quoi.*
– *Tu l'as dit, t'as acheté des moules.*

Hollande, il est même pas représentatif de ses ministres, alors des Français !

Le genou, c'est pas tellement expressif.

– Il parle au téléphone avec personne de l'autre côté pour faire croire qu'il parle à quelqu'un au téléphone !

– Pas besoin du téléphone pour ça.

Geindre ?! dans ma famille personne a jamais geindé !

La neige n'est pas faite pour faire joli.

Je suis plus voyeur de l'oreille que de l'œil, en fait.

La tartelette quetsches au comptoir c'est meilleur qu'assis, j'en ai mangé à table, rien à voir, debout avec un verre, la tarte aussi elle est debout pas avachie à table, en plus on la voit mieux, on est au-dessus, on voit les prunes, sinon à table je vois rien, je vois que j'ai fini le repas, la table est sale, au comptoir c'est propre, pour une tarte ça l'est, après, les débordements de ces messieurs...

Personne a inventé la vie, elle est arrivée toute seule, croyez pas que Mozart a inventé une note, elles sont arrivées toutes seules, tout arrive tout seul, croyez pas que vous inventez quelque chose, tout arrive tout seul, de l'espace !

Il cherche midi à quatorze heures, il le trouve à seize heures.

– Il a une maison au bord de la mer avec la baie vitrée et il a le fauteuil qui tourne le dos.

– C’est un patron pêcheur, c’est pas un touriste.

À Marseille, y a pas beaucoup de vrais Marseillais qui sont au bord de l’eau.

... on est pas des algues !

L’Angola ! le Liberia ! c’est des anglophones ! tous des barbares les anglophones ! je le sais ! une grève de mineurs, ils ont tiré ! trente morts ! des anglophones ! des barbares ! ils peuvent toujours courir pour me voir les anglophones !

Les cimetières français, c’est des morts sur une couche, les barres d’immeubles, c’est des vivants sur trente couches, ça couille ou pas ?

Moi, quand je suis malheureux, ça n’a rien à voir avec le malheur, et quand je suis heureux, pareil.

– J’ai besoin de quelqu’un qui m’élève d’avoir une conversation qui va un peu loin.
– Ici, vous aurez pas ça.

Aux cabinets, on s’ennuie pas, alors pourquoi on dit qu’on se fait chier quand on s’emmerde ?!

– J’ai envie de me battre !
– La dernière fois, tu t’es mis un coup de poing dans ta gueule tout seul, te gêne pas !

Je croirai en Dieu quand le pape chiera du pain !

C'est beau la voix humaine, l'opéra, quand les chanteuses elles chantent, on peut pas savoir, tout le chant qui sort qui était dedans.

Toutes les idées qu'on enterre, ça en fait des cimetières dans les crânes !

C'est jamais pareil quand on se fait chier, ça change tout le temps ! je me fais chier au boulot, je me fais chier à la maison, je me fais chier le samedi ! le dimanche ! en vacances ! jamais pareil je vous dis !

– Ils ont dit à la télé que les endives aiment la musique.
– Les vaches, je savais, mais les endives, je savais pas.

Le sexe de l'enfant, c'est pas inné, puisque c'est la mère qui le fabrique !

Ils sont juifs depuis quatre mille ans, c'est pas aujourd'hui que ça va changer !

Les petites filles aiment le rose et les femmes aiment le rosé !

Moi le cinéma j'y vais pour bouffer des bonbons dans le noir.

Un mec encore vivant, à cent dix ans, après deux guerres, c'est qu'il a bien magouillé !

Je la sais la solution sociale, faut travailler la semaine et se bourrer la gueule le week-end.

– *Le chanteur qui a toutes les dents devant neuves.*
– *Français ?*
– *Il a plus de cheveux.*
– *Il chante quoi ?*
– *Je sais pas, il a perdu sa fille.*
– *Un vieux ?*
– *Il a un cancer.*
– *L'époque de Sheila ?*
– *Pas loin, il a eu un accident de voiture.*
– *Il est mort ?*
– *Non non, il chante, il était à la télé.*
– *Ça commence par quoi ?*
– *France 3.*
– *Non mais lui.*
– *Un prénom.*

Meurs jamais !

L'arbre sur la place, plein de capotes, vous avez vu ? c'est qui qui fait ça ? c'est des blagues qui sont pas tellement intelligentes ! en plus y a une pie qui me les ramène sur mon toit !

– *Aux cabinets, on s'ennuie pas, c'est un autre état.*
– *Moi je suis attentif.*

A sound of silence !

C'est qui, lui ?

Y a plus boulot, y a plus dodo, le jour où y aura plus bistrot, y aura plus Paulo !

Tout le monde vous appelle René, mais sinon, vous vous appelez comment ?

Y en a un qu'a chié ancestral !

Si l'avortement est interdit en Espagne, elles ont qu'à venir se faire avorter en France, on va bien acheter des clopes en Belgique !

Des sœurs jumelles feront pas des merdes qui se ressemblent, on peut les reconnaître à ça.

Quand le sage montre la lune, l'idiot regarde le doigt, le super con ses pieds !

– *Un demi ?*
– *Non... un blanc... c'est lundi... y a pas le feu.*
– *Pour les gosses, pareil, tout se passe le premier quinquennat.*

La gestation médicale assistée, c'est pour les veaux !

Même pour acheter une bagnole souvent il faut un homme et une femme pour choisir, c'est naturel.

Qu'une femme qui fait le ménage soit égale à un homme qui fait le ménage, c'est de l'égalité qui fait pas tellement rêver.

Hollande, il est rien en France.

– Il a bon goût l'air chez vous !
– Rôti de porc en cocotte.

Elle porte beaucoup de bijoux pour une femme qui a été violée.

Depuis la création du monde, ça a très bien marché l'inégalité, alors pourquoi tu veux changer ça ?

On travaille pas à la télé quand on s'appelle Camille Boudin !

– *Le livre, c'est une fenêtre sur le monde.*
– *Tout le temps fermée la mienne !*

Les blagues racistes, faut au moins qu'elles soient marrantes.

Cent mille milliards de bactéries dans le tube digestif ! après on dit que c'est nous qu'on pète !

Une grande bite, c'est un plus.

Je suis du coin, et je m'en doutais pas que je resterais dans le coin.

Toute la journée dans la panière, obèses, ils bouffent des boîtes, il leur faudrait une bonne guerre aux chats !

Il voulait être un président normal, finalement, c'est un connard moyen.

Moi c'est un combat chaque jour pour servir des cons comme vous !

Je mets des boules aux oiseaux, ils y touchent pas, ils veulent du halal ?!

J'arrive toujours en avance, alors je vais boire un coup, c'est pour ça que je suis toujours en retard.

Ils se prennent pas pour de la merde chez Taillefine !

Entre Doisneau et Capa, y a pas photo !

Je collectionne les cuites, et un collectionneur s'arrête jamais de collectionner !

Un cardiogramme, on voit pas le foie, ça sert à rien.

Il fait un temps à salsifis.

La Terre s'ennuie.

Y a combien d'idées qui existent, en tout ?

Je vis dans un endroit isolé, entre la pompe à bière et le bout du zinc.

– *Le premier camion est passé mais c'est le second, l'assistance aux grand feux, qui a tapé le vélo qui avait la musique sur les oreilles.*
– *Y a un moment faut que les écolos arrêtent de faire chier les pompiers !*

Il est entré dans la vie et il est ressorti, personne l'a vu.

Nothing compares 2 prout !

Il aurait été mieux à être un ver sous un caillou qu'à être triste sans bouger à la banque comme il était.

– Je parle jamais des morts parce qu'ils peuvent pas se défendre.

– Les morts se défendent !

Alpiniste !

Heureusement que les arcs-en-ciel sont pas fabriqués par les Chinois, t'aurais trente-deux couleurs qui déteignent en une minute !

En avion, tu pars et tu arrives, en train, tu voyages.

Je peux faire à la campagne ce que les chiens font dans Paris, pisser contre les arbres !

Quand Lady Di est morte, j'étais au bistrot, Mandela pareil, quand Mitterrand est mort, j'étais au café, les tours du 11 Septembre, j'étais au Dante, la mort de Kennedy, mon père, il était au bar, la mort de Jésus, j'aurais été au Balto, je me connais.

Il sue, il sue ! je vais lui mettre la litière du chat dans le lit !

Les gouttes sont noires quand ça pleut la nuit.

– T'étais au comptoir ?
– Sur le pourtour.

Faut pas chercher loin, le père, Pastis 51 ! la mère, Pernod 45 ! le fils, trisomie 21 !

Au boulot je pense à autre chose, tu me mets des électrodes dans la tête, je me baigne.

Toute sa vie, le gosse devrait payer des droits d'auteur à ses parents !

On devrait être payés pour pas faire des gosses tellement la famille ça coûte cher à la société.

Un gynécologue qui viole, admettons, c'est des métiers bizarres, mais un cardiologue ! on devrait avoir confiance tout de même, avec le cœur, on est pas à poil dans le bureau ! le gynécologue qui sort sa bite, ça peut être pour te montrer un truc, c'est plus facile à expliquer, tu montres, mais le cardiologue qui sort sa bite, franchement normalement, c'est pas normal !

Le tabac, ça tue mille fois plus que l'alcool, et en plus, ça se boit pas !

On a rien foutu, loin de là !

Pourquoi tu me fais chier que moi alors qu'on est six milliards sur la Terre !

Heureusement que je suis vivant, sinon je serais pas là aujourd'hui.

Je l'emmerde la façade atlantique, l'Alsace, c'est la cour derrière ?!

– *J'ai rien bu, je suis déjà bourré.*
– *T'es apéro-condriaque !*

Y a pas d'âge pour vieillir.

Tous les chemins mènent au rhum !

Les catastrophes nucléaires, les seuls qui résistent, c'est les scorpions et les Japonais.

Boire, c'est du sport, c'est avec le corps que ça se passe.

T'as raison, on est mieux là.

Cent dix kilomètres heure sur autoroute, ils ont qu'à supprimer les voitures aussi !

– *Prout !*
– *T'es notre fleuron culturel toi !*

Les maisons d'arrêt arrêtent rien du tout !

– *T'es encore là ?*

– *Je bois des coups l'après-midi pour prendre des forces pour l'apéro du soir.*

Dans ma vie, je suis allé deux fois au cinéma, un film par œil !

Si nous on est pas copains, qui c'est qui sera copain avec des cons comme nous ?

– Rentre ton ventre !

– Je peux pas, dedans, j'en ai un autre.

T'es con comme le roi de Prusse !

– *Y en a partout ! c'est qui le salaud ?*

– *Pas moi, je pisse comme un samouraï.*

Quand j'étais petit, je voulais être facteur à Quiberon.

– *Mon chien, il a des yeux de canard.*

– *N'importe quoi ! c'est quoi des yeux de canard ?*

– *Quand il voit du pain par terre, il saute dessus.*

J'en ai marre de ce siècle !

Pas moi, mais quand c'était ma grand-mère qui tenait le café, elle a eu un accouchement, une fois là-bas, au fond dans la salle, une femme qui a commencé à accoucher et c'est sorti là-bas où vous avez la pendule, c'était l'époque où les femmes accouchaient à la voilà comme j'te pousse ! juste au pied de la pendule, c'est un signe pour un bébé de naître au pied de l'heure.

– *Elles sont à qui les bananes ?*
– *À moi !*
– *Alors occupe-t'en ! et vous, emmerdez pas les bananes !*

J'aime pas les cadeaux parce que j'aime pas remercier.

Le couteau et la fourchette, c'est ça la famille ! pas deux couteaux ni deux fourchettes !

Ce que j'aime dans l'ivresse, c'est la mélodie,

– *C'est quoi le périple ?*
– *Ici.*

Je sais pas où il est l'Occident, mais nous, à la maison, c'est bouffe chinoise et couscous !

Partout où je vais, il pleut, pourtant, je suis pas un nuage !

Tout est à quelqu'un.

L'hiver on trait les vaches, elles mangent du foin, le lait est moins bon, alors avec, on fait du fromage de chèvre.

Avant c'était la France aux Français, aujourd'hui les Français ils en veulent plus de la France !

Je peux pas communier, y a du gluten dans les hosties.

Je suis facile à trouver, le midi je suis toujours quelque part.

Elle est arrêtée ta pendule ou c'est moi ?

Si tu manges le cœur de la salade, tu prends sa force !

T'as le silence bavard.

Les miracles c'est toujours des handicapés qui remarchent, le vrai miracle c'est des handicapés qui revolent.

Y a du ski au Togo ?

T'es catholique, tu peux pas devenir musulman ! On change pas de religion ! Dieu est partout ! On change pas de partout !

Jean-Pierre Coffe, il bouffe que des bonnes choses, t'as vu dans quel état il est ? vaut mieux bouffer de la merde comme Brad Pitt !

Ça met de la couleur le rouge.

Les journalistes, c'est eux qui font des otages qui coûtent des milliards à la France !

On dit plus égalité homme-femme mais femme-homme ! bientôt on dira sandwich beurre-jambon !

Quand tu vois le nombre de gens qui sont morts depuis que la Terre existe, les vivants sont pas des vivants mais des survivants !

Les petits cailloux, ils sont toujours petits, ils grandissent pas.

Elle envoie du chalet sa gnôle !

Les premiers immigrés c'est les bébés, y en avait pas, un an après, y en a plein partout qui tètent les femmes.

– *On te voit plus.*
– *Je bois pas.*
– *Passe boire un café des fois.*
– *Pour quoi faire ?*

C'est pas à la naissance que ça se décide si t'es un homme ou une femme, c'est à la piscine.

J'avais un copain malien, dans l'armée de l'air, comme quoi...

Je vois pas l'intérêt d'embaumer un postier !

Il va plus du tout au bistrot, il picole à la maison, il s'est équipé pour ça.

Je me rappelle même pas que j'étais bourré tellement j'avais picolé.

– Cinq étages à pied, il serait temps d'installer un ascenseur !
– C'est le rêve d'Icare.

Hollande, il est quoi ? président ? et alors ?

On naît à l'hôpital, on revient mourir à l'hôpital, comme les saumons.

Avec des si ! avec des si ! avec des si, je boirais de l'eau !

La nuit, tous les chats sont roses.

– L'habit fait pas le moine.
– À poil fait pas le moine non plus.

Si tu me fais chier, je te sers plus ! c'est la charia !

La petite veine va dans la grande veine qui va dans l'artère qui va dans le cœur qui déborde qui va dans l'artère qui va dans la grosse veine qui va dans la petite veine qui va dans la grande veine qui va dans l'artère qui va dans le cœur qui déborde, tout un bordel !

Hollande, il fait même pas patron, il fait serveur.

– C'est quoi ce parfum d'espoir ?
– Civet de lapin.

Tu sers et tu picoles, t'as le cumul des mandats !

Si on est trop gros, à la limite, vaut mieux grandir que maigrir.

Maigrir, c'est de la bouffe gâchée.

C'est moins pire de mourir bête que de mourir intelligent.

Trop intelligent, c'est pas mieux que trop con !

Deux papas qui adoptent un petit garçon, ça fait un peu maman est morte avec la petite sœur, comme ambiance.

Vous trouverez plus d'oreilles décollées chez les gens de la campagne qu'en banlieue.

Y a plus malheureux que les morts !

Un nain de jardin faut un jardin ! j'ai même pas de balcon pour un nain de balcon ! chez moi j'ai même pas une salle de bains je me lave dans la cuisine ! je suis un nain de cuisine !

– *Vinci est mort mais* La Joconde *est toujours là.*
– *Le cochon est mort mais le jambon est toujours là.*

Hollande aux États-Unis, pour le retrouver là-d'dans lui !

– C'est des montres qui marchent au millionième de seconde près.
– Moi, au jourdième près, ça me suffit.

C'est beaucoup de bruit pour rien l'opéra.

Le doigt de Dieu, c'est toujours le doigt de Dieu ?! Jésus, il a pas de bras ?!

Docteur, on sait jamais à quelle heure on finit avec ces boulots à la con.

Avec le vent, le sable se déplace, le sol algérien, tu le retrouves partout !

Dieu le père, le fils Jésus, la mère Marie, t'as toute la famille ! on se croirait à l'Élysée !

Je suis même pas utile à moi-même.

Y a que les pédés pour dire que la femme est plus intelligente que l'homme.

– Trente-cinq euros, le moulin ! un Peugeot !
– Ils vendent plus de bagnoles, ils se rattrapent sur le poivre.

Tout ce qu'on jette comme bouffe au moins on le mange pas, régime poubelle.

T'attends Godot ?

Des humains, y en aura toujours trop !

Je te présente un jeune espoir, il boit le matin.

Les mouches doivent être contentes d'avoir des bébés qui mangent de tout.

– *Le dernier et je m'en vais.*
– *Je fais pas l'acharnement thérapeutique !*

Un vrai bordel la météo, café avec l'écharpe à onze heures, rosé en short à midi !

Les pays au-dessus de la France sont riches, les pays en dessous de la France sont pauvres, c'est nous qu'on fait la séparation.

Je m'ennuie, comme tout un chacun.

Si un jour je suis un légume, je veux qu'on me mette dans un jardin !

– *T'as fait quoi ?*
– *Je suis rentré, on a mangé une soupe aux légumes de la pluie.*

L'état végétatif me va si y a de la vinaigrette !

L'incinération, faut attendre une heure dans la salle que ça finisse de brûler, on est humide, faudrait faire sécher les corps avant.

Le seul souvenir d'école que j'ai, c'est que j'y allais pas.

Un Marseillais, un Corse, un Breton, y a pas un Français ici !

Ils mangent pas, ils sortent pas, ils bougent pas, ils ont même pas de fringues, je vois pas pourquoi ça coûte une fortune à la société les gens qui sont dans le coma.

On payait un bourreau pour exécuter les condamnés, on a qu'à payer un mec pour débrancher les légumes.

Parité, ça veut dire paire, un homme et une femme, ça fait pas une paire !

Un légume n'a pas de déjections, ça garde sa dignité.

Nous-mêmes les hommes nous sommes des bactéries !

Il est pédé, il a une moustache et il perd ses cheveux, je vois pas l'intérêt.

Même autour des pyramides, c'est bordélique, l'Égypte.

Je suis pas là pour boire du pétillant italien !

Elle aime pas que j'aie acheté un poivrier, ça la dérange d'avoir du nouveau à la maison sur la table.

Les listes municipales, faut la parité, un homme, une femme, un homme, une femme, alors que même pour le mariage on est pas obligé !

Une voix à la radio, t'imagines le visage, le visage à la télé, t'imagines son cul.

L'as des as !

Le réalisme vieillit plus mal que le surréalisme.

L'Île-de-France, c'est pas une île, c'est pas la France !

Il a neuf ans mon chien, c'est une jeune personne âgée.

Comme tu buvais pas, je croyais que t'étais mort.

L'accouchement est une fête commerciale, tu fais naître un consommateur.

La prof a pas le droit de porter une croix, mais la cantine, c'est casher !

Y a une école de la boisson à la française.

– C'était plus qu'un ami !
– C'est rien qu'un chapeau.

Il a été saoul en cinq minutes, comme par magie.

– Tu vas voir le nombre de femmes battues, quand les femmes vont se marier entre elles !
– Bien sûr, elles vont vouloir faire comme nous !

Elles sont dans le désordre les étoiles, l'essentiel, c'est qu'elles soient toutes dans le ciel.

Le coma éthylique, c'est pas un coma normal, t'es pas un légume, t'es un fruit !

On est le seul pays qui a une naine célèbre.

Y a que la charcuterie qui l'apprivoise.

Moi, je ne suis pas en compétition avec les Chinois.

Le vin, c'est italien.

Venise, c'est le Disneyland des vieilleries.

Le gros cul devrait pas être compté dans le poids, c'est une partie à part.

La circulation sanguine, ça va quand même pas jusqu'à la mer !

Elle gueule tout le temps, faut boire sur des œufs dans ce rade.

La publicité est une forme de pensée, en fait.

Il aime le foie, moi aussi ! avec mon chat, on a les mêmes goûts.

– *Vous êtes un vrai con vous !*
– *Oui, j'aime bien manier l'humour.*

C'est humain de débrancher les légumes cloués sur les lits.

Le cerveau a besoin de chaleur pour fonctionner, c'est pour ça qu'on a les cheveux dessus ou même une casquette.

– *Mon verre quelqu'un l'a bu ?*
– *Pire qu'Alain Souchon, toujours à chialer.*

Il marchait dans la rue comme un alcoolique fantôme.

Un blanc, un rosé, un kir, tu déambules...

– *C'est important pour les enfants de savoir si en dessous de la robe, la maîtresse elle est une femme avec un sexe.*
– *Non ! ça, c'est pour les parents d'élèves !*

J'aime pas le silence, y me faut du bruit, pas beaucoup, une goutte, comme dans le kir.

Moi je leur explique à mes enfants les organes, y a pas de tabou.

L'oreille était déjà sur les côtés avant que l'homme invente la parole, sinon, elle serait devant.

– *Le boson de qui ?*
– *Higgs.*
– *Eh ben.*

Je suis né à Chamonix et pourtant je suis poissonnier.

– *Ils ont supprimé les budgets, tous les musées italiens se cassent la gueule.*
– *Pompéi, ça ira pas plus bas.*

C'est en 1935 que la technologie a été suffisante pour visiter le rectum.

– *C'est encore la famine là-bas.*
– *Où ça ?*
– *En Afrique.*
– *Ils font des gosses, ils ont qu'à bouffer ça.*

À quelle profondeur c'est le rectum ?

– *T'es pas servi ?*
– *Deux tournées que je passe par la case verre vide !*

Ta salade sera jamais bio avec ton soleil qui est nucléaire.

Un bébé âgé de deux heures, si il attend une heure pour téter, il attend la moitié de sa vie, pas étonnant qu'il pleure.

– *Il picole plus ?*
– *Il nous a fait le burn-out vinicole.*

Y a beaucoup plus de faces cachées sur la Terre que sur la lune.

Ça sert à quoi les girafes ?

– *Les truites ont pas des pieds parce que avec l'eau froide, elles auraient froid aux pieds.*
– *Finis ta grenadine.*
– *Pourquoi ?*
– *Fais pas chier papa.*

Si elle est honnête, la femme te dira qu'elle ne veut pas être égale à l'homme.

Un moineau qui me parlait pour que je lui donne des miettes, je m'en souviendrai longtemps, ah oui, de cet oiseau.

À l'époque on mourait jeune, mais on jetait rien !

– *Y a des hommes qui tournent dans l'espace en ce moment.*
– *C'est pas un exploit, tout le monde tourne dans l'espace.*

À part l'alcool, y a rien qui me saoule.

Piplette ragot, la première chaîne d'info !

C'est pas naturel d'habiter dans un étage, pour un bipède.

C'est pas la peine de faire des études pour finir journaliste à France 3 !

– *C'est autorisé l'euthanasie en Belgique.*
– *Qu'ils se gênent pas surtout !*

Tout ça, c'est de l'argent foutu en l'air !

– *Je dis mon chat, mais en fait, c'est moi qui suis à lui.*
– *Beuh beuh... elle a fait piquer l'autre !*

Une année qui finit par 13, on aurait dû gagner au Loto tous les jours.

Tu peux pas être français et arabe, c'est deux choses différentes, tu peux pas être grand et petit ou noir et blanc.

C'est pas du racisme, c'est de la jugeote.

– *Je suis pas vivant, je suis passager du temps !*
– *Oui oui... passager du vin !*

On peut pas tout être.

C'est un écrivain chiant qui écrit sur les usines et qui habite Alfortville.

– *Qu'est-ce que j'ai mal aux dents !*
– *Si ça peut vous rassurer, ma femme aussi.*

La pâte à modeler, c'est comme la peinture, ça fait pas de bruit.

– *On peut être noir et juif ?*
– *Et nain.*

Embêtez pas monsieur Pichon, il est séculaire !

Tu bois, tu bois plus, tu rebois, t'es intermittent de la picole ?

Un vin blanc avec dedans un alcool de framboise, c'est optimisé.

C'est un vin blanc inventé par la NASA.

C'est quoi, cette nouvelle mode de tout le temps râler ?! j'ai chaud ! j'ai froid ! j'ai faim ! c'est trop sucré ! c'est trop salé ! j'ai soif ! j'ai les pattes mouillées ! elle est où ma girafe ! tu sais ce qui va se passer ? tu vas rester à la maison quand maman va se promener ! tout seul ! avec le chat !

J'ai toujours gagné en faisant rien.

Mariage pour tous, amour pour personne !

Je vais faire le pinard au kilo.

Délaissez pas vot' verre !

Moi, faut que j'aie bu pour prier.

J'aime pas vanter un poisson par rapport à un autre poisson, parce que ça m'est arrivé de conseiller un poisson à quelqu'un un jour, et vous savez ce qu'il m'a dit ? « Le poisson, je n'aime pas quand il y a des arêtes ! alors non ! » alors depuis...

Il a le foie qui tient plus qu'à un fil.

– L'humour juif, c'est les juifs qui le font.
– Faut être juif pour faire de l'humour maintenant ?!

J'aime bien quand j'arrive pas à comprendre ce que je dis.

On était des poissons, on est devenus des hommes, il fera pas pire que ça, le maïs transgénique.

J'aime bien quand je me promène et que je reconnais quelqu'un.

– Jusqu'à la petite bulle d'air, là, dans le verre, encore un peu, oui, un chouille, stop.
– Nous ici, on fait le blanc sur mesure !

Dieu est partout, mais y a plein d'endroits où ça sert à rien que Dieu y soit.

Un couple gay qui boit un verre, je dis rien, mais faut pas non plus qu'ils se vautrent !

Il pleure, il chie, il se croit tout permis parce qu'il a un mois !

Quand j'ouvre le dictionnaire, je me sens bien, ça me rassure.

Napoléon, c'est de l'histoire, mais c'est surtout sa vie à lui, on s'en fout.

– *Les artisans buvaient du vin rouge, aujourd'hui, ils boivent du blanc.*
– *Ici, ils boivent de tout, mais c'est des chômeurs.*

Il est doux votre comptoir.

– *Molière est pas mort sur scène, dans son lit, ils l'ont dit à la radio ce matin.*
– *Qu'est-ce qu'ils en savent ces branleurs de journalistes ?!*

Le diable a mis les animaux dans la forêt !

Je sais pas à qui tu ressembles mais tu commences à ressembler.

– *Il est mort samedi.*
– *Samedi matin ?*
– *Non non, samedi soir, faut relativiser.*

Valls, il aurait été bien sous Pétain, avec sa mâchoire.

Dans les cuisines du Vatican, on hache la viande du Christ !

Dans la rue sans son habit, tu le reconnais, le pape ?

Je suis pas groupie des rillettes.

On savait pas que les dinosaures existaient avant de trouver les os et maintenant on sait qu'ils existent plus, sinon on saurait pas qu'il y en avait et qu'il y en a plus.

Casse-toi ! gros cul ! t'es qu'un François Hollande !

Mireille Dumas, la frisottée, faut s'en méfier des frisottées, comment elle regarde la braguette des hommes, vous avez vu ! vous vous souvenez, Denise Glaser ? comment elle regardait les braguettes ? elle était pas frisottée mais pareil, fallait s'en méfier, comment elle regardait la braguette de Léo Ferré, faut être folle !

– *Tu bois quoi ?*
– *Un refrain et un couplet.*
– *Et un demi-panaché ! ça marche.*

C'est ça le problème en France, on croit que ça va nous tomber tout cuit dans le bec !

Je te répondrai quand tu seras moins con.

Le plus vieux portable qui existe, c'est le pain !

Si t'as des racines profondes, tu peux plus bouger, t'as trop de branches.

À la télé c'est des idiots ! j'en voudrais pas dans ma ferme ! imbéciles ! ou alors ils arrêtent leur merdouille !

– *Tu m'attends ? je vais au tabac.*
– *Je voulais me barrer, tant pis, j'attends.*

Les hommes politiques, moi j'envoie les chiens.

Quand tu vois déjà l'état du Saint Suaire, je voudrais bien voir son slip, à Jésus !

Toutes les heures de sommeil faudrait les rajouter à la fin de ta détention, quand tu dors en prison, c'est de la réduction.

Le Saint Slip.

Si t'as la grippe, ou la pneumonie, t'as envie de boire ? si t'es malade t'as envie de boire ? non ! si tu bois, c'est que t'es en forme, c'est le thermomètre.

Chez lui, le cerveau, c'est que le copilote.

– *Je bois du pas bon, j'ai une voiture pourrie, si je meurs dans un accident en étant bourré, faudra pas s'étonner !*
– *Souvent c'est le pauvre qui subit les conséquences.*

Lui, j'attends même pas qu'il rentre pour le servir !

Elles se font mettre des nichons en plastique et elles veulent pas manger du maïs transgénique ! on a qu'à dire que ça fait pousser les nichons pour qu'elles en mangent ! et les travelos, si tu leur dis qu'ils vont devenir des poufiasses, tu vas voir ce qu'ils vont avaler comme maïs ! moi je dis : foutaises !

J'avais votre âge, moi, quand j'avais cet âge-là.

Les philosophes allemands, on a vu le résultat !

Avec la justice, les gens qui prennent le plus tarif cher, c'est pas les plus mauvais.

– *C'est les intellos qui ont inventé les camps de concentration, les cons, ils ont suivi !*
– *Les cons sont moins dangereux que les autres, moi je l'ai toujours dit.*

Ils ont la Silicon Valley, nous, on a la saucisse de Strasbourg !

Strasbourg, saucisse ! Toulouse, saucisse ! Montbéliard, saucisse ! New York, pas saucisse !

Il lui faut un journal dans son panier pour dormir, il est trop intello pour moi ce chien !

– *Tu lis quoi ?*
– Une plaisanterie, *de Tchekhov.*
– *Tu démarres la journée avec ça toi ?*

J'ai toujours dit qu'il faut se méfier des Russes quand y a des alcools blancs.

Tu reboiras quand tu seras sec !

Les Chinois ont racheté Peugeot, mais c'est pour les vélos.

– *Bois déjà ça, après tu boiras autre chose.*
– *C'est bien organisé.*

Ça paraît pire de tuer sa mère, alors que c'est moins pire de tuer la sienne que la mère de quelqu'un d'autre.

On aurait plus vite fait de repeindre autre chose que de restaurer sans arrêt les vieux tableaux !

– *On était au Cygne, il faisait la gueule, il a même pas payé son coup !*
– *T'étais au mauvais endroit, au mauvais moment.*

Sous la peau des hommes, y a pas de dessin préparatoire.

Je picole avec ma femme, elle est mon âme sœur et mon foie frère !

À la limite tu lui donnes un pied de chaise au ver à bois, il préfère ça que Venise.

Un tueur qui te paie un café, comment tu veux savoir que c'est un tueur ?

– Dès que je lui demande de m'aider, tout lui tombe des mains.
– Faut pas qu'il pisse tout seul.

C'est un serpent de mer, cette histoire de monstre.

Toi t'es un con de souche !

– Tu bosses pas ?
– J'attends que la neige elle tombe pour ramasser.

Je vous approche pas, je suis contagieux !

Elle s'est fait taper dessus, elle est morte, c'est tout à fait normal pour une femme dans ce milieu-là.

Les milliards d'années, même si c'est long, ça passe quand même.

– Elle fait quoi ?
– Sage-femme.
– Ah bon ?! c'est elle qui nous envahit la planète avec les chiards ?!

Christiane Taubira ?! déjà, Christiane, ça fait pas ministre !

Quand je vais à cinq bornes, je pars pas ailleurs, ailleurs, ça commence minimum à mille bornes.

Que des mecs bourrés, le bar pourri, les chiottes bouchées, j'aime pas beaucoup c't'écosystème !

Moi il faut toujours que j'aille quelque part, à la boulangerie, au tabac, je peux pas rester en place, faut que je voyage.

Vous êtes pas plus petit que ce matin ?

Je vais acheter le pain, je reviens, le bistrot était fermé, sauf que c'était pas la bonne rue, je retourne, c'était ouvert mais pas la même patronne, le comptoir était de l'autre côté, j'ai commandé un coup, je connaissais personne, elle m'a servi un Perrier, je bois jamais ça.

– *Vous voulez quoi ?*
– *Un fer de lance.*
– *Une gnôle !*

Pourquoi c'est Dijon ? et qu'il y a pas de moutarde à Lyon ?

On le torture, on le tue, il revient ! pour moi Jésus, c'est une sorte de Dracula.

– J'aime bien lire aux chiottes.
– T'as pas peur que les personnages te voient ?

C'est une course sans fin ces transplantations cardiaques !

– Le rêve pour un homme, c'est une famille et des enfants.
– On est pareils que les animaux.

Jamais vu un con pareil ! t'es un connard sans précédent !

– Il me traite d'enculé, je le traite de super enculé, normal !
– Ah oui ! c'est la guerre des mots.

Place Tian'anmen, y a eu deux cents morts et on lèche le cul aux Chinois, les Ukrainiens, ça sera pareil !

Avec l'intelligence artificielle, la tête servira à mettre le nez et les yeux, ça servira à mettre la bouche, le cerveau ça servira que pour la marche et pour bouger les bras, pas plus, enfin je crois, c'est ce que je vois pour l'avenir de la tête, le cerveau sera plus dedans.

La vie, ça aura bien foutu la merde !

– Il a bu par la bouche, c'est ressorti par le nez !
– Freestyle !

Au Panthéon, c'est toujours les cendres, ils prennent pas les os.

– Elle est où la patronne ?
– Y a eu remaniement.

Heureusement qu'il y a la mort pour foutre tout le monde d'accord !

Un pédé qui se marie, pour moi, c'est pas un pédé.

Godard c'est pareil, il a dû vouloir se suicider toute sa vie et il est encore là !

Le centre du gâteau était le plus garni, mais aujourd'hui, les modernes répartissent.

Quand t'as plus d'idée pour écrire un livre, t'as qu'à dire que ta mère était la plus merveilleuse ou une merde comme ça.

On en a pas tout le temps besoin du corps, la moitié de la journée, moi je m'en sers pas.

– *Au cinéma ils vont voir des conneries et pour les livres ils lisent des merdes !*
– *Moi c'est ça que je préfère.*

Elle est passée la meute ?

– *Il était temps que je le sorte, il a fait pipi au square, après encore devant le tabac, après encore derrière la halle.*
– *Le road pipi !*

On envoie des milliards en Afrique et nous au resto on bouffe des insectes !

– *Je paye la tournée, je pose le billet, c'est lui qui ramasse la monnaie !*
– *C'est le* pastis-gate.

Un con plus un con, ça fait pas deux cons, ça fait bien plus !

– Plein de merde de mouche sur les vitres.
– Une vraie mouche, ça mange sa merde.

Moi j'écoute pas un mec qui se teint les cheveux !

La France a toujours été collabo, c'est son ADN.

– On le voit plus jamais à la télé Goldman.
– Il se cache, il perd ses cheveux.

On est pas faits pour mourir, on est pas faits pour vivre, on est faits pour rien !

– La danse, c'est le mouvement.
– Pour le danseur, d'accord, mais pour nous, on s'emmerde.

Les gens laids, on se demande pourquoi ils veulent être acteurs !

Étrangleur de chats !

L'âne tout seul dans la pré, il se pend, l'âne, il lui faut un copain.

Le dalaï-lama, c'est un Bernard Tapie spirituel.

Ça dépend de ton rapport au monde.

– Tu fais un film sur une petite fille qui aime pas être une fille et qui veut être un garçon, tu vas te faire engueuler ! si tu fais un petit garçon qui veut devenir une petite fille, alors là t'auras tous les intellos de merde à genoux !

– Un Noir qui veut devenir blanc.

– Houla ! un Blanc qui veut devenir noir, t'as le Goncourt !

Dieu, c'est un enculé ! franchement, vaut mieux qu'il existe pas.

Dommage qu'on ait pas de souvenirs de quand on mesurait trente centimètres.

Tu sais, la fille qui est pas belle, la moche qui écrit des livres, mais si, elle est connue parce qu'elle a copié des livres sur les autres, elle a les cheveux qui pendent, la bouche comme ça, elle a copié sur une Noire, c'était une histoire avec un cochon son livre, vous voyez pas ? en tous les cas, j'en ai jamais lu d'elle.

Je viens du P'Tiou Bar, ça gueule contre Carglass !

Le jour où je serai blasé d'avoir renversé un verre, j'arrête de boire.

L'heure, c'est pas prouvé.

T'as bossé toute la matinée, moi j'ai rien foutu, il est quand même midi.

– Comment tu t'imagines à quatre-vingts ans ?

– Assis là devant un verre.

Hollande au Salon de l'agriculture, ça fait une bouse de plus !

La Grèce, la France, déjà t'arrives, tu vois que les toits sont différents.

Un obèse, faut le couper en deux et compter les anneaux pour savoir l'âge.

– *T'as le nez qui s'allonge ! tu mens !*
– *Je mens pas, j'invente !*

On a pas honte ! c'est Fabius le mec du sang contaminé qui s'occupe de la politique étrangère de la France !

Un mec comme Fabius qui a tué six cents personnes, moi c'est une balle dans la peau !

Y paraît que j'ai mon dos qui en dit beaucoup.

Même les chiottes sont bourrées !

– *J'ai toujours aimé les vaches.*
– *Moi c'est le pain.*
– *Aucun rapport !*
– *Je m'en fous.*
– *Moi c'est les vaches.*
– *Je m'en fous.*

À partir de midi, il est plus en direct.

– *L'Afrique c'est l'aide humanitaire, nous ici c'est Les Restos du cœur.*
– *On va pas les aimer en plus !*

Avec le rouge t'as le saucisson, avec la drogue, y a rien de bon qui se grignote.

C'était bien la peine de nous faire chier toute la journée avec leur Ukraine alors que finalement c'est fini ! c'est toujours pareil ! ils nous font chier quinze jours avec l'Afrique, c'est déjà fini !

L'animal sacré en France, c'est le confit.

Mon frère et mort samedi, il faudrait que ça s'arrête, la mort, vous comprenez ?

– Le Français arrête pas de se plaindre.
– J'ai un bébé au-dessus de chez moi, ça commence tôt !

Faudrait isoler les maisons avec des poils d'artichaut.

– L'extrême gauche, l'extrême droite, c'est les mêmes.
– Hitler, il était végétarien, c'est pareil.

Les vaches boivent du cidre, c'est bon pour la viande, on va se bouffer entre nous !

Elle est bien Claire Chazal, elle parle en français facile.

On est francophones sans le savoir nous les Français.

– C'est quoi le nom de la rue ici ?
– Je sais pas, c'est la rue où je bois un coup.

Comment tu t'es démerdé pour naître à Sochaux ?

– J'aime bien lire, mais depuis deux trois ans, j'ai rien lu.
– Ça reviendra.
– Oh mais je me fais pas de mouron ! je suis pas mort.
– Moi je lis jamais.
– Ces derniers temps, vous perdez rien.
– J'aime que les vieux livres.
– Je vous en passerai, si je les retrouve.
– Vous embêtez pas, en ce moment, je fais des étagères.
– Je crois que je les ai donnés en plus.
– Tous ?
– Il doit m'en rester deux trois.
– Deux trois ! j'en ai pour dix ans à lire ça !

Moi avec mes yeux je peux voir que ce qui bouge pas, ça me tourne la tête quand ça bouge, si vous bougez pas je vous vois, j'ai pas le tournis, mais si vous allez là-bas, ça me tremble l'œil, toute ma vie j'ai trié des prunes sur un tapis roulant, ça vient de là, tout ce que je vois qui bouge pour mon cerveau c'est des prunes, je mériterais une pension pour prune qui bouge, mais allez expliquer ça.

– Elle est morte ce matin la femme qui a inventé le MLF.
– Même en cendres, une femme, ça pèse deux fois moins.

Je vise toujours en dessous de mes limites.

Le sang touche pas les idées, il reste dans les petites veines quand il traverse le cerveau.

Y a des cons chez les chevaux.

– *C'est du vin sans pesticides.*
– *Je m'en fous, je suis pas un hanneton !*

Il faudrait récupérer le gras des gens qui maigrissent et faire des plaquettes pour donner à l'Afrique.

– *C'est quoi aujourd'hui la météo ?*
– *Rien.*

Tu supprimes les rois et les curés, t'as plus un seul monument sur terre !

– *Mal au foie, c'est pas le foie, comme quand on dit, mal au cœur, c'est pas le cœur, c'est des expressions.*
– *Ça me troue le cul !*

Les abeilles, elles ont pas besoin d'un livre de cuisine pour faire le miel !

La connerie, c'est bon pour la fertilité.

C'est le chat qui commande chez eux.

Heureusement que ça change parce que c'est toujours pareil.

L'argent sale, je veux bien la faire la lessive !

Tous les matins quand je sais que j'ai pas foutu la merde la veille quand j'étais bourré, je suis content et je rebois un coup.

À peine tu nais, on te donne une date de naissance, on est tout le temps que des numéros !

J'écris des poèmes avec des poignées, facile à emporter.

Moi j'en fais ni plus, ni plus.

– *Deux grammes elle avait la bonne femme, elle a foncé dans le magasin avec la voiture !*
– *Si c'est ça l'égalité.*

On applaudit Brest !

J'ai la bite connectée, quand j'ai envie de pisser, elle me le dit.

Tu parles à un beaujolo convaincu.

Tu meurs en Égypte, on t'enterre, tout de suite l'égyptologie veut te déterrer.

– Toujours y se passe rien.
– Sans arrêt moi je bouge pas.

C'est l'oasis les centrales nucléaires, t'as pas d'écolos !

– La moitié des bistrots ont fermé.
– Dans tous les villages y a un monument aux morts, y a plus de monument pour les vivants !

Je sais pas pourquoi on dit le Centrafrique, c'est le centre de rien.

– Je suis sûr qu'il est pédé Hollande, c'est pour ça qu'il a fait le mariage pour tous.
– Il arrête pas de niquer des gonzesses.
– Pour la presse !

Faut travailler pour vivre, c'est le jeu d'argent le plus con que je connais !

L'apéritif, c'est mieux au café, à la maison, on se battrait.

La cuite était au rendez-vous.

– On l'appelle « monsieur le maire ».
– Il est maire ?
– Non, mais il paie des coups.

C'était à partir de vingt ans qu'on commençait à vieillir, aujourd'hui, on vieillit à dix ans !

Le ski, on va quelque part, mais le patinage artistique, on va où ?

– *Elle s'enlise l'armée française.*
– *S'enliser à Bangui, faut le faire !*

C'est la honte les médailles de bronze, la France devrait pas les accepter !

Toute la circulation bloquée à cause d'un camion qui a percuté un lampadaire, et après on dira qu'on est un pays moderne !

Va aux Antilles, tu vas voir comment tu vas être mal reçu ! pour eux, on est des Blancs.

Comment tu veux que le paradis existe avec un Dieu de seconde zone !

L'égalité homme-femme, même chez les pédés t'as pas ça.

Je suis fier de jamais voter quand on voit tous les cons élus qui défilent !

Il est pas allé bosser, il devait aller faire les courses, il y est pas allé, il est pas allé chercher sa fille à l'école non plus, c'est sa femme qui y est allée, il est resté jusqu'à la fermeture, il était à mobilité réduite.

Le jour du Seigneur, je me branle, le jour du poisson, je mange du bifteck !

Pour les Noirs, on est des Blancs.

Ce qui nous manque ici, c'est un bâtiment historique.

– *Bientôt y aura des chiottes hommes, des chiottes femmes, et des chiottes pour les pédés !*
– *Ça existe déjà.*

Trois mois d'attente pour un dermato, t'as le temps d'être guéri tout seul.

Ils embauchent dans la prothèse de genou.

Anquetil est mort, Poulidor est vivant, il est encore deuxième !

C'est qui le ministre de la Météo ?

J'ai l'impression d'être Adam et Ève tellement ça sent la peinture fraîche.

Tu nous remettras des précipitations !

– *Je vis tout seul, ici je vois des gens.*
– *Vous êtes au bar toute la journée ?*
– *Le soir je rentre chez moi, parce qu'il faut quand même que je me repose.*

C'est le monde idéal pour handicapés vos cabinets avec ces grandes portes.

Tu donnes aux Restos du cœur, à la SPA, t'aimes tout le monde toi ! les pauvres et leurs chiens !

Je suis gâté de naissance, j'ai une tête avec vue sur le dehors.

– *T'as eu un nounours toi ?*

– *Pas toi ?*

– *Moi j'ai pas eu de nounours ! t'as eu un nounours ?*

– *Tout le monde a eu un nounours !*

– *J'ai pas eu de nounours moi !*

– *Menteur !*

– *Non, j'ai pas eu de nounours, j'ai eu une girafe.*

– *T'as eu une girafe ? c'est pareil.*

– *Ah non ! une girafe ou un nounours, c'est pas pareil.*

– *Tu parles !*

– *Qu'est-ce que t'en sais ?! t'as pas eu de girafe, t'as eu un nounours.*

– *Elle était en quoi ta girafe ?*

– *En plastique.*

– *C'est pour ça que t'es con.*

De toute façon le travail devrait pas exister, fabriquer des pneus de voiture pour bouffer, je vois pas le rapport.

Tout ce que je dis, je sais que quelqu'un d'autre aurait pu le dire, et les autres c'est pareil, j'aurais pu le dire.

Le mec qui jouait dans le film en noir et blanc, avec la fille qui s'est barrée, qui fait du théâtre avec l'autre qui a joué dans une pub, je l'ai vu l'autre jour dans le bistrot où on allait avec celui qui avait une moustache et qui s'est rasé, le gros, qui a maigri, tu vois qui je veux dire ? le mec ! tu lui avais prêté une échelle ! c'est dans ce bar-là que l'autre du film buvait un coup en terrasse près de la gare avec quelqu'un, tu vois qui ? il a eu le Golden, la ville où les mecs mettent les mains dans le trottoir.

Le cinéma, y a toujours un film qui passe, dans les théâtres, y a jamais rien, faut attendre le soir.

– *Y a plus d'olives ? y en a plus du saucisson ?*
– *Ils ont tout pillé, pire qu'à Bangui !*

Je suis venu hier, jour pour jour !

La Vierge est toujours apparue à des chrétiens blancs comme Soubirous.

La faim, c'est pas compliqué, suffit d'attendre et t'as faim.

Ils font de la peinture ? en prison ? ils feraient mieux de repeindre les chiottes que peindre des fleurs !

On lève les pieds ! je viens de laver !

Qui c'est qui écoute le petit peuple ? les petits chiens ?

La vie c'est en longueur mais la mort c'est en largeur.

– *Avec la poésie, on s'évade.*
– *Vous êtes pas partie loin !*

Si on bouffe des insectes on mettra plus des assiettes, on mettra des cailloux.

Aux impôts, c'est pas des êtres humains !

Il était fort en blabla, Jésus.

Lascaux, ça fait pédé préhistorique.

La France, elle est bien où elle est, je trouve.

– *À la limite, je préfère dire une connerie que me taire !*
– *On est pas des autistes.*

L'Inde, c'est spécial.

Faut pas que je lui parle saucisses, après ça lui fait une idée fixe.

– *Un café.*
– *T'es en deuil ?*

Il voulait être une fille, mais il a une bite qui habite dans son slip, comme un coucou !

– *Tu dis que des conneries !*
– *Je m'en fous, j'écoute pas.*

Au chômage toute sa vie, c'est moins pire que d'être viré à cinquante ans.

C'est de la pierre taillée, on voit bien la main du marteau.

– *Vous avez pas de lumière dans vos cabinets ?*
– *C'est mieux.*

Les juifs sont disséminés dans toute la population alors que les Noirs, on les voit.

Si le soir y avait des meilleurs programmes télé, y aurait moins de délinquants dans les rues !

– *Il est gentil le chien ?*
– *Très gentil.*
– *Parce que s'il est méchant, je préfère qu'il reste dehors.*
– *Vous dites ça aux clients aussi ?*

L'océan a jamais vu la mer.

À l'époque du laser, ça va pas vite la traînée de poudre pour une rumeur.

– *Non non ! c'est pas une illusion d'optique ! c'est de l'eau !*
– *Pourquoi ? j'ai pas foutu la merde !*

C'est sans pointer le facteur psychologique.

Le patinage artistique, j'ai froid aux pieds pour eux.

– Puisque tu parles de ça, faudra penser à me rendre mon pognon.
– Je parlais pas de ça.

Un roi en carrosse, ça sera toujours mieux qu'un petit gros en scooter.

Les extraits de films, ça donne envie, les extraits de pièces, on comprend rien.

Ça sert à rien de savoir ce qui se passe.

Je vais poser une question bête, mais vous êtes qui ?

– Ils ont dit non aux immigrés les Suisses.
– Les Dinard, ils disent oui !

La météo, on la sait la veille, alors qu'en fait, on la sait le jour même.

La lumière de Dieu, avec l'islam, ça change l'ampoule !

La mondialisation, qu'ils la fassent ailleurs, y a de la place.

Depardieu en Obélix, on y croit.

Dans le cas contraire où je serais pas né en 49 je serais peut-être né en 66, quand tu veux naître, tu nais tôt ou tard.

Le coût de la vie, tu parles, pour moi le prix des bananes, c'est pas la vie.

Le fond ! La forme ! Je bois la forme et je vois le fond !

– C'est qui ce con-là ?
– Laisse parler, c'est Serge.

T'es chiant comme un producteur de lait !

– Il est même pas dix heures, t'en as bu huit !
– On peut faire dire aux chiffres ce qu'on veut...

L'Algérien, c'est un peu le cousin sauvage du Marocain.

Le cancer je croyais que c'était une maladie moderne mais y en avait au Moyen Âge, sauf qu'à l'époque les gens se plaignaient pas, c'était normal de mourir.

Tu me fais encore chier, je te mets cinq verres de suspension !

Faut virer les églises des villages, les villages, c'est laïque !

L'homosexualité, c'est compliqué pour ce que c'est.

– Hollande, il va pas voir Poutine pour les Jeux olympiques, il va en Tunisie !
– La Tunisie, c'est son niveau.

J'aime pas le boudin, le sang cuit, ça fait allemand.

C'est la parité ! faut un homme, une femme, sur les listes électorales, après ça sera un Noir, un Blanc, une Blanche, une Noire, et les pédés, un pédé noir, un pédé blanc !

La voix, c'est la peau de la bouche.

La famine en Afrique, on s'en tape, le mec qui marche dans une grosse merde d'éléphant, c'est ça que tu vas voir sur internet !

Y a personne qui est pas bizarre.

Avec le temps, on devrait se remplir de jeunesse, pas de vieillesse.

On se demande comment les poissons disparaissent des mers, personne en bouffe !

Soi-disant les acteurs sur scène sont différents chaque soir, parce que dans la vie, ils sont tout le temps pareil !

Dans l'océan les poissons parlent pas, au moins ça repose !

C'est un miracle, chaque fois, je me réveille chez moi.

Moi mon chien est très heureux en voiture, comme quoi, y a pas que l'homme.

À notre époque, les gens qui louchent, c'est qu'ils le veulent.

Un p'tit pastis vaut mieux qu'un long discours !

On leur prend les matières premières, on leur donne des machettes, ils sont toujours aussi cons !

Il a la tête de monsieur tout-le-monde, c'est pour ça qu'ils l'ont pris pour le tueur.

On regardait une éléphante qui accouche, le truc y sort, elle pleurait devant la télé cette connasse d'écolo !

Je bois un jour sur deux, je suis intermittent de la picole.

– Elle vit seule ?
– Même son chat l'a plaquée.

Il se prend pour Dieu le Père, il lui faut des rillettes primées !

– Ça vient ce demi !
– Plus les gens foutent rien, plus ils sont pressés !

C'est plus que kafkaïen !

– T'embrasses ton verre maintenant ?
– C'est comme un enfant que j'aurais dû avoir qui est arrivé sous cette forme.

Le jour du sida, t'as du sida à tous les coins de rue, comme du muguet.

Tout ce qu'on voit à la télé, j'y crois pas, ou alors, qu'on me le montre !

Je lui échange la conduite de la voiture contre des heures de ménage, avec ma femme on fait du troc.

On a supprimé la peine de mort, d'accord, mais on les met en prison pour qu'ils se branlent. Ah non ! c'est trop cadeau !

Un bar où on se saoule, c'est plus un service qu'un commerce.

– Beu beu beu...
– Mais si !
– Beu beu beu...

Moi je trouve que le Blanc est moins raciste que le Noir.

Qu'est-ce que ça fout à Alger un lycée Victor-Hugo ?

– Ça se soigne maintenant les nains ? parce que j'en vois plus.
– C'est pas étonnant à rester enfermée à la maison, tu risques pas de voir des nains !
– Tous les nains deviennent pas Mimie Mathy.
– Un nain célèbre, un Noir, un Arabe, en France, t'auras pas deux Noirs ou deux nains célèbres à la télé en même temps.
– Les nains, moi ça me manque pas.

C'est le chat qui s'amuse à aboyer.

Plein d'auteurs écrivent pas leur livre, c'est des nègres, en plus ils copient sur d'autres livres qui sont pas écrits par des auteurs mais par d'autres nègres, des nègres qui plagient des nègres ! elle est belle la littérature française !

Le lion, il est en haut, en bas t'as le crapaud, la classe moyenne des animaux c'est les chiens et les chats.

Les Allemands savaient pas qu'ils étaient nazis avant le début du nazisme, comment ils sauraient qu'ils le sont plus après la fin ?

J'avais beaucoup d'habitués, maintenant, j'ai des sans comptoir fixe.

La lumière du jour sera toujours un art contemporain !

Quand il part tout rouge on dirait le soleil qui va se coucher.

Je sais que tout le monde me prend pour une folle, mais moi je dis : zozio.

C'est un atout pour la poule qu'on la mange.

Il a eu le cancer du fumeur rien qu'en respirant ce qu'il buvait.

Depuis quand demain c'est lundi ?

J'arrêterai de picoler quand les conditions seront réunies.

– *Pierre Plume.*
– *Vous avez un nom qui est lourd à porter !*

Chez les babouins, c'est matriarcal, mais on en est plus là, j'espère !

– *Alain Resnais, quand j'étais petite, ma mère allait voir ses films, quand j'étais étudiante j'allais voir ses films, je me suis mariée, j'ai eu la gamine, j'allais encore voir ses films, il a été là pendant toute ma vie, il a fait ses films et en même temps moi j'ai fait le mien,* Aimer boire et chanter ! *c'est triste.*
– *Fallait s'y attendre, ça fait longtemps qu'il avait des cheveux blancs.*

Moi ma mère elle a bercé toute ma jeunesse en me tirant sur les cheveux.

Comme les asticots dans le cimetière, je mange tout en boîte !

Je connais un gars à Chablis, il a tout le temps une bosse ici.

Mon pays, c'est la Terre, je suis nationaliste international !

– Mourir, ça fait de la place aux autres.

– Faire de la place à des gens qui vont mourir aussi, c'est complètement con.

Va te coucher !

Je l'ai connu quand il faisait du bois, il était costaud ! maintenant tout le temps à picoler au Central, bourré, mais bourré ! tous les jours ! il se scie les quatre planches.

Y avait les jardins ouvriers, les ouvriers sans jardin, les ouvriers sans rien, fallait pas lâcher les jardins !

– Les jeunes veulent plus rien foutre.

– C'est la preuve qu'on est encore jeunes !

C'est des gens qui sont capables de travailler dix-huit heures par jour ces chevaux.

Duras, elle est morte y a vingt ans, Resnais, hier, dans deux jours, on aura l'impression qu'ils sont morts tous les deux y a vingt ans.

Partout sur terre si tu payes un coup à quelqu'un, il te repaye un coup, c'est une loi internationale !

J'ai bu pratiquement presque plus rien.

Les gens gueulent, ils votent pas, moi je vote n'importe quoi, mais je vote !

Venise, y a pas les rues, y a que les trottoirs.

Il faut virer tous les ministres qui servent à rien et pas en garder !

Je suis trop vieux pour être jeune.

Tu trouves ça sympa une carotte ?

– La Syrie, c'est pas loin de la France comme guerre.
– Avec la télé maintenant, tout est près, même la lune.

Avec la télé, quand c'est loin, c'est près, et quand c'est près, on dirait que c'est loin.

J'ouvre le livre n'importe où, je lis, je tourne jamais la page, pour moi c'est fini.

On va à la mairie pour le vin d'honneur et après on revient pour le déshonneur !

– Je me suis fait chier toute la journée.
– C'est le chômage qui rentre !

Ou alors on les accepte à condition qu'ils fassent pas d'enfants.

J'y vais plus dans ce bar, c'est le rendez-vous des restes humains.

Un gars qui s'appelle Mustapha, on sait d'où ça vient !

Pour moi c'est facile de rentrer, j'ai la maison qui est garée devant la porte.

S'il me reste qu'une heure à vivre, je vais au cimetière à pied.

T'es patrimoine immatériel tellement t'es con !

C'est surtout dangereux pour les voitures le vélo en ville.

– *Moi je réponds toujours !*
– *Je t'ai rien demandé.*
– *Je m'en fous, j'ai toujours répondu !*

Si l'homme et la femme deviennent égaux, le danger, la femme n'aura plus envie d'évoluer.

Mozart ! Einstein ! Napoléon ! Vinci ! Christophe Colomb ! Picasso ! c'est des hommes ou c'est des femmes ?! faut être sérieux des fois !

Je dis pas du mal des femmes, je dis, chacun à sa place ! c'est le respect de la nature ! l'égalité de l'homme et de la femme, dans la nature, ça ne veut rien dire, en plus dans la nature, elles ont des plus belles plumes.

Rien que hurler quand le cycliste il passe, c'est du dopage.

– *Quel âge elle a ?*
– *Quatorze ans, elle a son corps virtuel sur Internet, dans sa chambre, vous verriez les emballages vides de gâteaux !*

Le noir, c'est pas gai.

C'est les immigrés qui font les enfants en France, les gosses sortent des bonnes femmes pour s'installer chez nous.

L'heure la plus longue de la journée, c'est entre midi et deux.

– *Je viens tôt, comme ça j'ai ma place.*
– *Personne la prend ta place ! tu viens tôt parce qu'on est gentils.*
– *J'ai mon verre.*
– *Personne le prend ton verre, tiens, le voilà ton verre.*
– *Il est vide.*
– *Oui, la voilà ta grenadine, tu veux plier les serviettes ?*
– *Les serviettes.*
– *Va t'asseoir, je t'amène les serviettes.*
– *Et ma place !*
– *Personne la prendra ta place ! va t'asseoir au fond.*
– *C'est ma place.*
– *Oui, au fond c'est ta place... c'est les hôpitaux de Paris ici...*

Un distributeur de capotes dans le couloir, vous ferez des lycéens obnubilés !

Moi, quand je rentre après le boulot, j'éteins le cerveau.

Les vieux faut les incinérer mais les jeunes qui sont morts, faut les enterrer, ça fait du frais dans la terre.

C'est pas fait pour être beau les genoux.

Si les femmes gagnent pareil que les hommes, c'est que les hommes gagnent pas assez.

C'est les femmes qui veulent pas être égales.

Faut que des gens boivent avec moi pour que je boive, sinon je bois tout seul.

Je m'appelle Marcel, mais c'est mon nom de famille, mon prénom c'est Yves, Yves Marcel, comme Yves Robert, mais c'est Yves Marcel, deux prénoms c'est courant, c'est mieux, Yves Marcel, on dirait un film avec Cerdan, Yves et Marcel, Yves Marcel, moi qui suis fils unique, deux prénoms, je suis servi !

L'afghan, ça c'est un chien qui vous coûtera plus cher qu'un enfant.

T'es pas un vrai végétarien si tu manges du jambon, t'es le nudiste qui garde son slip.

– Je l'ai vu, il se remplit les poches de sucre.
– Il a pas d'argent.
– Il boit de la bière et il vole du sucre ! j'aime pas l'esprit.
– De ?
– Voler du sucre.
– C'est du sucre cadeau offert avec le café.
– Raison de plus pour pas voler.
– Trois carrés.
– Trois carrés, plus trois carrés, plus trois carrés.
– Ça va pas nous ruiner.
– Quand on est pauvre, on vole du sel !

Ça se pose là, l'utérus, comme refuge à germes.

Hollande est nourri par le contribuable, son gras nous appartient !

Tu viens avec moi ? je vais chez le roi du matelas !

Ils ont plus un rond en Grèce, même Pompéi, ça tombe en ruine.

– Vous avez votre allure printanière !
– C'est rien, c'est du persil.

Dans un cercueil ça sent le parfum, après ça sent le pourri, jamais ça sent bon le bois.

Même si c'était Hitler, je voterais pas, c'est pas pour voter Marine Le Pen !

– *Rien que l'eau des lavages automatiques de voitures, elle serait plus utile en Afrique !*
– *Ils en feraient quoi ? ils ont pas de bagnoles.*

C'est toi qui sens l'évier ?

Tu bois quelque chose pendant que t'es debout ?

Ils foutent plus rien au lycée, c'est des maisons de retraite pour adolescents !

Un plan vélo du gouvernement ?

Y a tellement de misère que je donne plus rien.

– *Le plus gros budget de l'État, c'est l'Éducation nationale.*
– *Pour les conneries, on en trouve du pognon !*

On est pas des Shadoks.

Une plombe pour avoir un demi ! tu nous fais la cérémonie du thé ?!

Mélenchon viole la République par-derrière, Marine Le Pen par-devant !

Rabat ? c'est au Maroc ? qu'est-ce que ça fout au Maroc ?

– Elle va bien Christine ? on la voit plus.

– Avec sa micro-société elle a ouvert un toilettage pour chien mais à la première cuite elle a cramé un chien avec l'eau chaude, terminé Canich' pompon.

– Elle fait quoi ?

– Coiffure à domicile mais c'est peut-être fini, elle est tombée sur une vieille à cause du porto.

Jean-Pierre Marielle, le temps lui va bien.

Le vase de Soissons, Henri IV, Pompidou, c'est n'importe quoi l'histoire de France !

J'ai jamais vu quelqu'un avoir peur avec un bonnet sur la tête, parce que le cerveau est au chaud.

Bière, tu es bière, et sur cette bière, je bâtirai un bar à bière !

La journée de la femme, c'est en plus de la Fête des mères, pour celles qui ont pas pu avoir d'enfant.

– Moi je trouve qu'on peut rire de tout et qu'il ne faut rien interdire.

– Bien sûr ! vous êtes des fiottes !

Les spermatozoïdes, y a une sélection, c'est le plus rapide qui gagne, alors qu'in vitro, si ça se trouve, l'infirmière prend le plus con.

Elle a qu'à porter plainte que je bouffe tout le poulet !

– *On a moins de spermatozoïdes à cause des pesticides.*
– *Bien sûr ! faut pas s'asseoir sur les cailloux.*

C'est la terre entière qui est une scène de crime.

On a marché sur la Lune, ça a changé quoi ? on va marcher sur Mars, et après on va aller marcher où encore ? c'est un progrès pour vous d'aller marcher partout ?

Ils sont pas tous pourris les hommes politiques, mais les pourris, ça fait les tous puants !

– *Dehors !*
– *Despote !*

Un café et après un blanc ! je prends les chemins de traverse !

Égalité homme-femme, moi ma femme elle a sa carte de pêche.

– *T'en fais du bruit avec ton ventre !*
– *Je digère à voix haute.*

La Journée de la femme ? ah bon ? moi on m'a rien dit.

Le curé pète les plombs, il veut plus recevoir les morts dans son église !

Mourir, c'est une soupape.

C'est la journée des femmes, ou la journée du droit des femmes ? déjà, c'est pas très précis cette connerie.

Quand il sait pas quelque chose, il sait pas quelque chose, il en démordra pas !

Je vais pas acheter le journal pour les otages français, je l'achète même plus pour le programme télé.

La Journée de la femme et l'ouverture de la truite, j'ai attrapé ni l'une ni l'autre !

– Je l'ai trouvé métamorphosé.
– Sauf que c'était pas lui.

– Y a pas de raison qu'une femme qui fait le même travail qu'un homme soit payée moins !
– Si c'est le même travail qu'un homme, pourquoi c'est une femme qui le fait ?!

La connerie reste de mise.

Le chômage, c'est devenu une mentalité.

Otage, c'est le nouveau métier à la mode !

Il est mort hier, après manger, il est allé se coucher, comme si de rien n'était.

– Tout le monde a un chômeur dans sa famille.
– Moi deux ! quand j'étais jeune et maintenant que je suis vieux !

Comme Jésus, trente-trois ans de service !

– *Vous avez parlé de quoi ?*
– *Je sais pas.*
– *Vous avez parlé toute la journée !*
– *Ah bon ? je sais plus.*

Avec ce temps, ça peut que aller.

Le comptoir, il faut y être continuellement planté personnellement devant, pour être le vrai habitué à l'ancienne.

Je vois pas ce qu'il y a de culturel dans un opéra.

C'est les grandes guerres qui font les grands pays, pas les grandes paix !

Les gosses, c'est pas au point, ça grandit et faut en refaire.

J'aime bien les films français parce que c'est des gens qu'on peut croiser dans la rue.

Y a pas plus racistes que les enfants !

Du poivre de Guérande ?! où t'as acheté ça ?

C'est pas un métier facile d'être assis toute la journée.

L'armée française serait plus utile à Belleville qu'à Bangui !

Le père de famille, il est père de sa femme aussi, puisqu'il est père de la famille, et la mère de famille c'est sa mère au père de famille puisque c'est la mère de toute la famille.

Non ?

Les oiseaux c'est des animaux, quand ils chantent, c'est des cris d'animaux, des cris d'animaux sur le rebord de la fenêtre, merci bien !

Si ?

C'est pas parce que t'es allé en Chine que tu connais Auxerre !

Un avocat qui défend un criminel, faut le faire tomber pour complicité.

– *On avait pique-niqué dans le pré, on a laissé toutes les merdes de papier, une semaine après c'était tout propre envolé avec le vent.*
– *Ça, c'est la force de la nature.*

Il veut être réparateur de pommes coupées.

– *Le cerveau a besoin de sucre.*
– *Avec ce que je mange, je lui en donne plus qu'au chien.*

Vous avez mal au dos à rester debout parce que vous êtes fait pour marcher à quatre pattes.

Je perds mon temps au bistrot, comme ça je sais où je l'ai perdu !

Les congés maladie, faut pas les gâcher en étant malade.

– *Pour moi, les municipales, c'est pas de la politique.*
– *Tout est politique.*
– *Pas la vie quotidienne.*

Al-Qaïda ! c'était dans une chanson de Nana Mouskouri.

Moi c'est yoga et muscadet bio.

Si on bouffait les Africains, au moins on les nourrirait, comme les poulets.

Avoir des pieds me plaît pas.

– *En tout cas, on aura vécu.*
– *C'est déjà ça.*

Ça se ferme de gauche à droite, dans le sens du robinet de la montre.

– *Les mecs t'enlèvent, on t'ouvre, on te vole un rein, va le récupérer !*
– *En plus, un rein, y a pas ton nom dessus.*

Peinture à l'huile, peinture à l'eau, le plâtre, c'est de la sculpture à l'eau.

Un éléphant dans un magasin de porcelaine ? qu'est-ce qu'il fout en Afrique, le magasin ?

Ils étaient voyageurs les Hollandais, c'est eux qui ont ramené le fromage.

La destinée, y a quand même une notion de destin.

Boire, c'est un geste naturel, alors que manger, faut mâcher.

– *C'est la différence de température.*
– *Moi on m'a dit que ça peut être la fièvre.*
– *Mais non, c'est rien, un caca qui fume.*

Pour moi les petits pois c'est des légumes, c'est pas végétarien.

Tu pars de chez toi, tu viens ici, tu rentres chez toi, t'as une vie de pigeon voyageur !

Tout carré aux épaules, avec ses petites jambes, il est déjà en forme de cercueil.

– *Le soleil, c'est nucléaire.*
– *Ah oui ! c'est pour ça qu'il faut mettre de la crème.*

Y a trop de bouffe en France, on se perd au rayon alimentation.

Le seul pays où j'aimerais aller m'installer, c'est en Corse.

Quinze heures dix-sept à Casablanca, ça te dit rien ?

En Algérie, les Arabes sont pas mieux traités qu'en France.

– *Et moi ? vous m'avez pas servi.*
– *Vous avez vu le monde ! j'ai pas cinq cervelles !*

Je regarde les étiquettes, et comme j'ai une bonne mémoire encore je regarde les étiquettes entre les grandes surfaces et je choisis le moins cher, moi je peux vous dire que ça augmente, on se demande même si on va laisser à nos enfants des étiquettes moins chères.

Si ça sonne pile, c'est l'heure, si ça sonne pas pile, c'est un enterrement.

Les fleurs que vous voyez chez les fleuristes, la nature pourrait pas se les payer.

Je sais pas vous mais moi je sais pas, vous savez vous ? moi je sais pas.

Il est raciste votre chien ?

Le problème avec l'homme sur terre, c'est son estomac qui est la porte ouverte.

Le piano, c'est très musical, plus que la trompette, la trompette ça fait plus de bruit, mais c'est moins musical.

Les moules, t'as autant de feuilles dans l'assiette que l'artichaut.

Avec « La Marseillaise » faut boire du kir.

– *J'ai horreur de mon image dans une glace !*
– *Je peux pas dire, je vous ai jamais vue dans une glace.*

Je suis pas la plus belle du monde, mais au moins, je suis propre.

– *Faut pas que je m'assoie, je partirai plus.*
– *Mettez-vous là.*
– *Si je reste debout, c'est pire.*
– *Allez dehors, il fait beau.*
– *J'aime pas.*
– *Vous faites ce que vous voulez.*
– *Je vais boire un verre là.*
– *Ici ?*
– *Au bout près de la porte, comme ça, si je dois partir.*
– *Je vous le mets là.*
– *Je me méfie de moi.*
– *Je vous préviens, faudra vous pousser, j'attends le livreur.*
– *Là ?*
– *Juste là, c'est la trappe.*
– *Je vais gêner là ?*
– *Ah oui !*
– *Bon... je vais aller m'asseoir.*
– *C'est ça...*

Bilboquet est un mot en bois.

Vaut mieux qu'il pleuve aujourd'hui que demain, demain il va faire beau partout.

Moi je trouve qu'on a pas assez de respect pour les cochons qu'on mange.

– *De Funès, il aurait eu cent ans aujourd'hui.*
– *Dès que t'es mort, t'as cent ans un jour.*

Tous les morts ont mille ans un jour !

L'homme préhistorique, il aurait quel âge aujourd'hui ?

– *Fukushima, si ça se trouve, ça repoussera mieux qu'avant.*
– *Hiroshima, plus personne se plaint.*

Je finis toujours mon verre, je picole, in extenso !

Si tous les mômes avaient fait des cabanes dans les arbres, y aurait moins de problèmes en banlieue.

Plutôt crever que donner aux Restos du cœur ! ça me ferait chier de faire l'aumône à des chanteurs à la con !

Ça en fait de la bouffe pour les pauvres tous ces chanteurs à gros cul !

T'es né en août, t'es Lion, en janvier, Capricorne ! tu changes de mois, tu changes de signe, t'es caméléon !

On respire neuf litres d'air à la minute, et on se fait engueuler pour trois blancs ?

Il est con comme une bite ! comme on dit dans notre jargon.

Je vois pas le rapport entre le français qui est la langue de Molière et la France qui est le pays du fromage, ou alors Molière c'est la langue du fromage !

La politique, c'est rien plus qu'une industrie.

Moi j'aime aider les gens mais faut pas non plus qu'on me prenne pour un con et ça rigole dans mon dos ! trop bon trop con ! moi j'aide, attention, je veux savoir qui ! si c'est un feignant, non ! ou une bonne femme, elle a qu'à demander à son mari !

Le cancer, je donne rien, ça me fait trop peur !

On connaît pas les effets de la vie à long terme.

Un bébé qui a pas la taille, faut le refoutre dans la mère.

Si t'es Catherine Deneuve, tu sors dans la rue, les gens regardent Catherine Deneuve, au restaurant, les gens regardent Catherine Deneuve, partout les gens regardent Catherine Deneuve, les hommes existent plus, elle doit croire que la terre est habitée par des regardeurs de Catherine Deneuve.

– *Il était maraîcher, il vend des bagnoles.*
– *C'est une vie à la Rimbaud.*

Vous vous habillez le matin pour sortir, les villages fleuris c'est pareil.

– *Pourquoi t'écris gros comme ça ?*
– *Pour qu'on lise bien.*
– *On dirait que tu hurles : « Bœuf aux carottes ! »*
– *C'est ça.*

Le corps s'adapte, voyez les Noirs, avec le soleil.

Mon ADN, ils trouveront plus de liquide que de solide !

Tous les gens qui téléphonent avec le mobile, ça les fait tourner en rond.

– *Un demi, un calva, quoi d'autre ?*
– *De l'amour !*

La nature a horreur du triste !

– *Elle a quarante ans.*
– *Ma sœur aussi.*
– *C'est la mode en ce moment*

Si t'es pas reçu à l'examen pour la chirurgie de la main, y te reste le pied.

Y avait plus d'imaginaire autrefois.

Ma deuxième passion, c'est les canards.

– *On voyait plus la tour Eiffel avec la pollution.*
– *Je sais, même ma fille est partie faire des photos.*
– *La tour Eiffel, on a envie de la regarder que si on la voit pas.*

Le bon air, ça m'endort, la pollution, ça me réveille !

Un pays où y a pas de pollution, c'est un pays où y a pas de travail.

En Afrique, rien que les mouches, je deviendrais folle.

Tout le temps qu'elle était enceinte, elle est pas descendue du tabouret du bar, son bébé, il a poussé hors sol !

Mission subaquatique !

La Syrie, c'est en Libye ?

Ils disent que des conneries à la télé !

Je veux plus être citoyen !

– *Il est à l'hosto, il est sorti de la route avec sa bagnole.*
– *Il était bourré ?*
– *Non non, il a eu un accident normalement.*

Je suis de gauche, et ça m'empêche pas de me scandaliser.

– Les handicapés arrêtent pas de gagner des médailles à Sotchi.
– Ah ça ! pour les handicapés, en France, on est forts !

C'est une légende urbaine qu'on trouve pas de l'araignée de cochon.

Depuis le temps, on aurait pu trouver autre chose à respirer que de l'air.

– C'est interdit pour les plaques pair !
– C'est quoi pair ?
– T'es con ou quoi ?!... 2... 4... 6... 8...10...
– Ah bon ça va, moi c'est 12.

Le catholicisme, c'est quand même une religion de pleurnichards !

Les slips existaient pas à l'époque sinon les pauvres auraient mis des slips sur la tête pour carnaval.

– Vous avez du persil entre les dents.
– La nature reprend ses droits !

Le théorème de Pythagore, la somme des côtés du truc des angles ça donne ça, tu t'en souviens ?

Déjà dans l'*Inspecteur Derrick* c'était pas terrible l'Allemagne, ça a pas dû s'arranger.

– *C'est pas parce qu'on va moins rouler que ça ira mieux pour la santé !*
– *Pour la gastro, ça va rien me changer.*

La musique classique, j'ai l'impression que je l'ai entendue un million de fois.

Tu voles dans un magasin, t'as dix caméras qui te filment, un avion qui disparaît, rien !

Moi je le dis ! j'aurais un enfant handicapé, je le tue ! moi je le dis ! c'est du courage ! un enfant qui peut pas marcher, rien faire, je le tue, ah oui ! déjà un enfant normal, on a envie de le tuer ! alors un tordu ! je le tue !

Je riais encore ce matin en me réveillant, c'est la gaieté fossile.

Boisson alternée, pair, je prends un Ricard, impair, un 51 !

C'est pas la peine d'hurler pour dire qu'il est sept heures quarante-trois.

– *La fille, la paralympique, quatre médailles d'or elle a gagné au ski !*
– *Et après, il faut leur faire des escaliers pour eux !*

Les rayons à l'hôpital, c'est pas les mêmes, on ressort pas tout bronzé.

Tous les handicapés qui sont aux Jeux olympiques, je leur supprimerais la pension ! ils sont plus en forme que nous !

Elle sait pas changer une ampoule, c'est pas pour conduire une voiture électrique.

C'est bien la preuve que t'as tort si j'ai raison !

Tu savais que Stéphane Bern c'est pas lui ?

Monter sur le toit d'une centrale nucléaire, ça veut rien dire, c'est comme si tu montes sur le toit de la Banque de France, t'es pas dans le coffre !

– *Si c'est pair, t'as le droit de rouler, si t'es impair, t'as pas le droit.*
– *Je suis né en 74.*
– *La plaque d'immatriculation !*
– *À l'arrière, j'en ai pas.*

C'est les verts qui nous polluent la vie !

Moi ça me suffit d'être fier de mes pommes.

La pollution, ça fait partie de la nature humaine.

Avant, on respirait, et on se posait pas de questions !

À force de grandir trop vite, on va mourir de vieillesse à vingt ans !

– C'est Louis-Philippe qui a insisté pour l'obélisque, Louis-Philippe, le roi, l'obélisque de la Concorde, la Concorde à Paris, la place, tu connais la place de la Concorde, tu connais Paris quand même ! c'est Louis-Philippe qui a dit « on le met là », sinon t'aurais une fontaine ou une connerie.
– Qui ?
– Louis-Philippe.
– Ah bon, ah tiens ?

Les cons qui font du vélo, c'est qu'ils sont sportifs ! faut être con pour faire du sport au milieu des bagnoles !

L'hormone qui se bouche, c'est pour ça que les nains sont petits.

– Gilbert, il a perdu sept kilos.
– Gilbert ?
– Gilbert !
– Sept kilos, Gilbert ?
– Sept kilos !
– Gilbert, Gilbert ?
– Gilbert, oui, Gilbert, sept kilos.
– Sept kilos ! Gilbert ?
– Sept kilos !
– Gilbert.
– Gilbert qu'on connaît.
– Qui ?
– Gilbert, il a perdu sept kilos.
– Gilbert d'ici ?
– Gilbert.
– Sept kilos ?!
– Oui, Gilbert.
– Gilbert ?
– Gilbert, qui vient ici.
– Gilbert.

Les primevères, c’est pas chiant, mais ça boit beaucoup, un peu comme moi.

Se bourrer.com ! boire n’attend pas !

– *J’espère pour lui que c’est une fille parce que si c’est un mec, il est moche comme trave.*
– *Si c’est une gousse, elle est moche comme mec.*

À la télé, ils parlent des guerres et après ils parlent des régimes, si vous croyez que c’est comme ça qu’on va s’intéresser !

À sa décharge, il est con.

C’est pas moi qui vais ruiner la France, moi je m’achète des fleurs à un euro !

– *Y a que nous sur terre qu’on sait qu’on va mourir.*
– *C’est pour ça qu’on est intelligents.*
– *C’est pour ça qu’on est cons !*

Je suis expert-comptable, je sais combien j’ai bu !

Carrefour, c’est la Bibliothèque de France, avec toutes les étiquettes à lire.

On a qu’à remettre un bourreau, ça fera un emploi.

Il veut faire un bras de fer avec le chat ! il regarde le cul de la serveuse et il pense à sa femme qu'est partie ! il gueule après le pape ! faut qu'il se calme !

On le voit plus celui qui avait son oxygène à respirer dans le panier à roulettes ?

C'est ceux qui votent qui sont responsables du merdier dans lequel on est !

Il a toujours été con, il reste sur ses acquis.

Les pédés, par rapport aux femmes, ils ont de l'argent.

Les hiéroglyphes, des fois t'as un oiseau à la place d'un poisson, c'est plein de fautes d'orthographe.

Toi, si tu te suicides sur ton lieu de travail, tu meurs au bistrot !

– *Les sons qu'on entend pas, je vais pas les écrire.*
– *Moi je les dis même pas.*

Pourquoi je penserais aux otages français ?! quelqu'un pense à moi ?!

J'ai plein de bouquins que je lis pas, j'ai plein de chaînes de télé, je regarde la Une.

Les féministes, dès qu'elles vieillissent, elles rentrent dans le rang.

C'est moi qui te le dis !

Ils sont cons les gens quand on demande leur avis.

– *Tu me passes mon verre.*
– *T'es à mobilité réduite ?*

Moi quand j'ai le choix, je prends toujours pareil.

Je parle beaucoup plus aux chats qui dorment sur la tombe, qu'à mon mari qui est dedans.

– *Ça marche jamais la circulation alternée !*
– *Faut faire la respiration alternée, jour pair, on respire, jour impair, on respire pas.*

Dans le Ricard y a quarante-quatre plantes, c'est pire que si y avait quarante-quatre viandes !

L'histoire de France, on aurait pas eu les guerres, on aurait rien.

On nous dit ce qu'on veut bien nous dire !

Le congé maternité, déjà qu'elles foutent rien pendant neuf mois.

Je vais à pied moi, je suis pas née avec Internet !

– *C'est pas parce que j'ai payé un coup hier que je paye un coup aujourd'hui !*
– *Ah si, ça fait jurisprudence !*

La Bibliothèque du Vatican, c'est même pas en français les bouquins.

Donner un préjudice moral à Tapie, il a pas de morale !

Napoléon, il avait des tiroirs.

Vous avez trois enfants ? pourquoi vous en avez pas quatre ?

C'est la mode des chanteurs mous.

Les OGM, on aura pas des abeilles qui égorgent les gens !

C'est encore plus con quand c'est inutile.

T'es un connard sans précédent !

Le réchauffement climatique, le tsunami, y a plus de révolutions en géographie qu'en histoire.

Je bois de la bière, ça me fait péter, je pisse une heure, je fais de la fracturation hydraulique !

La vie des autres, tu prends ta vie, tu changes l'adresse !

Le bœuf ça mange de l'herbe, on devrait maigrir en bouffant ça.

– *Ils nous ont fait chier à la douane pour un plateau en cuivre !*
– *Et les autres qui ramènent les momies toutes pourries, on leur dit rien.*

Je sais pas vous, mais moi j'ai des pucerons dans les choux.

La lecture, c'est surtout les femmes âgées qu'aiment ça !

Au Louvre, t'as pas d'expos stars, c'est toujours les mêmes vieilleries.

Je préfère dormir que lire, c'est plus intéressant.

– *Tu paies un coup ? t'es plein de sous !*
– *Putain ! on me faisait moins chier quand je bossais pas !*

La communion, t'avales le corps du Christ en deux secondes, c'est fast-food !

Vous avez des enfants ? vous devriez en avoir, parce que vous êtes gentil.

– Tu manges avec nous ?
– Moi non ! j'ai pas droit au vin.

C'est le tube de peinture qui a permis aux peintres de peindre dehors, c'est des pieds pour sortir.

– *Sarkozy, il est de la mafia, je le sais, ma sœur y est !*
– *Neunœil ! fais pas chier les gens !*

Amiens, Anger, Laval, Pau, tout ça, c'est des villes.

Y a plus de boulot, les gens font du sport ! t'avais pas beaucoup de mineurs qui faisaient du jogging le dimanche midi quand y avait des mines !

– *On a fini où hier ?*
– *Aucune idée.*

Le trou du cul est un muscle !

Là-bas, c'est froid ou rien.

Le président de la République doit s'occuper de toute la France tout seul, les maires, ils sont trente-cinq mille, que pour les villes !

Les cloches, l'orgue, c'est triste, faut un accordéon dans le clocher !

– *Je croyais que c'était le chat, c'était le chien.*
– *Tu devrais écrire des polars.*

En chiant au lit, il a commis l'irréparable.

Attention ! mourir tue !

Les villages où y a plein de gosses, on joue au rugby, c'est les villages qui sont déserts où ça finit avec des tennis !

L'Ukraine, ça fait partie des vieilles régions d'avant, comme nous l'Auvergne.

– *Cent pour cent qu'il fait c'est des conneries !*
– *Y a pire.*

La langue la plus universelle, c'est la langue de pute !

Les mots, ça suffit bien pour se faire comprendre.

Voter Front national ?! tête de con de liste ! tête de liste de cons !

On croit que c'est le foutoir dans une huître, mais c'est précis.

– *Le verre à moitié vide peut pas être à moitié plein, comme un verre vide peut pas être plein !*
– *Non mais si.*
– *Mais non !*
– *Mais si !*
– *Mais non !*

Un cyclamen phénomène ! il s'est tapé l'hiver, les autres gelaient, lui, toujours là, les mêmes fleurs ! il a pas bougé, un cyclamen olympique !

Rouler en diesel, c'est moins pire pour la santé que faire du vélo au milieu des bagnoles !

J'en ai marre des trucs qui rappellent l'enfance !

– C'est dans quelle partie qu'on a l'horloge biologique ?
– L'horloge, ça doit être dans la tête, c'est toujours posé sur le buffet.

Le bénévole, tu lui payes son trajet, tu lui donnes à bouffer, t'as aussi vite fait de prendre un salarié qui se démerde pour venir et qui bouffe à ses frais !

Les grosses connes de vaches, c'est manger et dormir, comme le film d'Alain Resnais.

– Ça va bien ?
– Ça va, ça vient, comme la queue du chien !

Ce qui est pas bien avec l'Orient-Express, c'est que t'arrives en Turquie.

Si François Hollande donnait son sang, t'as un accident, tu te retrouves avec le sang de François Hollande !

Xi Jinping ! avec un nom comme ça, ça m'étonne pas qu'il soit chinois.

Les abeilles travaillent beaucoup mais au moins les gosses bouffent du miel !

Tu trouves ça normal le normal ?

– Y a eu quatre mille condamnés à mort cette année en Chine !
– Quand tu vois comment ils sont nombreux, c'est pas beaucoup.

Et ils boivent quoi mes pingouins ?

– Ça doit pas être facile les petits oiseaux qui chantent avec leurs tout petits poumons.
– Ils aspirent pour faire recui ! recui !

On veut changer les choses parce que la météo change, les pays où la météo change jamais changent pas.

Si tu meurs à vingt ans, tu continues à vieillir dans la tombe jusqu'à cent ans et tu remeurs sous la terre à l'âge normal.

Moi, j'ai voté à gauche quand j'étais jeune.

– Tout le monde est con aujourd'hui !
– Quel jour on est ?

Depuis le temps que l'eau des fleuves coule dans la mer, il devrait plus y avoir d'eau de mer dans la mer et que des mers d'eau de fleuve !

Ça sert à rien de chercher du boulot si y en a pas.

J'ai connu les bidonvilles, tout le monde travaillait !

Ça se sent les Auvergnats !

Le matin je me demande ce que je vais bouffer à midi, et le midi je me demande ce que je vais bouffer le soir.

On en voit plus qu'aux Restos du cœur des boîtes de raviolis.

La Chine, j'en parle jamais ! pour moi la Chine existe pas !

Un café avec un verre d'eau ? c'est la double peine !

Le Front national, ils ont fait moins de mal que Fabius avec son sang contaminé.

C'est pas parce que les socialistes ont Paris que la Seine va arrêter de tourner !

Quand on est mieux que les autres, ça se voit.

C'est pas du racisme d'être raciste !

Le racisme, si ça reste qu'une idée, si ça va pas plus loin, c'est même sain de pas vouloir les autres, sinon tout le monde habiterait le même endroit, on serait tous en France et l'Afrique serait vide, c'est le racisme qui fait que les Noirs restent en Afrique, pour leur bien, d'ailleurs on voit bien en France comment ils sont malheureux chez nous.

Léonard de Vinci, tu peux être sûr qu'il était jamais là.

Une heure aux chiottes ! t'as nidifié ?!

Ma mère est morte ce matin, je l'ai encore vue hier, elle aurait pu me le dire !

La politique, c'est que des paroles verbales.

Tu t'en rappelles de ce film où y a un bateau qui voyage dans le corps humain comme si c'est une mer ? avec des tempêtes, ça va partout, dans le cœur, dans le cerveau, t'as pas vu ça ? c'est des histoires qui plaisent aux gosses, aujourd'hui, ça me ferait peur ! quand on est gosse, un bateau dans le sang, ça fait pas peur, allez les comprendre les petits.

Moi j'ai horreur de comparer.

– *Une merde ! sur le trottoir ! devant !*
– *C'est pas le mien ! le mien il fait des crottes.*

Toujours à dire que tu vas tuer des gens ! t'as une grande gueule ! au final tu fais rien ! fais-le ! fais plus chier ! tue quelqu'un et arrête de nous bassiner !

Le caniche qui veut être caniche à la place du caniche !

Un casque, ça sauve la vie, ça protège bien la boîte crânienne du possesseur de la tête.

Le Moyen Âge c'est les bossus ! la préhistoire c'est les mammouths ! Napoléon, c'est le chapeau ! quand tu sais ça, tu sais tout !

C'est le basique du harcèlement moral, empêcher sa femme de boire.

L'amitié, c'est de l'amour qui aime bien marcher dans les rues.

Tu bois comme un trou, tu pisses jamais, t'as la circulation sur une seule file !

Une femme maire de Paris, ça change pas beaucoup !

Les oiseaux qui gueulent le matin, je les foutrais en taule !

Moi c'est direct quand je pense.

La burqa je m'en fous, c'est ce qui se cache en dessous que j'aime pas.

Je voulais pas parler de moi mais comme je me faisais allusion...

J'ai bouffé ma mère dimanche, j'y retourne dimanche prochain manger mon père, j'aime pas ça, j'ai horreur des repas de famille !

Le mieux en saucissons, vous avez l'assortiment découverte.

– *Ils écrasent les cuisses de poulet pour faire de la purée de poulet, et après ils reconstituent la patte en 3D avec la machine 3D, pour que les vieux voient ce qu'ils mangent !*
– *Moi je hais les gens.*

Tu me parles de Bernard Mabille ou de Bernard Lavilliers ?

– Chirac, il était bien.
– Bien sûr ! c'était un homme !

Moi ma bite a pas de nom.

L'animal où on voit moins le cul, c'est le serpent.

– Ça doit être bien d'être une abeille et de rentrer dans les fleurs.
– Sauf les tulipes, c'est pas facile de rentrer dedans.
– Moi je trouve pas que c'est dur de rentrer dans une tulipe.

Les oignons, ils se battent pour la terre, dans le jardin, ils supportent pas les autres.

– Le boulot du maire, c'est les poubelles et les mariages.
– Ça va bien ensemble !

Parle pour toi !

Un immense historien ? l'histoire elle sera pas plus grande avec ton immense historien !

Pour moi, l'histoire ancienne, c'est du passé.

– Jamais j'y vais dans les cabinets ! c'est horrible ! c'est là qu'on fait caca !
– Mais où ?
– Dans le jardin.

Ministre de l'Outre-Mer, ils mettent une Noire, ministre des Femmes, c'est une femme, y a que le ministre du Travail qui est pas un travailleur !

Au jeu des chaises musicales, à la fin, t'auras pas de la belle musique.

– Ils ouvraient le ventre des chevaux pour se mettre dedans pour pas geler la nuit.
– Ça sert à tout, le cheval.

Pas vous ?

– Elle est belle Sandrine Bonnaire.
– Moi, les Sandrine, j'ai jamais aimé.

Je me sens partout chez moi sauf chez moi.

– Y a toujours une drôle d'odeur dans ce bar.
– C'est les clients.

Le soleil vieillit, la lumière vieillit, je la trouve molle.

Un Ricard, trois volumes d'eau, je bois cohérent !

Tu dis bonjour aux petits commerçants, t'es maire, tu dis bonjour aux gros commerçants, t'es président.

– *Les cons, c'est toujours les autres !*
– *Pas du tout ! j'ai dit : c'est toi !*

T'aimes pas le président, tu votes contre ton maire, ils virent le Premier ministre.

Je préfère Poutine sur un cheval que Hollande sur un scooter !

– *Royal, elle a eu quatre gosses avec Hollande, et il la fout ministre !*
– *Comme ça, ils vont en refaire un cinquième.*

J'aime bien les gens quand je picole, sinon ils me font chier.

Toi ça va, lui ça va, elle ça va, eux ça va, eux là-bas ça va, elle ça va, les deux-là ça va, lui là le petit ça va, sinon je hais tout le monde.

1-1 ! après 2-1 ! après, 2-2 ! pour finir 4-2 ! c'était hitchcockien comme match.

Je veux pas d'enfant ! alors c'est pas pour que ma pâtisserie soit mon enfant !

C'est la Silicon Valley des merdes de chien ce quartier !

Le numérique, y en avait pas avant, ça se passait très bien.

Il se fait virer du lycée, je le fous au jihad !

Pas besoin de parler anglais, même en français, je dis rien.

– *Le FN, ils ont promis de virer tous les Arabes.*
– *À Marseille ? bon courage !*

– *T'es alcoolo !*
– *Mélancolique et alcoolo ! mélancoolo !*

Hollande, c'est rien qu'une boule de gras pour les oiseaux !

Hollande, quand il est avec les ministres, on dirait qu'il est perdu dans la foule.

– *T'as voté ?*
– *Du pied gauche !*

L'eau c'est la vie sauf quand tu te noies !

C'est pas moi qui vieillis, c'est les gens qui changent.

Il a du diabète, il fait la carie des doigts de pied.

Pas besoin de montre, c'est ce que je bois, qui me donne l'heure.

Faudrait resserrer les boulons question sexisme !

J'aime pas ça, rigoler.

Le Rouge et le Blanc, Stendhal !

– *J'ai la gueule de bois.*
– *Encore ? tu devrais faire des sculptures !*

Les asticots ont moins mauvaise haleine que lui !

J'aime bien le vélo mais le tandem je préfère la bagnole.

C'est androgyne, la tomate farcie.

La Terre qui tourne sur elle-même, c'est déjà ça qui déconne depuis le début.

Il va nous arriver que du passé.

– *T'as voté ?*
– *Oui ! pour mon chien !*

On sait pas si ça rassure ou si ça fait peur, la mer.

Je, c'est moi, comme dirait je sais pas quel autre con.

Les livres c'est pas pour lire, c'est pour mettre sur les murs.

Je trouve le Salon de l'agriculture plus littéraire que la Fête du livre, c'est plus style Giono, les vaches.

Depuis le premier homme sur terre, ça a coulé sous les ponts.

– *Un accident avec l'alcool, faut pas dire que c'est un crime !*

– *Personne a envie d'avoir un accident, même saoul.*

C'est un slip naturiste, t'es tout nu dans ton slip.

– *Toujours les hommes politiques je leur mets une casquette allemande pour voir leur mentalité.*

– *Ça lui va bien à Valls.*

– *Ah oui ! et Copé !*

– *Hollande ça lui va pas.*

– *Juppé ça lui va bien.*

Faudra m'expliquer ce que c'est la culture juive à part les boulettes de viande.

– *Moi je dis toujours ce que je pense, même si c'est une connerie, j'ai pas peur de le dire.*

– *C'est comme ça qu'on avance.*

Y a toujours quelqu'un qui aurait eu cent ans aujourd'hui.

T'aurais envie de l'embrasser toi, François Hollande ?

Il tord ses branches, il fait pas de feuilles en haut, j'ai mon pommier qui fait sa crise d'ado.

Le séropositif qui le sait pas, ça va bien, il baise avec un séropositif qui le sait pas, il est en pleine forme, c'est rien alors, séropositif.

– *Elle est morte la bonne femme.*
– *Qui ?*
– *La femme avec les cheveux.*
– *Je sais pas.*
– *Celle qui écrit des livres, elle passe à la télé.*
– *Je sais pas.*
– *Elle est morte.*
– *Oui, ben ?*
– *Rien.*

Aussi, oui, en fait, peut-être, faut voir.

Cinq cents auteurs au Salon du livre ? je savais même pas que ça existait cinq cents auteurs !

Quand on a pas de travail, on fait pas d'enfant !

Y a tellement pas de Français dans le quartier que les Arabes traitent les yougos d'étrangers !

– *Bipolaire.*
– *Le mien, il est biconnard.*

Ils veulent se marier les pédés, avoir des gosses, une famille, se faire chier à table, s'engueuler, divorcer ! avec des gosses qui les méprisent, ils auront tout !

Pour moi, des pédés qui se marient, c'est plus des pédés.

L'asticot au début il est content, après, il est enterré vivant, quand il est une mouche.

Au point où on en est en France, tu vas voir qu'un jour on aura un président chinois.

– *La ministre écologiste, elle a un cul de vache !*
– *C'est bon signe, chez eux.*

Ils lui on greffé deux bras d'un donneur, faut pas être à côté quand ça va rejeter !

– *Le piano c'est truqué, la tête du mec qui joue, c'est pas ses mains !*
– *À la télé ?*
– *Tout le temps !*

La démocratie, c'est le chômage.

Les poules, c'est horrible, ça bouffe des petits chats !

Vous avez une stratégie capillaire ?

– *Le Brésil, c'est la patrie du football.*
– *Et le viol aussi, le viol.*

Quand quelqu'un est con, faut en profiter.

Le Sidaction ? ils baisent, et faut qu'on paye ?!

La gauche ça veut rien dire, la droite ça veut rien dire, bientôt FN ça voudra rien dire.

Quand plus rien voudra rien dire, on sera peinards !

Je veux que ça pue partout et que ça meure !

Je préfère quand ils ont la burqa, au moins comme ça on sait ce qu'ils pensent.

Manger de l'agneau de prés salés dans le pré, c'est le bonheur, on peut pas trouver mieux.

Les remords ça ronge et les mystères ça plane !

– Il est fou ?
– Lui ? il travaille à la poste.

Si y a une fleur, on touche pas, ça se mange pas les filles pissenlit.

– Amsterdam, c'est la Venise du Nord.
– Venise, c'est la Venise du Sud !

Ça arrête pas de demander : le cancer ! le sida ! Les Restos du cœur ! les reins ! chacun sa merde ! moi j'ai des verrues aux pieds, je pleurniche pas !

Ceux qui demandent le moins aujourd'hui, c'est ceux qui crèvent de faim, on les entend plus.

– Napoléon est mort à Sainte-Hélène.
– C'est mieux, il aurait pu tuer quelqu'un.

I love you ! Everyday ! Without you ! Les chansons en anglais, c'est que ça.

Plus elle lit, plus elle est con !

Le liseron, c'est pire que la mafia.

Le gouvernement, ça peut pas marcher, c'est des fonctionnaires !

L'amour maternel, elle l'a avec les gens qui passent.

Ça a changé quoi Hollande ? les filles elles font la prostitution ou caissières, les garçons ils font la prison ou la morgue !

Faut jamais s'éloigner du loin !

– Hollande, il a refoutu sa femme au gouvernement !
– Ministre de l'Écologie, c'est bidon, elle secoue la salade.

Le pire, c'est l'ennui.

Quand les ministres sortent d'un repas avec le Premier ministre, ils parlent à la télé, j'écoute pas, j'imagine la bouillie dans le ventre.

Moi j'avance pas d'une heure, j'avance d'une nuit.

– Jean-Louis Borloo, il arrête la politique, ça fait six mois qu'il est à l'hosto.
– Si ils pouvaient tous crever !
– Il est sympa Borloo.
– Qu'ils crèvent tous !

Le Sidaction, le génocide au Rwanda, ça arrête pas de se plaindre en ce moment.

Hollande et Ségolène Royal, on est bien gouvernés, Flamby et moule à gosses !

La France a participé au génocide du Rwanda, tous les génocides la France on y est ! Auschwitz ! c'est les cheminots français qui conduisaient les trains ! faut pas oublier non plus !

T'accepterais de t'appeler Mouche-Qui-Tue, toi ?

Tu les enterres, ça finit toujours avec des tags dans le cimetière, sur Internet t'as que des blagues nazies, dès que y a des juifs, ça fait des problèmes.

Ah oui mais oui !

C'est depuis l'invention du calendrier qu'on se fait chier le dimanche !

Debout six heures, saoul dix heures !

On vit dans le passé, normal, quand tu vois Perec, le *Je me souviens* a gagné sur *Les Choses.*

Personne devient chrétien en prison, la prison, c'est pour devenir musulman.

En France, tout le monde veut écrire et personne lit !

Les mots-oiseaux, les mots-insectes, les deux *l* au milieu, les deux *l* à la queue.

On sait où t'es allé, où t'as mangé, dans les selles, c'est la boîte noire intestinale.

C'est moi qui conduis ma vie, ma vie c'est pas un taxi.

– Des enfants torturés pendant six ans, par des gens qui ont le loyer gratuit ! Internet ! et le portable !
– C'est des gens qui ont rien, même pas l'eau, des quartiers, c'est la misère.
– J'aime autant !

On a la bite la plus courte du règne animal.

C'est en prison que vous avez des Français qui deviennent arabes.

– On parle avec la langue.
– Avec la bouche !
– On pète avec le cul !
– On parle avec la bouche !
– On chie avec la bouche !
– On commande avec la langue.
– On boit avec la bouche.
– Qu'est-ce qu'on boit ?
– Avec la langue !
– Avec la bouche !
– Deux demis !

Ceux qui meurent de faim, c'est qu'ils le veulent bien.

Chéri ! y a des mouches !

– Il devrait pas y avoir d'hommes en Afrique, que des animaux.
– L'Afrique appartient plus aux bêtes qu'aux hommes, historiquement.

C'est en prison qu'ils deviennent musulmans, alors que nous, on devient chrétiens à la boulangerie.

Un polar, faut que ça soit mal écrit pour que ça soit un vrai polar.

Les gens seraient moins malheureux, ils diraient moins de bêtises !

– C'est la nature.
– La lionne fait pas le ménage !

Le quatre cents mètres nage libre, t'es quand même moins libre que nager à poil dans la mer !

– T'as pas les yeux en face des trous.
– C'est les trous qu'ont bougé.

J'aime pas tellement avoir un dos parce que les gens le voient et moi je le vois pas.

Pour l'anecdote, y a des Chinois qui connaissent pas la Chine.

– Je te le prêterai si tu veux ce livre.
– Non non, j'en ai déjà un.

Moi mon programme il est tout fait, le matin, je fais rien, l'après-midi, je suis ici.

– *Vous avez l'accent de Marseille.*
– *Pas possible, je suis d'Aubagne.*

Le mec qui a le cancer et qui se promène dans les bois, c'est pas très bon pour les jeunes pousses.

– *Il est mort pas trop jeune et pas trop vieux non plus.*
– *C'est le bon âge.*

Dans tout Carcassonne y a une belle expo, mais en même temps, c'est à Carcassonne.

J'ai pris un magnum de Ricard, je pensais que Nathalie venait.

Y a pas plus normal que lui.

La mer dans Paris, à Bastille, j'irais voir, mais la mer à la mer, j'y vais plus.

C'est mieux que le bébé soit tout de suite noir plutôt que naître blanc pour noircir à l'adolescence.

– *Tout ce qu'on bouffe, on le fait disparaître de la planète !*
– *Pas la purée.*

Tout ce que je bouffe, je sais pas comment je fais pour le bouffer.

Elle fait le régime, elle est tout le temps énervée, au moins son gras ça la calmait !

Ils fondent la note dans la cloche, et la note y est.

Dis-moi un truc sur les socialistes, que je m'énerve !

On l'appelle « Dentifrice » parce qu'il a plus de dents, et lui on l'appelle « Savon » parce qu'il pue.

Attention avec le gin, c'est un alcool qui fait avorter.

– *Dans l'espace, on va devenir mous parce qu'on vole.*
– *Sur terre, on est pas si durs que ça.*

Ils ont enlevé les marronniers des cours d'école pour pas que les profs se pendent.

Un livre, même si tu le lis pas, on croit que tu l'as lu, ça fera pas pareil avec la tablette.

En une minute son niveau de connerie monte d'un mètre ! c'est une crue éclair !

– *Je connais personne et personne m'aime !*
– *Moi je t'aime.*
– *Toi t'es saoul.*

Ça sert à rien de remanier le gouvernement, si tu remanies pas la population.

Va falloir vous calmer les tourtereaux !

On est quel mois ?

– *Je bois une gorgée de pastis sec, je mets de l'eau, je bois une gorgée, je remets de l'eau, je bois une gorgée, je remets de l'eau, je finis mon pastis tout léger, ça fait comme si j'avais bu cinq styles de pastis pas pareils.*
– *C'est l'apéritif malin.*

Tous pourris ! et je me mets dedans !

Je suis pas là pour donner des leçons mais votre shampooing sent le chou.

C'est pas la peine qu'ils parlent français les Québécois, on comprend rien.

Dans un film, faut un rebondissement au milieu, au début c'est trop tôt, si ça rebondit à la fin, on s'en fout.

C'est paradoxal, le soleil qui se couche et il fait jour ailleurs.

Je me suis réveillée à neuf heures ce matin, je comprenais pas, j'entendais du bruit dans la cuisine, dimanche, je me lève, maman rôdait dans la cuisine depuis sept heures, un dimanche, je lui demande, elle dit qu'elle s'est réveillée, ça va, elle peut pas dormir, elle rôdait, sur son ordinateur, à la messe au fait y avait personne, je lui ai ouvert les stores pour qu'elle regarde les gens passer dans la rue pendant que je suis pas là, le chien voulait sortir tôt ce matin, c'était pas normal, maman était debout, des jours elle peut pas s'asseoir toute seule dans son lit, faut l'asseoir au bord du lit qu'elle mette sa robe de chambre et ses pantoufles, ce matin elle rôdait, y a de la bise un peu ce matin, ils disent demain qu'il fait beau et mercredi plein soleil, y avait personne à la messe, maman rôdait.

L'ADN, tu touches, t'en laisses, comme la farine sur le pain.

– Faut pas que j'en boive de l'alcool, parce que j'en bois trop.
– Faut savoir s'arrêter.
– Quand j'y vais à boire, je suis parti ! je monte pas dans le train pour une gare.

Vous aimez ça les bruits de pas ?

Un jour faudra quand même qu'on m'explique ce que les Arabes ils ont dans la tête !

Tout n'est pas pareil.

Le cœur de l'horloger, à neuf heures, il bat neuf fois, à dix heures, il bat dix fois, à la demie, il bat une fois.

– *De quoi on parlait ?*
– *De rien.*

Les gens malades, c'est dans la tête, moi je vois, quand je parle à quelqu'un qui est malade, je vois bien qu'il est en forme, sinon il serait pas au bistrot, déjà.

– *Je m'en fous de Shakespeare et Mozart, moi, c'est la bouffe et le cul.*
– *Tout le monde est comme vous.*

Libre comme l'air, je te signale qu'il y a de l'air plein les prisons !

Lui, c'est une plante grimpante de comptoir ! au boulot, c'est une plante rampante !

Ça sert à rien d'être pédé si c'est pour avoir des gosses !

La Sécurité sociale ! une entraide de crevards ! vaudrait mieux une Sécurité sociale des gens en forme, ça marcherait mieux !

Moi je suis monsieur tout-le-monde, et elle, c'est ma femme.

Le beurre, la coquille Saint-Jacques, le vin, tout a un « petit goût de noisette » avec ces cons-là !

Elle est morte mais je m'attendais à pire.

C'est du bourrage de crâne leur code de la route !

– *Elle a la peau grasse, Catherine Deneuve, ah oui, Catherine Deneuve, vous l'avez vue dans la rue ?*

– *Elle brille pas.*

– *Elle a la peau gondolée, comme en dessous la peau du saumon.*

– *Elle est grosse par contre.*

– *Holà !*

– *Quoi ?*

– *Mon verre !*

– *C'est pas votre verre, le vôtre, il est là.*

– *Holà !*

Plus les télés sont plates, plus ils sont cons là-d'dans !

À vérifier.

Ils marchent tout voûtés pour pas rentrer dans le cercueil !

C'est pas moderne le français, ça vient du latin.

Le chinois, ça vient du bambou, c'est pas mieux.

C'est des vieilles croyances qu'un gouvernement ça peut donner le bonheur !

– *Je vais où le vent me porte.*

– *T'y reviendras au ventilateur !*

Quand on sonne les cloches, ça fait partir l'orage.

C'est qui qui a inventé le calendrier ? les jours ? de quel droit ?

C'est un poirier qui s'est planté tout seul, il est autodidacte.

Une statue de Lénine a encore plus de pouvoir qu'un Hollande vivant !

Quand on aime pas les autres, ça compte pas.

– Elle avait compté un chou chinois, il a fallu que je passe à l'autre caisse pour le faire enlever.

– Vous avez acheté un chou chinois ?

– Non ! elle l'avait marqué mais c'est parce que d'habitude je prends de la salade pain de sucre, elle a cru que c'était du chou chinois, mais elle, elle a pas le droit de retirer les articles quand y a erreur, faut passer à la caisse à côté.

– C'est une caisse pour le chou ?

– Pour enlever le chou du ticket.

– Pourquoi ils enlèvent le chou du ticket ?

– J'en ai pas acheté, ils l'ont marqué quand même.

– À la caisse d'à côté.

– Non, à la caisse où elle a mis le chou que j'avais pas, c'est l'autre caisse qui enlève le chou que j'ai pas acheté.

– Y a combien de caisses ?

– Dix, je sais pas.

– Les dix vous avez fait ?

– Deux.

– Vous allez le faire cuire comment votre chou ?

– J'en ai pas, justement.

– Y en avait plus ?

– Si, mais j'ai acheté de la salade.

– De la salade ?

– Oui.

– Ah bé c'est bien.

Depuis soixante-dix ans qu'elles ont le droit de vote les femmes, chaque fois c'est un connard qui est élu !

Je m'attends à rien, si j'ai rien, je m'y attendais.

Moi, j'ai été un enfant qui ramenait le pain.

Les heures, cent minutes, les mètres, cent centimètres, ça marcherait très bien !

Moi je sais qu'il y a plusieurs lunes.

Ça sert à rien la tour Eiffel, alors que Elle & Vire, c'est du beurre.

– Jésus, il aurait eu deux mille quatorze ans cette année.
– C'est pas beaucoup pour un dieu.

Faut pas un pot trop grand pour les fleurs, c'est pareil pour les gens.

Les pauvres sont des cons !

Quand on est mort, on est peinard, mais on est mort, il faudrait être peinard comme quand on est mort mais vivant, quand on dort, on est pas peinard comme si on est mort, même le yoga, t'es sur un pied, c'est pas le mieux.

– *Plus ça va, plus on est allergiques à tout.*
– *On est allergiques à la vie, en fait.*

Avant, j'allais voir des ballets, et après, j'ai préféré picoler.

Les impressionnistes étaient myopes et les cubistes étaient ronds !

– *Il est mort García Márquez.*
– *Ah bon ?*
– *Hier.*
– *Ah tiens.*
– *Quatre-vingt-sept ans.*
– *Eh ben.*
– Cent ans de solitude.
– *Dites donc.*

J'aime pas les nuages en forme de cheval, de chat, un nuage, faut que ça ait une forme de nuage !

C'est fumeux leur gaz de schiste.

Un pneu autoréparable, alors que nous, tous les quinze jours, on va chez le docteur !

La Terre est de plus en plus compliquée, pourtant, elle est pas plus grande.

– *Pourquoi il l'a tué son chien ?*
– *L'alcool.*

C'était mieux quand la Terre était plus petite.

Je sais où c'est la France, je suis pas débile !

Faut pas vivre, ni trop près, ni trop loin du bistrot ! comme la Terre par rapport au Soleil.

Notre galaxie ? moi j'en ai pas de la galaxie !

– Y a trop de monde en prison.
– Y a trop de monde dehors, de toute façon.

Allez Guingamp !

Tous les morts sur les routes, je les enterrerais sur le bas-côté ! qu'on voie les tombes !

Voyager dans le temps, si il pleut...

– C'est fini la politique !
– Reste que l'économie.
– C'est fini l'économie ! reste que la démerde ! chacun pour sa gueule ! même l'Europe c'est rien, quand tu vois les Chinois à côté ! et Poutine ! lui l'Europe il marche dessus !
– Ça finira avec une guerre.
– Même pas ! on va en Afrique tuer trois nègres et c'est tout ! c'est fini la guerre !
– Tant mieux.
– C'est grâce aux guerres qu'on est ce qu'on est !

Quand t'as été otage, après t'es ancien otage à vie, tu fais des conférences, des livres, tu gagnes du fric, c'est un métier.

Une tonne de miettes de croissant sur une table et un seul moineau ! il en revenait pas le moineau ! heureux comme un papou !

Le petit journaliste de rien qui devient otage, il est super connu, il a gagné au Loto.

– *Ils ont découvert une autre planète.*
– *Bof... les planètes, c'est pas ce qui manque.*

Y avait de la musique classique, c'est pour ça, je croyais que c'était la grève.

Le harcèlement moral, c'est rien, moi je vais porter plainte pour connerie morale !

Des planètes, y en a trop, de toute façon.

Y a de l'énergie dans ce comptoir.

– *Tu bois un coup ?*
– *Priorité au direct !*

Les gosses, ça vaut rien, ça grandit et ça pense plus comme vous, alors que les arbres, plus ça grandit, plus ça pense comme vous.

– *Elle dit plus rien Ségolène Royal.*
– *Hollande c'est son mari, elle risque pas de la ramener !*

Pâques, c'est le gigot qui descend du ciel.

– Je rêvais d'être danseur.
– T'as qu'à tomber, c'est pareil.

D'ici l'apéro de dimanche, il va en passer du pinard sous les ponts !

En France, on s'occupe trop du futur des morts.

Ils rêvent tous d'être otages les journaleux !

Tu préfères boire un coup avec un graphiste Internet ou avec un tripier de La Villette ?

– Il est feignant du tube digestif.
– Si y avait que ça.

C'est pas la peine d'être tout le temps bourré dans la rue avec la merde au cul pour être un grand poète !

Je m'ennuie jamais, y a toujours quelque chose à voir, un nuage, un oiseau qui passe.

– Il faut la mort pour que la vie existe !
– Moi je vois pas le rapport.

Tout ça, c'est la mondialisation qui se morcelle.

C'est toujours les pays pas européens qui veulent être dans l'Europe.

La musique classique, ça m'endort les oreilles.

Quand on part en vacances on met la poubelle dans le coffre, quand on arrive en vacances, on s'installe, on va jeter la poubelle, on est déjà chez nous.

Ça me suffit plus de marcher par terre.

On y pense jamais aux vieux oiseaux, cuwi ! cuwi !

– *Les morilles, ça fait beau sur la table de la cuisine, dans une assiette, mais on peut pas les garder toute la vie.*
– *Comme les enfants, y a un jour, ils s'en vont.*

Cinquante pour cent des mains, c'est des doigts, alors que les pieds, c'est vingt pour cent de doigts.

Ça fait longtemps que plus personne naît dans son village natal.

On peut pas supprimer le numéro de département, ça fait partie de la date de naissance.

Otages trois ans, ils touchent quand même la paye !

– *Moi, je l'ai, la lucidité historique.*
– *À ta manière.*
– *Oui, à ma manière.*
– *Je critique pas.*
– *Non, mais je prends acte.*
– *À ta façon.*
– *Oui, à ma façon.*

Le mariage du cheval et du cavalier, quand le cheval fait son crottin, le cavalier sourit.

J'ai la tension, j'ai mal au dos, je peux rien faire que picoler pendant un mois !

Je suis un peu entre l'Orient et l'Occident, pour les cheveux, les boucles là-bas, la couleur ici.

– *Tu picoles toujours tout seul ?*
– *J'ai pas d'élève.*

Moi vous savez, ce que je pense de la vie, je suis étonné moi-même.

Le corbeau, il est plus gros, c'est lui le zèbre des oiseaux, pas la pie, sauf qu'il a pas de blanc, il peut pas être le zèbre, eh non... la pie non plus, elle est pas un cheval, eh non...

Tout le monde nous prend pour des merdes, c'est pas vrai ?!

Ce qui est bien, c'est ce qui existe pas.

Je te cule !

Après tout, quoi ? après tout, rien !

– *Le truc le plus important direct que tu penses maintenant ?*
– *Je vais pisser.*

Il s'écoute se taire, Houellebecq.

– Tu me rappelles quelqu'un mais qui ?
– Moi ?

Il doit faire des drôles de cacas, ce mec-là, ton Houellebecq.

Et d'une ! et de toute façon, c'est même pas la peine, à chaque fois c'est le pareil merdier.

Ça fait longtemps que c'est fini.

– C'est la foire au jambon de Bayonne.
– C'est loin.
– Je vous dis ça parce qu'on me l'a dit, on va pas y aller.
– De toute façon aujourd'hui j'ai ma fille qui vient d'Alsace.
– C'est presque pareil qu'aller à Bayonne.
– Elle prend le train.

Il est con putaingue il est con !

J'étais triste, mais triste, pas malheureuse mais très triste.

– Elle avait un drôle de visage.
– Maquillée ?
– Pas de visage.

C'est impossible de pas picoler à Sancerre.

La gauche, la droite, c'est pareil ! je bois des deux mains.

– *Regarde ! c'est la photo de mon bébé avec ma femme que j'ai fait agrandir, t'as vu le cadre !*
– *Tu bois un coup ? pose ça là.*
– *Pose ça là ? ça ?! ça !!!!!*

Le don d'organe, oui si on me donne, moi je donne pas !

Une fois, j'ai ouvert le bar, une minute ! ils sont arrivés de je sais pas d'où, dans un état, je sais pas quoi, ouvert, j'ai vu le chantier, direct je ferme ! y avait Zèbe, l'autre là, le peintre, comment y s'appelle déjà ? la Colo, t'avais Zèbe, la Colo, Marteau et l'ancien gendarme qui s'est fait virer, Cabosse, j'ai fermé, ah oui ! j'ai pas honte, j'ai fermé ! tu bois quoi ? tu l'as revu Clovis ? l'autre, celui qui est tombé, ça va ? c'est bien, c'est mieux si ça va de toute façon, tu veux quoi ? blanc, rouge, rien ne bouge ! blanc ? c'est parti, un blanc ! ah oui j'ai fermé, je sais pas comment ils font pour être aussi cons des fois, pourtant ils sont gentils, ces mecs, faut pas qu'ils boivent, qu'ils boivent mais pas trop qu'ils boivent, normal... Martine il est où le casse-noix ? oui ! le tire-bouchon ! elle est con, je l'adore, c'est la fille à Gamblin, oui sa petite, je l'ai prise une semaine, elle bosse bien, ça va, pas au comptoir ! oh non ! t'as vu les équipes ?! elle est jeune, putain, j'ai mal au dos, je sais pas ce que j'ai fait, je suis pas tombé, j'ai pas de bleu, je cherche un mec pour me refaire le ciment de la cour, c'est rien, un coup de ciment, il prend un petit billet, il mange là le midi, un coup pas trop, je veux pas du-con-la-joie, là, comment tu l'appelles, Carrelage-de-merde.com, alors lui je veux plus le voir là ! à la limite, la brigade des casse-couilles, Zèbe, la Colo, compagnie, ils font chier mais c'est des mecs droits, l'autre buse, jamais ! ah lui peut crever, t'en rebois un ? deux ? quinze ? Martine ! il est où le Saint Suaire ?! oui ! le torchon ! je l'adore, elle est jeune, t'attends qui ? ah bon ? t'as une fille toi ? je savais pas, tu m'en as jamais parlé, si ? ah bon ? excuse, ah bon ? quel âge ? vingt ans, le bel âge ! à vingt ans j'étais en cabane, je t'ai resservi ou c'est le même, pas fait gaffe, c'est ta fille qui m'a fait drôle... c'est elle qu'arrive ? je vous laisse... je te change le verre ? elle sait que tu bois ! sympa la gamine ! je bois pas avec vous, je suis déjà amoureux ! pas d'elle ! de toi mon con ! santé !

– Ils vendent l'Acropole tellement ils sont dans la merde.
– T'achèterais ça toi ?!

Si t'es trop humain, tu meurs.

J'ai dit que les bouteilles m'étaient tombées dans le ventre, j'ai voulu faire croire à un accident.

– T'es le plus grand con que je connais !
– T'es pas beaucoup sorti.

Ça met en jambes ta gnôle, j'ai déjà envie de vomir.

Je sais plus quel écrivain j'aime bien, qui commence en Dé, ou Té, Tu... Du... comme ça.

Godard et Woody Allen, la différence, c'est les dialogues.

– *J'avais prêté mon pré pour un mariage, ils m'ont tout dégueulassé !*
– *T'inquiète pas, les gens qui respectent rien finissent toujours par avoir une vie de merde.*

Les grandes figures du socialisme, mon poing dans la gueule !

Les hommes aiment pas qu'on dise qu'ils sont des animaux, mais les animaux si tu les traites d'hommes, c'est encore pire !

Elle est où la gaieté promise ?

– *Quand c'est beau, ça se respecte.*
– *Où t'as vu ça toi ?*

Son regard ? c'est l'arbre qui cache la forêt.

– *Ma femme elle a des grands pieds mais par rapport à toi, c'est rien !*
– *Moi je suis maçon, ça a rien à voir.*

Je vais jamais boire loin ! je préfère mourir près de chez moi.

– *C'est quoi sur votre balcon ?*
– *Des germaniums.*

Le pingouin, le manchot, y en a un qui se mange, l'autre c'est pour les lampes.

– *La force, c'est d'être faible.*
– *Pas toujours, ça dépend qui aussi.*
– *Ça dépend où.*
– *Et quand, les époques.*
– *C'est pas pareil.*
– *Dans ce cas, tu peux morfler.*
– *Ah oui ! ou pas.*
– *T'en reprends un ?*
– *Vite !*
– *T'es d'où ?*
– *Béziers.*
– *Je connais, ils ont été emmerdés avec les oiseaux dans les arbres.*
– *Qui chient sur les voitures.*
– *Je connais, avec le truc au milieu.*
– *Le théâtre.*
– *Plus loin au bout, après tu tournes à droite, à gauche, t'es pratiquement presque sorti de Béziers, t'as une grande côte, ça redescend, la route avec les platanes, les champs.*
– *Ah oui tu connais.*
– *Par contre les rades, je sais plus bien, on s'en est mis là-bas.*
– *Houla !*
– *Ah oui, houla !*
– *Même le buffet de la gare, ça envoie.*
– *Houla !*

C'est peut-être une question qui va vous paraître très bête, mais vous êtes qui ?

Celui qui meurt, c'est pas le pire.

Les ex-ministres étaient déjà ministres avant d'être ex-ministres, tout ça c'est une vis sans fin.

Le verre à pied tient sur un seul pied, oui, mais le verre boit pas.

Je vais prendre une pinte un club sandwich avec des serviettes et des mouchoirs.

Samedi c'est quand ?

– *La chaleur a une langue.*
– *L'Esquimau a une bite !*
– *On peut pas parler.*

Je sais pas pourquoi je sers des cons pareils !

Le bleu de Klein, si ça avait été une fille, ça serait le rose de Kline.

La trompe de l'éléphant c'est la sonnerie du téléphone, pour moi.

Le truc est facile, c'est l'autre machin qui est difficile.

Heureusement que le hoquet pue pas comme quand on pète.

En Suisse, ils ont fait pire que dire « ou bien ».

Quand j'ai trop picolé de la bière, j'ai la pisse qui sent le miel.

C'est pas la peine d'aller chez le coiffeur si c'est pour marcher sous la pluie.

T'aurais pas trouvé une carte bleue hier ?

On creuse notre tombe avec la fourchette, faut boire main nue !

Le tunnel sous la Manche, t'es obligé d'aller tout droit, ça tourne moins qu'un camion.

– *Tu défiles demain ?*
– *J'y étais sur les barges en Normandie, dans les tranchées, partout !*

Tu me dis « bonjour », après tu me dis « ta gueule », faut te comprendre !

– *Je pourrais avoir un café avec un peu de lait.*
– *Une noisette.*
– *Une noisette ?*
– *Ça s'appelle une noisette.*
– *Alors je veux bien monsieur, une noisette !*

Mon mari est mort, c'est pour ça que je vais plus en Bourgogne, c'était lui la Bourgogne.

– *Si on entendait les cœurs de tous les gens battre, on deviendrait fous.*
– *Pas plus que le bruit des bagnoles.*

J'aime le pied de porc parce que c'est pas du cochon.

On boit un rosé, on le paye, c'est comme ça que ça marche, le monde.

C'est exactement *En attendant Godot* mais avec mon copain Pravère.

Bon, tu creuses ?!

La bonne herbe, la mauvaise heure, c'est la même chose, pas comme si tout d'un coup, y a un lapin.

– *J'ai rien compris.*
– *C'est mieux.*

L'absurde est pas tellement absurde, c'est les absurdités qui sont cons.

Je préfère tout saloper mon tableau et être obligé de recommencer que l'avoir fini.

Tous les gens étaient au soleil et dans l'ombre fine de la colonne de pierre dormaient en rang d'oignons neuf canards colverts, oui monsieur.

– *Faut pas marcher sur la pelouse, ça lui fait mal.*
– *Le gravier ça lui fait mal aussi, qu'est-ce que t'en sais ?!*

J'ai cru que c'était des juifs mais non des juifs avec les casquettes, c'était des boulangers.

– *Un double Ricard sans glace !*
– *C'est des quatre centilitres ici monsieur, vous voulez un double ?*
– *Un double, sans glace, dans un petit verre.*
– *Celui-là monsieur ?*
– *Non, le plus petit.*
– *Là, il faut demander à Gérard Majax, monsieur.*

– On va à l'autre ou on reste ?
– C'est l'œuf ou la poule ton truc.

– *C'est un mélange de tout avec tout, la vie.*
– *Moi je trouve que c'est un mélange de rien avec rien.*

– J'ai pleuré une heure !
– Ça fait du bien de pleurer.
– Le doigt que tu m'as mis dans l'œil, pauvre con !

C'est la base.

Le plus grand cuisinier c'est celui qui a inventé l'œuf mayonnaise.

Y a trop de pensées partout.

– *Elle est d'où ta femme ?*
– *Charenton !*
– *Classe.*

Le téléphone, c'est une invention qui aura servi à rien, pour dire quoi ?

– *Dieu se couche tôt.*
– *Et il se lève tard.*

Il est vieux, il ne marche plus que quand il se lève.

Si en plus je picolais en plus de ce que je bois !

Eh ben !

– *Tu finis pas ton kir ?*
– *J'ai plus faim.*

Au final, on s'ennuie plus dans un train qui va vite ultra climatisé que dans une calèche qui se traîne et qui sent fort !

– *L'humour sur la mort me dérange.*
– *Eh ben, on est pas couchés !*

On est le cent vingt-troisième jour de la matinée.

Au secours !

La solitude du caméléon sur une île déserte !

– *Y en a un qui était tombé sur son cul et l'autre qui saignait de la tête.*

– *Ça va, c'est pas trop grave comme bagarre.*

Tes étagères, quel bon investissement tu as fait, mais voilà, tu vas mettre quoi dessus, t'as rien ?

– *L'universalisme, ça date pas d'hier.*

– *Déjà, il faut l'univers.*

Impossible de dormir ! toute la nuit j'ai chanté « La Marseillaise » à cause des kirs de la mairie.

– *Je suis super myope, de là à là, je vois pas.*

– *Chignin-bergeron.*

Ils ont encore trouvé une femme dans une poubelle, eh ben.

Si tu veux te cacher, te cache pas.

Un oiseau, moi, je sais pas si je volerais, un éléphant, je sais pas ce que je foutrais.

La panthère qui tue la gazelle, ça te fait une belle photo de nature, t'as aussi le SDF qui meurt de froid, comme jolie photo, les salauds !

Une fois, je sais plus où j'étais, avec je sais pas qui, enfin bref, je sais pas ce que je foutais là.

Pour dire le contraire, faut déjà avoir un avis, c'est pour ça que je suis d'accord.

– *Bon anniversaire !*
– *Qui ?*
– *Vous.*
– *Moi.*
– *Oui, vous.*
– *C'est pas mon anniversaire.*
– *Qui alors ?*

Une super décoration de vitrine avec une bétonnière, des briques, des truelles, mais en fait, ils faisaient des travaux.

C'est pas possible d'être tranquille si t'es en vie, ça va pas ensemble, en fait.

Si jamais je suis remplacé par un robot, il est pas couché le mec !

– *Tu m'as fait chier !*
– *Moi ? j'étais à un mariage... hier... avant-hier.*

Fils de pauvre, c'est pire que gosse de riche.

À cinq ans j'avais cinq ans, à six ans j'avais six ans, à neuf, je faisais dix, à douze, quinze, à quinze dix-huit, maintenant à cinquante je fais soixante, je penche en avant !

Visiblement, vous avez bu.

Entre les gouttes, c'est pas du beau temps.

Ces biberons tueurs, c'est des histoires à dormir debout.

Chaque fois, j'avais deux grammes quarante, sans calculer ce que je bois.

– *Tu nous fais chier avec ton Kafka !*
– *C'est pas le mien.*

Avec le miel, elle a plus de chicots la vieille abeille.

– *Comment y s'appelle l'autre enculé de machin truc ?*
– *J'aime pas quand t'es vulgaire pour rien.*
– *L'autre con machin ?*
– *Sois pas vulgaire.*
– *Nicolas truc, l'autre enculé, le bâtard !*
– *Arrête !*
– *Nicolas Dupont la grosse merde lui tu vois qui ?*
– *Tu m'énerves.*
– *Dupont-Aignan ! l'autre gros enculé de Nicolas Dupont-Aignan ! tu vois qui ?*
– *Oui, mais c'est pas une raison.*
– *C'est pas un enculé ?*
– *Si, mais c'est pas une raison.*
– *Et l'autre grosse pute là comment elle s'appelle, la grosse merde, la truie, Morano !*
– *Arrête !*
– *C'est pas une grosse truie ?*
– *Si, mais c'est pas une raison.*
– *Et l'autre, là, la putasse ?!*
– *Arrête, je picole plus avec toi.*
– *OK stop... la salope.*

– *On dirait la bite du chien du clown la bite à votre chien.*

– *Il est pas à moi.*

J'ai été élevé aux frites à la Végétaline, j'ai jamais froid.

La pleine lune c'est réciproque, quand je dors pas, elle dort pas.

J'ai fait pipi, pipi, pipi, pipi ! c'est un pipi à la Prévert !

Catherine Deneuve elle pète aussi, elle est humaine.

Ça sert à rien d'être directeur de cinéma, quand ça passe, le film est déjà tout fait !

Limoges a bien réagi contre Dijon.

L'esclavage, c'est pas le travail, c'est le chômage.

C'est facile pour les jeunes d'avoir leur âge.

Tu fais une photo, tu la regardes tout de suite, tu t'en souviens pas, si tu attends un mois avant de la regarder, tu t'en souviendras.

Le melon c'est français, la pastèque c'est métèque !

Il a fait un caca gros comme ça, biblique !

Élevé au biberon, ça le dérangera pas, les nichons en plastique.

Le vin est nécessaire car il apporte l'eau à l'organisme.

– *Cotillard en ouvrière, tu parles d'un film !*
– *Même en crotte de chien, Signoret, on y croyait plus.*

Tu veux que je te fasse la convoitise des termites ?

Tes poireaux pousseront pas plus vite parce que c'est de la terre sainte !

Y a des lions au Jardin des Plantes, quand tu passes en bagnole sur le quai, tu les vois pas, en bagnole, tu vois rien.

C'est au Japon que le coucou ronfle.

Il faudrait que quand on se reproduit, on meure, pour limiter les parents.

L'Argentine, pour moi, c'est le pays du ragondin.

La femelle de mes rêves, c'est la femelle du cygne.

Si tu vas par là, la purée c'est de la patate abstraite, si tu vas par là.

– *Vous dites que vous venez de ma part.*
– *J'ai pas envie d'aller en taule !*

Faire des nids, pondre des œufs, voler, la vie des oiseaux, c'est un enfer.

Ce qui est formidable avec Paris, c'est que ça restera toujours une ville.

– *Tu bois un coup avec moi ?!*
– *Pas le temps.*
– *T'es commis d'office !*

Le foie gras qu'on trouve maintenant, il est juif.

Ray, c'est l'équivalent de Raymond, plus court.

Tu la connais pas cette écrivaine, une connasse de bobo qui bouffe avec sa gardienne ?

L'Europe, on s'en fout ! même le monde, ici, y en a pas !

– *Le manchot n'est pas le pingouin.*
– *T'es ornithologue ?*

En France, y a plus de Français, pourquoi en Europe, y aurait des Européens ?!

Quand t'es mort, tu penses plus à la mort, c'est l'avantage.

Pourquoi c'est en même temps que la fête des mères, les européennes ?

Le Front national, premier parti de France, sous Pétain c'était pareil ! la France a toujours été comme ça !

Plutôt qu'enterrer les gens, pourquoi on les bouffe pas ? pas les malades, mais ceux qui sont bons, les accidents de voiture, ils sont bons à manger les gens ! les bouts !

À force de prendre les gens pour des cons, ils le deviennent !

Ça hurle pas les roses, c'est les jacinthes qui gueulent.

Dom-Tom, ça fait tam-tam, comme pays.

En Afrique, faudrait que des lions.

– *J'ai tué Dieu !*
– *T'en loupes pas une.*

J'aime bien lire de la poésie quand je suis saoul.

La poésie toute seule, c'est le sel sur la table, faut que ça soit mis dans quelque chose.

La guitare, c'est toujours pareil, parce que t'as moins de notes qu'au piano.

Limougeot c'est Limoges ? quand t'habites Limoges t'es limougeot ? c'est idiot !

Vingt-quatre heures sur vingt-quatre, c'est ce qu'on fait tout le temps.

– Je t'ai dit bonjour mais tu parlais.
– Excuse !
– T'étais parti dans la discussion, je t'ai dit bonjour.
– Excuse !
– Tu m'as pas répondu.
– Excuse !
– Je t'ai fait signe, tu parlais avec le mec.
– Excuse !
– Je croyais que tu faisais la gueule.
– Je parlais.
– Oui, je sais, avec l'autre mec.
– T'as bu du Grand Marnier pour être con comme ça ?!
– Du Cointreau.

Sur le long terme, le Soleil va s'éteindre, la vie va disparaître, y aura plus rien, sur le long terme.

– Vous allez bien madame Rose ?
– Mon mari est mort.
– Oh pardon !
– Sinon, ça va bien, merci, oh vous savez, il n'a pas souffert, et vous, comment allez-vous ?
– Vous prenez un petit verre ?
– Oui je veux bien, avec plaisir, mais assise, dehors, j'attends ma fille.
– Vous prenez quoi ?
– Mon petit kir.
– Tiens, tu nous mets un kir et un demi, je sors avec madame Rose.
– Ça marche !

Le bistrot était fermé et le magasin de chaussures était ouvert, alors que ça sert à rien !

Tuer tous les Arabes, c'est pas ça qui nous donnera du boulot ! ou fossoyeurs !

C'est la faute à ceux qui votent si c'est des cons qui nous dirigent.

La France ça marche pas, pourquoi l'Europe ça marcherait ?

– *Des fois, tu dépasses le 0,5 à un verre près !*
– *Dix verres près.*

Il est laid ! il a sa connerie qui remonte à la surface !

C'est quoi la problématique actuelle ?

– *On peut pas voir ce que les gens pensent.*
– *Ah si ! ça se voit !*

L'Europe, maintenant, tout le monde bouffe pareil !

Ça tient pas debout comment c'est fait la girafe.

C'est con d'avoir une belle architecture marocaine et de vivre à Grigny-La Grande Borne !

L'Europe ? on est combien à table ?

Les gens, j'y crois plus, les bêtes, pas mieux, les plantes, pas toutes, les rosiers, c'est des cons !

Même quand la poule est noire, le meilleur c'est le blanc.

17 à Paris et 21 à Strasbourg, comme quoi...

Les ouvriers, ils vont à la mairie communiste chercher des sous et ils votent Le Pen !

Mitterrand, il était ministre de l'Intérieur en Algérie, il a fait bien pire que Le Pen !

Tu te souviens où t'habites ?

Dehors, c'est Roméo et Juliette, chez eux, c'est Pernod-Ricard !

La vie, c'est foutu.

Au pôle Nord, elle tient pas longtemps la vérité toute nue !

À l'époque, tu crevais un pneu, on abattait la voiture.

Ça va où le chemin de Compostelle ?

C'est depuis Napoléon qu'on voit les chapeaux.

On s'est bourrés en trois clics !

– *Tu dis rien ?*
– *J'ai le calme des vieilles troupes.*

Jésus fils de Dieu, c'est lui qui le dit !

– *J'ai jamais vu quelqu'un qui soit aussi petit qui soit pas nain.*
– *Il est pas nain, il est juste au-dessus.*

Quand on s'entend bien avec les chèvres, on s'entend bien avec les gens.

La mort, c'est un changement de vie.

J'ai des vices, c'est pas pour ça que je suis vicieux !

– *L'homme est un enculé pour l'homme.*
– *Un loup.*
– *Un enculé !*

Mon père s'est noyé dans un verre de vin, moi c'est la bière.

On pousserait à la vitesse des arbres, on aurait moins peur de mourir.

C'est plus facile de faire de la vulgarisation scientifique que de la vulgarisation charcutière.

– *Tu noteras.*
– *Ça marche !*

L'armée française, on a l'habitude d'avoir l'air con.

On s'en fout des femmes, on est le pays des droits de l'homme !

Quand on vieillit, on est vite ému.

– *Le Français il est collabo, le lendemain il est résistant, après il est collabo !*
– *Ça dépend ce qu'on lui offre à boire !*

C'est pas les mêmes rayons que le soleil mais bon, c'est comme ça.

Si on met pas nos vies en commun, on aura que nos morts en commun.

– *La tournée elle est pour moi.*
– *Ça baigne !*

La langue de Molière, ça fait longtemps qu'il est mort !

Pourquoi je donnerais mes organes ?! on m'a donné des organes à moi ?!

La maison, c'est le tombeau des vivants !

C'est pas moi qui demanderais un organe.

– *Tu mets les frangines.*
– *Comme si c'était fait !*

Faut pas avoir la grosse tête pour voler comme un ange.

On te greffe un foie, t'as plus le droit de boire, alors qu'il est neuf !

C'est pas logique.

– *Tu nous remettras la même.*
– *C'est parti !*

Rien n'est logique !

Il est mort à trente ans, il aura pas été grand-père, il aura pas couché avec une grand-mère.

À quoi ça sert les vieilles pièces ? vaut mieux trouver du pognon de maintenant ! c'est con l'archéologie.

L'ouvrier, c'est une abeille, faut que ça soit une abeille qui pique !

– *Il est en première année de poésie lui !*
– *C'est bien la première année, c'est la meilleure.*

François, ça fait pas tellement pape, je m'appelle François, je fais pas pape.

Il arrive, tu l'entends pas, il boit, il repart, tu l'as pas vu, c'est un grand félin de l'apéritif !

– *C'est quoi cette merde d'abécédaire à la Prévert qu'on parle tout le temps ?*
– *L'a quoi ?*
– *Bécédaire.*
– *De ?*
– *Prévert ?*
– *Le peintre ?*

On a failli rentrer dans le cul d'une voiture, on a failli foutre une vieille en l'air, on a été flashé deux fois, j'l'aime pas le Nissan !

Noir, on y peut rien, juif, de nos jours, ça veut plus rien dire.

Avec le foot j'ai le cœur qui bat à cent quatre-vingts degrés !

– *Il est beau ce marché.*
– *J'ai mon copain pédé qui s'est installé derrière les légumes.*

Y a du chagrin dans l'air ce matin.

Les chiens sont comme ça.

– *Hips... J'ai un triple hoquet... hips...*
– *Mange un torchon.*

Je suis géniale pour ça, je me rappelle de rien.

Plus personne fait clic avec l'appareil photo et tic-tac avec la montre.

Moi j'ai mon idée des compliments.

C'est du 13, je préfère prévenir.

Y a quoi dans l'air à part ce qu'on respire ?

– *Les mouettes qui pourraient être libres à la mer elles bouffent dans les poubelles.*
– *Comme nous.*

Faudrait qu'on puisse faire autant de mal au temps qu'il nous en fait.

Le caca, c'est de la merde propre, et la crotte, c'est les vieux.

Moi c'est œil pour œil, œil pour dent !

– *Ouerk !*
– *Adieu au langage !*

L'œil humain est plus précis qu'une caméra, c'est pas fait pour filmer sa femme !

Là où elles sont les ruches au jardin du Luxembourg, je sais pas combien c'est du prix du mètre carré par abeille.

– *L'alcoolisme, c'est un empoisonnement.*
– *Si tu bouffes des champignons avec, évidemment !*

Faut que je me lave les cheveux, à propos de cheveux.

– *T'aurais le courage de juger ?*
– *J'ai pas le courage d'attaquer une banque, c'est pas pour juger.*

La mère meurt, le bébé dans le ventre meurt aussi, même si il aime pas sa mère.

– *Le métro aérien, c'est pas le métro ! l'avion souterrain, c'est pas l'avion !*
– *Y a des piafs dans le métro.*
– *C'est pas des piafs ! c'est des rats souterrains !*

Moi je suis né et je n'ai jamais changé d'avis.

Je ferais jeune si j'avais pas mon nez et mes lunettes.

– *Vous êtes un grand spécialiste de Sacha Guitry ?*
– *J'y connais rien.*
– *C'est pas vous ?*
– *Je suis pas d'ici.*

Même si j'étais jeune comme toi je pourrais pas avoir ton âge.

Touche pas ! c'est mon doudou verre !

La France a pas besoin d'un gouvernement, elle a besoin d'un peuple.

Je suis suffisamment intelligente pour savoir me faire traiter de connasse !

Il est fusionnel avec ma femme, mais moi, il me mord.

Moi je suis reconnaissant aux gens qui me font partir de ce que je pense.

Gislaine, ouvrière dans une usine qui ferme !

Il allume ses pets, des flammes comme ça ! lui, ici, c'est une légende.

C'est du vin pour dormir ton truc ? parce que moi je me lève !

Une profession qui n'est pas assez décriée, c'est les connasses de la télé.

– *Viens boire un coup ici !*
– *L'instabilité se décale vers l'est !*

C'est la multiplicité qui nous fout dedans.

Ils en refont au cinéma des dinosaures, des gladiateurs, ils refont tout, sauf ma femme qui est morte, jamais revue dans un film, jamais refaite.

Pas besoin de rituels, même des fois je viens pas tous les jours.

– *L'artiste, il faut qu'il montre le fond de lui-même.*
– *Ils ont pas autre chose à foutre ?!*

Est-ce que le mouvement dans les rues change quelque chose de fondamental ?

J'ai jamais eu quatre ans, trois ans oui, cinq ans oui, pas quatre.

Marcheur de comptoir, un pied dans la tête, un pied dans le foie !

Un chêne de six cents ans qui se marie avec un olivier de mille ans, je veux bien voir ça !

Pour moi le français est une langue étrangère, trop de mots !

Ils peuvent pas crever ces poètes ! on en a pas besoin !

Le fabuleux rosé corse du mois ? c'est bien expliqué, je vais goûter ça !

Je sais pas ce que j'avais, j'étais hyper onirique.

Quand on est adulte, on a plus envie de dessiner une maison avec la cheminée qui fume.

C'est où, les hormones ?

C'est ça les grandes idées, faut les trouver.

Tout doit finir un jour, des fois c'est le dimanche.

Le chapeau avec la grappe, c'est pour l'effet communication.

L'Alzheimer, si tout le monde l'a, on sera peinards !

Moi c'est quand je suis mort que ça va.

Le château de Versailles, c'est que de la visite, qui c'est qu'habite ?

– *Tu l'as notée l'omelette jambon ?*
– *Bien sûr ! je perds pas la boule !*

On a qu'une mère, c'est ça la merde.

J'aime pas qu'on vienne chez moi ! tu me rentres dans le ventre ? non ? alors ? pourquoi tu veux rentrer chez moi ?

Si t'es parti d'Amiens à six mois, t'es quasiment pas né là-bas.

C'est mortelus !

– *Ici c'est proche d'ici mais c'est loin d'ailleurs.*
– *Oui... je sais pas... oui...*
– *Ailleurs c'est loin et c'est près de là-bas.*
– *Oui... je sais pas... je pars jamais.*

Je suis né bourré.

Le dérangé mental sait très bien où c'est rangé.

Pour porter, la flûte, pour écouter, le piano !

– *Deux euros pile.*
– *Merci Monseigneur !*

L'adaptation ! l'adaptation ! l'adaptation à quoi ?

– *Les dinosaures se sont pas adaptés, l'homme, oui.*
– *Adaptés à quoi ? à des cons comme toi ?!*

J'ai vu Jésus hier, gare de Lyon, pas lui, mais un qui ressemble.

Victor Hugo a écrit je sais pas combien de millions de poèmes, à une époque, c'est lui qui les écrivait tous.

Les tours de la Défense, si c'étaient des pavillons, ça serait pire !

La Vache qui Rit, c'est plus pour les routiers à table que pour les gosses.

Rembrandt, c'est son prénom ?

Sur le trottoir, c'est quand même mieux une vieille pute qu'un camion mal garé !

Le facteur, faut que ça boive, le courrier, faut que ça attende.

Et ragnagni et ragnagna ! et patali et patala !

Il se pisse dessus, il a une vessie de coureur cycliste.

– *Il est où mon verre ?!*
– *Je croyais que vous étiez parti.*

Les cartes postales, c'est l'image qui est bien, ce qui est écrit souvent ça vaut pas le soleil qui se couche.

C'est Bréhat qui fait les plus belles cartes postales.

– *Bréhat, j'ai mangé du homard, on m'a mis une serviette.*
– *Tous les restaurants font ça.*
– *Autour du cou, comme les bébés.*
– *Pour la sauce.*
– *J'avais envie de mourir.*

Le centre du monde, c'est le dimanche, à midi !

La chaleur humaine, tu feras pas cuire des nouilles avec !

J'tai pas dit ? j'ai pas de pognon.

Il lui vend deux cents kilos de fromage dès qu'elle est saoule et elle respecte les commerçants ! soi-disant que c'est un petit marché et pas un gros Carrefour ! à Carrefour tu prends ce que tu veux, personne t'embrouille ! l'autre jour elle était saoule, un lot de huit saucissons, on a rien bouffé, à la noisette, à la pistache, à la châtaigne corse, mon cul ! chaque fois elle rentre le cabas plein de bouffe qu'on a pas besoin, parce qu'elle est saoule, les mecs ont l'œil, une femme saoule, vingt tranches de coppa ! neuf reblochons ! quand elle est saoule, elle sait pas dire non, au comptoir pareil, d'ailleurs, les petits commerçants, c'est des enculés, c'est les mêmes qui buvaient avec Hitler.

Les cuisses de grenouille, c'est les cuisses émergées de l'iceberg !

– Le tam-tam, c'est tribal.
– L'accordéon aussi c'est tribal, mais d'une autre tribu.

C'est votre coude ?

Toute la terre regardait le premier homme sur la Lune, aujourd'hui, toute la terre regarde le football !

– L'Inra, ils inventent des nouvelles roses, des pommes de terre, des carottes, des tournesols, c'est leur métier d'inventer ce qui pousse, les pommes qu'on mange c'est eux, c'est l'Inra, la gariguette, la fraise, les gros radis qui piquent pas, les nouvelles endives, c'est eux.
– Moi je bouffe que les trucs du jardin.
– Dans ton jardin, c'est l'Inra aussi !
– Dans mon jardin, y a que moi et mon chien.

L'Algérie en huitième de finale, si la France est en huitième de finale, on sera pas mieux que l'Algérie, en fait, on sera pareils.

Une dictature, c'est pas pire qu'un mollasson.

Les animaux sont plus humains que nous !

Les pauvres qui font des gosses pour les riches, au moins, ça leur fait quelque chose dans le ventre !

Vous voulez un caramel ?

Le chômage disparaîtra quand on sera tous chômeurs !

Le soleil ça dessèche la peau, il faudrait qu'il pleuve quand il fait beau.

J'achète jamais de viande, je mange que ce que je tue avec ma bagnole.

– *Qu'est-ce que tu fais toujours à te gratter le cul ?*
– *C'est mon relais de chasse.*

Le champagne, c'est les moines bénédictins qui ont trouvé ça.

– *Les pieds ! on pousse les pieds !*
– *Balayés par les éléments !*

Un soir, je regardais dehors par la fenêtre, je comprenais rien.

– Un héron au jardin du Luxembourg, il regardait le Sénat.

– Le Sénat ?

– Le Sénat des sénateurs.

– Faut pas secouer le bébé, ça le tue.

– C'est plus fragile que la salade.

Bifteck, smoking, ça finira par venir du latin à force que ça devient du français.

– Et si demain le soleil ne revient pas ?

– On allumera les lampes !

La soupe de poisson, moi, je la fais avec de la viande.

– Les poissons ont pas besoin de passeports.

– Pour aller où ? visiter le Texas ?

Libre pendant un mois ? au bout de trois semaines je tourne en rond.

La mère porteuse, elle fait pas que porter !

Sexuellement, c'est une cougar, à la maison, c'est une courgette.

Je l'aime pas ! il picole par le petit bout de la lorgnette !

– *Les jours rallongent ou ils raccourcissent ?*
– *Les deux.*

Quand on sera tous morts, la vie aura disparu et la mort aussi !

Prendre le train, louer une voiture, louer à l'hôtel, pour aller marcher sur un serpent, faut être con.

Un livre, faut que ça soit un jus du dedans, du dedans l'écrivain le jus.

On va finir comme le quart-monde, que des pauvres et du foot !

– *Tu t'en vas ?*
– *Non, pourquoi ?*
– *Comme tu bougeais.*
– *Je suis ankylosé.*

Le chômage qui dure ! qui perdure ! qui suppure ! qui trimure !

Vous avez vu hier les trente-sept ans des Grosses Têtes ? les conneries qu'ils ont fait ! Jean Yanne ! Kersauson, la culture générale qu'ils ont ! Jacques Martin, Jacques Balutin, faut les voir les mecs, ils savent tout ! Kersauson, face à face, attention pour le prendre le mec ! la culture énorme ! bon, faut que j'y aille, tu l'as *L'Équipe* ?

Le trafic est fluide.

– Pour moi, l'œuf, c'est le jaune, pour tout le monde, d'ailleurs, sauf pour les blancs en neige, l'œuf, c'est le blanc, sauf quand on le casse, l'œuf c'est la coquille, ça dépend ce qui se passe, l'œuf est fait de trois moments, trois mondes dans l'œuf, vous m'arrêtez si vous n'êtes pas d'accord !
– Quand on le mange, c'est la tache d'œuf.
— ... ?

La Terre existe pas ! en plus j'habite au second !

L'Europe ! et pourquoi pas le monde ! pendant qu'ils y sont !

Ma femme a des capacités parentales mais moi je suis contre la faiblesse.

Moi, personnellement, je n'aime pas parler de moi, personnellement, je parle.

La vie et l'œuvre, ça fait beaucoup, déjà la vie c'est bien, des fois que l'œuvre.

– Vous êtes au courant de tout, vous, au Chinaillon !
– Le vent souffle plus vite que la radio.

Il regarde toujours si j'ai les yeux rouges ou si je sens le vin, il cherche la petite bête.

L'apéro à quatre mains, comme au piano !

– Tu dors ?
– Méditation de comptoir.

Il s'écoute parler, mais en même temps, y a que lui qui écoute.

– *Il faut s'aimer soi-même pour bien aimer les autres.*
– *Moi je m'aime, les autres, je les hais !*

S'engueuler, c'est mieux que se parler !

– *C'est quoi comme insecte ?*
– *Un lévrier.*

Ça fait bizarre un pays où y a que des Turcs.

– *On mourra tous !*
– *Dans la limite des places disponibles.*

Le docteur m'a dit qu'il fallait que je marche, je viens ici, je fais le tour du village et je reviens, je marche et je reviens, c'est le docteur qui m'a dit.

Je t'aime, mais c'est pas pour ça que je te trouve beau.

Je meurs, je donne mon cœur, le mec meurt, il donne mon cœur, mais ça va où ça ?

De nos jours, qui c'est qui vagabonde ?

Je sais que j'ai dégueulé sur quelqu'un, je sais pas sur qui.

Quand est-ce que ça s'arrête ?

Trop de mots !

Avoir jamais tué personne est pas non plus une qualité !

Le chêne qui a deux cents ans, tu prends une feuille, tu fais un marque-page, c'est pas un petit marque-page de l'année !

Ça peut pas marcher, ils ont pris un menuisier alors qu'il faut un maçon.

– *Tout le monde adore l'équipe de France !*
– *Bien sûr, elle perd, elle est comme nous.*

La crème anti-âge, c'est anti quel âge ?

– *Ils applaudissent les Bleus alors que les mecs ont perdu comme des mollasses !*
– *La France qui gagne.*

Je rêve d'être midi et toi quelle heure tu voudrais être ?

Un bébé malade peut tuer un adulte en forme, à condition que tu le manges.

Les Israéliens, les Palestiniens, pour nous tout ça c'est la même chose, comme les Maliens et les Gabonais, c'est pareil pour nous.

Sa fille s'est suicidée, alors maintenant, elle fait chier le chien !

Étranges étrangers !

Se noyer à Marseille en décembre, on a perdu le sens des saisons.

Je parle qu'aux tonneaux, je parle pas aux bouteilles !

Un jour, c'est masculin, une journée, c'est féminin, c'est les Bretons, les hommes partaient en mer au début du jour, les femmes les attendaient toute la journée !

– *C'est des conneries ?*
– *Conneries véridiques.*

Le passé est pas plus vrai que le futur.

J'ai envie de voyager, mais pour aller me faire chier où ?

– *Vertical, c'est ça, horizontal, c'est ça.*
– *Pas dans l'hémisphère Sud !*

Des grottes préhistoriques avec des dessins de panthères partout ! des buffles ! des mammouths ! des chevaux ! d'autres grottes, t'as un point rouge, gros comme ça, c'est tout, basta, il a rien branlé le peintre, un mec comme moi, un point, au lit !

Tu peux mourir à n'importe quel moment de ta vie, naître, c'est qu'une fois au début !

Si tu t'appelles Zavatta, qu'est-ce que tu peux faire d'autre chose que travailler dans un cirque.

C'est le regard de mon regard, ce que je vois.

Avec ce qu'il gagne monsieur Ricard, il devrait le faire gratuit.

C'est le beaujolais qui me fait bander !

– *Elle va revenir mémé cet été ?*
– *Non je t'ai dit ! elle est morte !*

À Melbourne, les gens sont conscients de leur corps.

– *Christian Bobin, il écrit sur Dieu, dans sa cuisine.*
– *C'est le bon endroit.*

Ça fait soviétique le cheval de trait.

Je connais un chirurgien qui opère que les mains, si tu veux les pieds, il te le fera pas, même si je le connais.

– *Il est mort à dix-neuf ans !*
– *Quand on aime, on compte pas.*

Allô ! oui ! je suis là ! je t'attends ! t'es où ? attends, je sors ! sur quel trottoir ? Je te vois pas ! Au Old Navy ! avant le Mabillon ! je te vois pas ! je vois pas ! lève les bras ! je vois pas ! quel trottoir ? au Old Navy ! boulevard Saint-Germain ! à Paris ! bien sûr oui ! Montrouge ? tu fous quoi à Montrouge ?

J'aime bien le climat breton à condition que ça soit en Bretagne.

– *Quel âge il a votre père ?*

– *Soixante-treize... attendez que je dise pas de bêtise... mais non ! il est mort l'année dernière !*

T'as eu un nounours ? toi ?!

– *Pourquoi tu parles tout le temps d'Hitler ?*

– *Ce matin j'ai parlé de Gandhi ! d'une certaine manière, c'est pareil.*

Ce qui est difficile, c'est d'être en vie.

– *À quatre-vingts dans un village, tu peux pas t'arrêter si un gosse traverse !*

– *Si je vois un bistrot je m'arrête, alors un gosse je m'arrête aussi.*

Y avait pas de Noirs au Moyen Âge, y avait pas encore l'Afrique.

Je suis fatigué de rien boire.

Des âges, j'en ai eu toute ma vie.

L’équipe de France de foot, ça fait que onze mecs qui bossent et tous les autres Français qui foutent rien devant la télé !

Quand ils chantent pas « La Marseillaise », ils gagnent, quand ils chantent « La Marseillaise », ils perdent !

Tu peux pas courir après un ballon et chanter un truc d’anciens combattants.

Zéro gramme cinq, ça change quoi avec zéro gramme sept, ou huit, ou même un gramme, un gramme c’est quoi ? six verres ? sept verres ? même huit verres, ça change quoi ? entre deux verres et trois verres ou deux verres et quatre verres, entre quatre verres et six verres, ou huit verres, ou dix verres, entre cinq verres et neuf verres, ou dix verres, ça change quoi ?

Il est tout maigre, il a une tête de pliage.

– Avec le réchauffement climatique, tu pêches des poissons de Méditerranée en Bretagne !
– Moi j’ai acheté de l’ananas.

Le seuil de pauvreté ! j’y suis ! dans le cercueil de pauvreté !

– La nouvelle loi, c’est que la prison, tu vas plus en prison ! tu vis chez toi et tu vas bosser le matin !
– Dans ce cas-là, on est tous en prison.

Tu sais qui c'est le pape au moins ?! tu sais même pas ! connard !

Comment il fait, l'alcool, pour être jamais saoul ?

Messi, il court dix kilomètres par match, le Tour de France, les mecs font deux cents bornes par jour, y a pas photo !

Les Américains ils ont Superman ! Batman ! nous on a Joséphine ange gardien.

Moi je suis pas un individu.

– Moi ! moi ! moi ! tu parles que de toi !
– Et toi ! toi ! tu parles que de toi !
– Moi ?
– Toi !
– C'est toi qui parles de toi !
– Je parle jamais de moi, toi, tu parles de toi tout le temps.
– Moi de moi ? jamais !
– Toi.
– Oui, toi, plus que moi.
– Moi, c'est rien à côté de toi.
– Toi, oui !
– Toi ! pas moi, toi !
– C'est ça.
– Je rigole.
– Toi.
– Toi d'abord, je te signale.
– Tu bois un coup ?
– Et toi ?
– Comme toi.

C'est con, la guerre, mais la paix, on se fait chier.

Israël, t'as pas que des juifs, les taxis sont hindous.

Le Français croit que la France est une île.

Tout le monde lui grimpe dessus à Carla Bruni, Anne Sinclair, c'était pareil, tout Paris passait dessus, Rachida Dati ! Vanessa Paradis idem, tout le monde se la tape, comme Estelle Hallyday, tout le monde a monté dessus, une qui se fait grimper c'est Lio et une autre encore plus c'est Nolwenn Leroy et Shy'm, alors elle y va ! une que personne grimpe dessus, c'est Zaz, ou Adjani personne se la tape, je sais pas, elle sort pas.

La cause du décès on s'en fout, c'est trop tard !

Ma date de naissance, ça me sert surtout pour les papiers, parce que pour moi, je m'en passe.

Je bois plus avec Frankie... principe de précaution !

Faudrait mourir avant la naissance par principe de précaution.

On m'a transfusé du sang de bonne femme ou du sang de pédé, je mange que des fruits !

Moi ce que j'aime dans le fromage, c'est l'humain.

L'île Maurice, ça fait Marcel, comme île.

Moi l'alcool, j'en bois, mais au bistrot sinon tu veux faire quoi ?

– Contemple-les, mon âme, ils sont vraiment affreux !
Pareils aux mannequins, vaguement ridicules !
Terribles, singuliers comme les somnambules !
Dardant on ne sait où leurs globes ténébreux !
– Parle pour toi !

Gros con !

– Salope !
– J'aime pas quand tu parles comme ça !
– Connasse !
– Bon, ben vous le servez plus.

Prends mon tél. : 06 34 56 78 31 27 91 04 16... je crois.

C'est mercantile de faire payer un mec saoul !

– Hier à minuit.
– Combien elle en a eu ?
– Neuf.
– Votre fille ?
– Mais non ! la chienne !

Y a deux cents ans, celui qui travaillait pas était pas chômeur, il est où le progrès ?

– Le temps c'est de l'argent !
– Moi j'ai du temps, mais pas d'argent.

Le Tour de France se fait en France parce que c'est la France qui a le plus de petites routes.

– *Tu veux quoi ?*
– *Un galopin, le quart d'heure pédophile !*

La Coupe du monde de foot, tu risques pas de la voir passer dans ton village !

– *À soixante-dix ans, il faisait du vélo.*
– *C'est les progrès de la médecine.*
– *C'est les progrès des vélos surtout.*

Je suis arrivé à midi sept et il est midi huit ! ça fait une minute que je suis là ! jamais j'ai été au bistrot que une minute ! si je reste encore une minute, j'aurai été au bistrot deux minutes !

– *Tu pues l'essence.*
– *Ça m'étonnerait, j'ai bu de la bière.*

Le plus dur, c'est de se rendre compte.

L'abbé Pierre, après la mort, il a dû se la prendre et se la mordre.

Si on fait dix kilomètres par jour toute la vie, où c'est qu'on arrive ?

L'Orangerie, c'est comme le musée Rodin, t'as pas d'oranges.

Je suis maire, épicier, dépôt de pain, pompiste, je suis une commune rurale à moi tout seul !

Le poisson respire dans l'eau, c'est de l'air ! dans le vin, le poisson respire du vin ! pour lui, c'est de l'air qu'est rouge ! le poisson respire le vin quand le soleil se couche dans l'air tout rouge !

Houla ! il arrive d'où le pingouin ?!

C'est rien ce qu'on pleure par rapport à toute l'eau qu'on est.

– *Les larmes, c'est la même matière que la pisse.*
– *Jamais pleuré avec ma bite moi !*

On a pas le droit de mettre les phrases du Christ sur les calendriers, à cause de la séparation de la poste.

Le rond sera toujours un cercle, quelle que soit la figure.

J'ai toujours voulu que ma mère meure elle est morte, mon père il est mort, ma sœur elle est morte, j'ai toujours voulu que ma famille elle meure, toute ma famille ! elle est morte ! à la Noël je me bourre ! je fais pas de cadeau ! la Fête des mères je me bourre ! la fête des pères ! je sais pas la date ! ma sœur elle est morte le 14 juillet dernier ! jamais vu défiler ! tous pourris ! dans la terre le dimanche midi la famille pourrie ! je me bourre ! tu me ressers Rémy ! je peux déconner, y a personne ! tous morts !

Moi je trouve que le carré est plus vicieux que le cercle.

– *J'aime pas les gens.*
– *Et nous ? on est quoi ?!*
– *Vous êtes pas des gens ! les gens, c'est ceux qui passent.*

C'est de la merde la Légion d'honneur, Enrico Macias, il l'a !

Il est gentil le bébé d'attendre d'être né pour faire son premier caca.

Pour moi c'est Prévert les portes de la capitale !

Si j'avais su, j'aurais chié dans ma mère !

Il a fallu un jour au grand architecte Bagatelle pour rien construire.

– *À Paris, t'as que des Chinois !*
– *Pour être français en ce moment faut se lever de bonne heure.*

La moitié des gens servent à rien.

– *Un autre ?*
– *Aux âmes bien nées, la valeur n'attend pas le nombre !*

Ils baisent comme des punaises dans cette famille !

– Les trains, c'est une société, les rails c'est une autre société !

– Cela dit, c'est comme les pieds et les chaussures.

Nul n'est censé ignorer la Loire !

En vélo, tu roules pas plus sur la terre qu'en voiture.

Si t'es de la famille de Jules César, ça veut plus rien dire parce que ça fait tard.

Les vrais maîtres du monde, c'est les méduses.

– C'est rouge sur les routes.

– C'est rosé sur les chemins !

À la Légion étrangère tu peux devenir français par le sang versé, faudrait pouvoir devenir français par l'intelligence versée !

– Une Hongroise enceinte de sept mois ? égorgée ! avec les deux enfants !

– Hongrois, c'est les valses, pourtant.

– Les gâteaux.

– Non, c'est Vienne les valses.

– C'est quoi les Hongrois ?

– La Hongrie.

– Oui mais ça c'est quoi ? du lait ? de la viande ? des cochons ? enceinte, égorgée, c'est plus les cochons que les gâteaux.

Je parle de la culture d'un pays, comme les juifs et les boulettes.

Si j'étais pas devenu con, je serais devenu fou !

Le drame familial, c'est le matin quand on se lève, on mange avec les autres, le soir, quand on retourne se coucher.

La logique annoncée est une logique à toi !

– *Ici personne vous renseignera, on aime pas les touristes !*
– *Merci pour ces précisions.*

Rimbaud au téléphone, t'aurais pas su qu'il avait dix-sept ans.

Je suis un célibataire exigeant, je rentre que bourré !

En proportion, la mouche a plus de cerveau que l'homme.

– *Tu dis un truc et c'est le contraire !*
– *Ça, c'est pas grave !*

Il a une tête d'huître, faut pas qu'il enlève le casque.

Un facteur ça picole de facto !

C'est quoi que vous appelez les molaires, vous ?

L'équipe de France de foot, comme les chevaux, ils gagnent pas, on les bouffe !

– *Y a une rue Mandela à Cannes ?*
– *Ils en foutent partout.*

Israël, ça durera pas des siècles, c'est pas logique comme pays.

Normalement, les juifs, c'est pas fait pour être dans un pays, mais éparpillés partout.

Tu laisses le tombeau du Christ aux Palestiniens, ils en feront une mosquée !

– *Entre mardi et vendredi t'as mercredi et jeudi, je sais pas comment tu m'as vu lundi alors qu'on est jeudi et que c'était hier !*
– *J'en sais rien, c'était lundi, y avait le Mentalist.*

– *Il aurait eu quatre-vingt-seize ans cette année Mandela.*
– *C'est rien par rapport à Louis XIV.*

J'arrive à un âge... j'ai envie de parler un peu...

Je suis de Vitry !

Quand quelqu'un met une claque à quelqu'un d'autre, je cherche toujours la piste familiale.

Les poumons c'est mieux pour le fœtus que dans le ventre, y a de l'air.

– *Ta gueule !*
– *Sois poli.*
– *Va te faire enculer !*

Toutes les femmes arabes sont grosses, c'est le ramadan qui leur fait le yoyo.

Une femme enceinte qui marche au soleil, le bébé doit voir passer des ombres dans le ventre.

– *J'en ai marre des mecs bourrés !*
– *Faut changer de crèmerie, monsieur.*

Adam et Ève bouffent une pomme, on les fait chier, l'autre il se balade, on le cloue, c'est une religion de cons !

On se mettait une canasse, on sortait, on se foutait une branlée, on rentrait dans le bar, on se remettait une cuite, t'es mon ami ! va trouver des mecs bien pour te battre aujourd'hui !

Tout le pognon que l'église a gagné, son chemin de croix, c'est l'autoroute !

On croit plus en rien, même le beaujolais nouveau, j'y vais plus.

Les petits escargots gris, les minuscules, si vous en voyez, vous les jetez loin, c'est des teignes, ils m'ont mangé toutes mes feuilles de tournesol, gros même pas comme ça, gris, ils bouffent tout, ça vient d'ailleurs ça encore !

– *L'avion qui est tombé, les corps sont encore dans l'herbe ! personne ramasse ! vous imaginez un avion qui tombe ici, tous les morts sur la place et personne ramasse ?!*
– *Moi je ramasse pas.*

Il se met à côté de la pendule et il vieillit comme les caméléons.

J'ai rien contre les juifs, j'en connais pas.

Le minimum pour avoir le droit de vote, c'est de manger du cochon.

– *Le calme avant la tempête !*
– *Quelle tempête ?*
– *Je vais chez le coiffeur.*

Juillet, les juilletistes, août, les aoûtiens, ceux qui partent en septembre, y a pas de nom, c'est des cons.

Moi j'aime bien être triste.

Tu sors du ventre de ta mère, tu te retrouves dehors pour toute ta vie, t'as plus qu'à marcher dans les rues de Calais !

Tapé dans le virage, je suis descendu, il tremblait des pattes dans le fossé, un jeune écureuil, tout clair ! il m'a regardé, je savais pas quoi faire, je suis remonté dans la voiture, je suis parti, t'aurais fait quoi ? il m'a bien regardé, il sait que c'est moi, j'allais au marché, du coup j'ai rien acheté, y avait des noisettes fraîches, j'avais honte !

La Fête nationale belge ? y a quoi à fêter en Belgique ?

Les peintures des grottes, c'est trente-six mille ans ! je voudrais les voir, tes Picasso, dans trente-six mille ans !

Toutes les peintures des grottes c'est dans le sud de la France, le soir après bouffer les mecs peignaient, comme les connards qui te vendent des merdes sur le port.

Léonard de Vinci, le téléphone, la télé, la radio, il a rien vu venir !

Ici au bar je suis dehors, à la maison je picole entre quatre murs.

– *C'est là le foie ?*
– *L'autre côté.*
– *Là ?*
– *Oui ?*
– *Et là ?*
– *Là, y a rien.*

Ça me rentre par un œil, ça me sort par l'autre.

Une merde d'homme préhistorique avec des bouts de carotte, on va te dire que c'est une découverte majeure !

Neuf boulots sur dix, le soir quand t'as fini, t'es pas fier.

Toujours on peint ce qu'on mange, Lascaux c'est des animaux, Warhol c'est des boîtes de soupe.

La circonférence ? je sais, c'est la taille du tour du rond !

– *Neuf heures trente, tout juste pile !*
– *Tout juste pile, t'es l'horloge atomique.*

Le lavoir de Brienon a été classé lavoir de l'humanité !

Si si si ! bien sûr ! on me l'a dit ! sinon je vous le dirais pas ! j'invente rien ! je répète ce qu'on me dit !

C'est une bonne idée de sortie d'aller se coucher !

L'antisémitisme, ça existera toujours, c'est dans la Bible.

C'est pas mal vu, Balzac.

L'art, on aime ou on aime pas, l'art c'est ça.

La Grande Boucle, ça part d'Angleterre, l'arrivée c'est Paris, en passant par les Pyrénées, ça fait pas tellement une boucle.

Excuse-moi, je m'excuse.

Les algues vertes, pourquoi on fait pas de la farine qu'on donne à manger aux petits Noirs ?

Les juifs, excusez-moi, c'est pas des Norvégiens.

Il vous regarde jamais votre chien ?

Ça sert à rien d'être assuré si tu conduis bourré, de toute façon, avec eux, t'auras jamais raison !

Les plus belles parfumeries que je connais, c'est des charcuteries.

C'est qu'une serpillière le drapeau français qui pend sous la pluie.

La grande avancée de l'hygiène a été la défécation dans un cadre légal.

On les a exterminés, les juifs maintenant ils exterminent, c'est normal, je dirais.

– *C'est le vin « coup de cœur » de la semaine.*
– *Si c'est bon pour le cœur !*

Girophare, il est où ?

La logique, souvent, c'est pas rationnel.

Le début du futur c'est dans dix ans, le début du passé c'est y a vingt ans.

– *Il pleut ! je m'en fous ! un double pastis !*
– *Le courageux du jour.*

Il s'est sorti la tête de l'eau, mais si c'est pour se la remettre dans le vin !

J'en ai marre d'être seul !

Tout le monde sur terre a bu du lait de femme et personne s'en souvient du goût.

La girafe, l'éléphant, c'est ce qu'on appelle des animaux genre Afrique.

Le stylo à quatre couleurs, rouge, vert, bleu, noir, c'était mon drapeau de mon enfance !

Il a un cancer, il va à la mer, et pourquoi pas l'inviter au restaurant !

Le piano pourrait faire moitié moins large, parce que si tu coupes en deux et que tu déplaces la droite vers le milieu t'as la même chose que les deux mais plus courte de moitié, avec les mêmes notes en moins de celles de gauche qui sont le double qui servent à rien.

N'importe quelle boucherie, c'est mieux découpé qu'à la morgue.

Un piano, ça va de la bière à Rico jusqu'à mon demi.

Un piano, c'est grand, mais c'est que de l'air pour que ça résonne.

Le Tour d'Italie, de toute façon, l'Italie, y a que du tour.

Les éléphants, les baleines, c'est trop gros, ça va disparaître, même les camions, on les fait chier !

Y a pas de mouches dans le cercueil, alors ça vient d'où les asticots ?

Asticots sans frontières !

Enterré, tu restes mort, alors qu'incinéré, t'existes plus.

– *Ils mettent des reines des abeilles dans des boîtes qu'ils envoient par la poste, pour refaire des ruches sur les autres continents.*
– *Elles ont des vies que nous on aura pas, les abeilles.*

Il est laid ce bébé, pourtant les deux parents travaillent.

Quand t'entends le Gros Bourdon de Notre-Dame, c'est une religion qui est un peu plus agressive qu'une femme voilée !

Quand tu fais un enfant, on devrait te prévenir que ça meurt.

T'épateras pas une vache avec de l'herbe à chat.

C'est l'adage.

Au Japon, ils vénèrent les vieux, ils laisseront pas un vieux tout seul mourir à l'hospice, le vieux, il meurt à la maison, au milieu de la table !

Le rap, ils mettent du violon dans les morceaux, après ça sera de l'accordéon, et après, ça sera des vieux Noirs.

– *C'est quoi, la* live *?*
– *La vie.*
– *Pourquoi tu dis la* live *? dis la vie ! tu vis ta vie ! tu vis pas ta* live *!*
– *On dit ça.*
– *Qui, on ?*
– *Les jeunes.*
– *T'as quel âge ?*
– Ten seven.

Il pleut, il pleut, il pleut ! je sais, ça sert à rien de se plaindre, ça fera pas arrêter de pleuvoir, et il pleut, et il pleut, et il pleut ! ça sert à rien de le dire, il pleut, il pleut, il pleut ! c'est pas en le disant, je sais ! et il pleut, et il pleut, et il pleut !

C'est une journée à boire du vin et bouffer des gâteaux.

Même si elle accouche à l'hôpital, c'est quand même la vie sauvage.

Les cinq enfants morts, le matin ils allaient à la baignade, le soir ils rentrent en car et ils meurent, vous vous rendez compte, les parents, le choc, d'autant qu'ils s'étaient pas noyés, normalement, si vous vous noyez pas, vous mourez pas quand c'est une sortie baignade, la vie est absurde, ils sont morts dans le car qui a foncé dans le camion, y en a qui avaient encore les cheveux mouillés.

Le fœtus, il voit quoi ? de la boyasse ! vous trouvez que c'est bien comme vision pour un fœtus, les boyaux ?!

Cinq enfants morts sur sept, les parents des deux vivants, ils vont raser les murs.

C'est des automatismes, je réfléchis pas, le stop je m'arrête, au vert je passe, bu ou pas bu, je me pose pas de question, je conduis, limité à cent dix, quatre-vingts, sans réfléchir.

L'homme naît fou.

Elle vieillit vite pour s'occuper de l'écologie, Ségolène Royal, ça fait pas tellement confiance une femme qui vieillit mal.

Ne pas payer un coup, c'est partir comme un voleur !

– *J'aime pas quand on parle de morts.*
– *C'est pas moi qu'en parle, c'est les journaux.*

Tous les jours des frites, c'est ce qui s'appelle le « suicide graisseux ».

L'avion abattu, y avait des bouts de cadavres partout dans les champs, c'est des mineurs qui sont allés ramasser les bouts avec des paniers, ça fait des drôles de champignons.

Venez à la maison samedi, ça sera l'occasion de découvrir notre nouveau salon.

Je veux pas d'un animal, j'aurais trop peur de le perdre... les gens qui font des enfants, pour moi, ce sont des saints.

– *C'est sa sœur qui est morte.*
– *Houla ! y a longtemps !*
– *Elle chantait aussi... une bonne comédienne.*
– *Loréal.*
– *Dorléac !*
– Les Parapluies de Strasbourg.
– Cherbourg.

Il fait sale, le Christ.

Leurs gosses, y naissent voleurs ! faudrait leur foutre un flic dans le ventre à ces femmes-là !

– *C'est quoi le kir au boudin ?*
– *Spécialité maison ! coup de blanc ! bout de boudin !*

Si tu perds tes deux enfants, c'est moins pire que si tu perds ton enfant unique, deux enfants ça veut dire que tu peux en faire beaucoup, alors que un seul enfant unique, t'avais tout mis dessus, comme si tu perds cinq enfants d'un coup, la peine elle est coupée en cinq alors qu'un seul enfant unique, ta peine elle est en un seul bout unique, tu crois pas ?

– Je vois plus la différence entre le matin et l'après-midi.
– T'es au blanc à neuf heures !

J'ai qu'une religion, la confrérie du pâté de tête !

Au moins une boucherie tu peux acheter de la viande, une librairie tu vas acheter quoi ?

Vous c'est combien ? quatre-vingt-sept ans, et vous ? soixante-deux, et vous ? cinquante-six, et vous ? quarante et un, trente-six, vingt-sept, et toi ? dix-huit ! elle a combien votre fille ? quatorze ? et le petit ? sept ? le bébé ? huit mois, il a quel âge le chien ? sept ans ? et le petit chat ? quatre mois, eh ben... où c'est ailleurs qu'on peut voir ça ! et le pinard, il est de quand ?

Pendant le foot, je bois de la bière, le vélo, je bois du rosé.

C'est toujours les mêmes qui font les guerres ! si c'est pas les juifs, c'est les Arabes, ou les Allemands !

Mourir à côté du lit, c'est presque comme mourir dans son lit.

Je vois pas pourquoi le corps fait des réserves alors qu'on bouffe tout le temps !

– *Ils annoncent de la pluie.*
– *Je crois pas, j'ai arrosé mes tomates.*

C'est quoi l'intérêt d'être juif à notre époque ?

N'importe quel présentateur télé paie pas ses fringues, crois pas que Hollande il va payer ses slips !

Ça a très mauvaise réputation, l'Afrique.

– *Le Tour de France, c'est gratuit.*
– *Oui, mais c'est que des vélos qui passent.*

C'est pas en tuant six millions de Palestiniens qu'ils se vengeront de l'histoire !

L'animal le plus fidèle, c'est le manteau de fourrure !

Le gras a mauvaise presse.

Les jeunes croient plus en rien, c'est un progrès, je trouve.

Tous les chrétiens habitent pas à Lourdes, pourquoi tous les juifs veulent habiter Israël ?

– *Un accident d'avion, tu peux tomber en Afrique, un accident de voiture, t'es sûr de l'avoir en France.*

– *Moi j'en ai eu un juste devant chez moi.*

– *Tu vois !*

Comme beaucoup de cyclistes, je suis né dans le Puy-de-Dôme.

Les haricots t'as les verts, les blancs, les rouges, les haricots beurre, les haricots noirs, t'as presque plus de races de haricots que de races d'hommes.

Au musée de l'Homme, faudrait une salle avec tous les gens célèbres dans le formol, de Gaulle, Napoléon, Édith Piaf.

Les Américains, on les vire du Vietnam, ils se barrent sur la Lune !

Les premiers sur la Terre c'étaient les poissons, nous on est apparus sur la Terre après la viande.

Enculé ! Connard ! c'est des noms d'oiseaux, quoi comme oiseau ?

Tout le monde pense à quelque chose et on saura jamais quoi.

Tous les enfants du monde aiment le chocolat, Liberté, Égalité, Fraternité, faut rajouter « Chocolat » !

La vraie liberté d'expression, c'est de pas dire ce qu'on pense !

Vous aussi, vous vous intéressez à la daurade ?

Il est plein de pinard, quand y boit pas, y se boit lui-même !

Ce qui nous tient notre couple, c'est la chienne.

T'as les espadrilles de sécurité ?

– Deux plus deux égalent quatre, jusqu'à preuve du contraire.
– Absolument, absolument.

– On a passé l'après-midi au soleil à picoler du rosé.
– C'est le rêve d'Icare !

Ma mère, ses lardons, c'était son cochon à nous.

– Vous connaissez Einstein ?
– De nom.

Je peux avoir un café ? je peux avoir un petit verre d'eau ? je peux utiliser les toilettes ? je peux me mettre là ? je peux vous parler ?

– Une prune ?
– Une prune ! à tous les jours suffit sa prune !

Je dis pas quelque chose pour que les gens s'en rappellent, c'est pas ma mentalité.

À la limite, si t'es juif, dans le Marais, c'est mieux.

– *Il payait le champagne à la Mascotte, pour son anniversaire !*
– *Au bon jour, au bon endroit !*

Y a rien de neuf sous le soleil, et quand il pleut, c'est pire !

Tu t'en sers de tes cheveux ?

Dans ma tête, j'ai l'impression d'avoir quarante ans, et pas quarante-cinq.

– *Y a des milliers de Chinois qui viennent se marier en France.*
– *Les Chinois, les pédés, eh ben...*

Tout se passe pendant qu'on grandit.

Un roi en France, ça vaudrait mieux que deux glandus !

Il faut écrire quoi, si on veut faire un livre ?

– *Tu nous fais la revue de presse ?*
– *Sagittaire ! vous serez comblé.*

Les Mémoires de Jean-Claude Brialy, on a quasiment les mêmes souvenirs.

Moi si j'ai le cafard je grossis, j'ai l'estomac dans le cœur !

– Il a pissé dans son froc en sortant des chiottes !
– Quelqu'un qui sort du cardiologue peut avoir une crise cardiaque.

Le temps passe, j'attends qu'il repasse !

L'avion abattu en Ukraine, le lendemain on en parle plus parce que c'est un car avec des enfants morts en France, le lendemain c'est un avion qui s'écrase au Mali et les enfants on en parle plus, ça va trop vite pour moi !

Sang et or ! en ligue 1 ! Sang et or ! en ligue 1 !

– C'est pas la peine de parler d'un drame le lundi si c'est pour plus en parler le mardi !
– En plus, on est pas concernés.
– Oui, en plus on s'en fout.

Moi c'est carré, soit je me saoule, soit je bois rien.

Il est fils d'un chirurgien, d'ailleurs, il a qu'un demi-estomac.

Les nations ont jamais été aussi désunies que depuis les Nations unies !

– Juif, c'est pas une race, c'est une religion, tu peux pas être raciste ! t'es antisémite !
– Je suis raciste avec les religions !

Ils bombardent des enfants, et après, ils veulent qu'on pleurniche sur les camps !

Moi qui vends des chaussures, je voudrais même pas parler à un mec qui vend des chaussettes !

Vous n'avez pas le monopole du foie !

– *Je cherche la tombe de mon père.*
– *C'est pas ici que vous la trouverez !*

Ils partent le soir, ils reviennent se poser le matin, c'est un pigeonnier ce bistrot !

Tu maigriras pas en mangeant de la salade, rien qu'en mangeant de l'herbe, les vaches, c'est des grosses vaches.

– *C'est un sport d'ouvrier le vélo.*
– *Le sport d'ouvrier, c'est le PMU !*

Sarkozy, je l'entends bien dire : « Passez-moi la Kommandantur ! »

Y a pas plus racistes que les femmes.

Ça sert à quoi la mer puisqu'on meurt quand même ?

Maintenant que je bois plus, je me demande comment je faisais pour boire tout ce que je buvais !

Tous les ans on va à Arcachon, vous avez tout là-bas, la mer, la terre.

Si à côté du caveau familial c'est le caveau familial des voisins de palier, c'est encore mieux.

Tu t'es pris un coup dans la gueule ? t'es tout bleu ! tout jaune ! t'es peint par Chagall !

Les Américains, c'est la conquête de l'Ouest, les Français, c'est l'apéritif maison.

Le Tour de France à la voile, le Tour de France à vélo, elle a combien de tours la France ?

– *Si tout le monde se dope, ça remet tout le monde à égalité.*
– *Si tout le monde se saoule ! si tout le monde se drogue ! si personne travaille !*
– *Si tout le monde est con !*

Je salue Pierre Tchernia ! qui nous écoute peut-être.

Les Chinois sur la Lune, cent ans après on verra plus la Lune, ça sera que des toits.

Dès qu'un Chinois va quelque part, il appelle les autres, c'est les fourmis dans le sucrier.

La soupe poireaux pommes de terre, c'est une robe de chambre dans une assiette creuse.

Je connais bien Paris, y a pas beaucoup de cailloux pour s'asseoir !

Elle a l'air intelligente mais c'est une grosse connasse, comment s'appelle-t-elle déjà ? une grosse connasse qui a l'air intelligente, mais si, vous voyez pas ? elle a joué dans plein de films, tout le monde la connaît ! si je vous dis le nom, vous me direz : « Ah oui ! bien sûr ! la grosse connasse ! »

Les enfants morts dans le car seront plus vite remboursés par l'assurance qu'une inondation, à cause des médias.

J'aime bien aller à la boucherie, c'est la campagne en ville.

– *Glaçons ?*
– *Deux ! un Ricard, faut que ça tintinnabule !*

Faut lui foutre une boîte noire à Sarkozy.

– *On les a quasiment pas vus à la télé les parents des enfants morts dans le car.*
– *Pas de pot pour eux, y a eu l'avion qui s'écrase.*

Si un avion s'écrase sur le village, tout de suite ma femme elle va chez le coiffeur !

Je cherche Baudelaire lu par Bellemare.

Renaud, qu'il arrête de pleurnicher sur son sort, rien qu'une fiotte ! tu parles d'un loubard de banlieue ! un alcoolo, ce mec ? rien du tout ! une merde !

Sept heures vingt-huit ? c'est une heure qui veut rien dire ça !

On fout les drapeaux en berne pour un avion qui tombe, eh ben, pour les nazis à Paris, on sortait les flonflons !

Je hais la France !

Déjà, Paris, c'est plus grand que la Belgique, et Marseille, c'est quatre fois le Luxembourg.

C'est pas un exploit de battre la Corée du Sud.

Tout le monde copie la France !

Même avec les nouvelles régions, le Nord sera toujours au nord.

La liberté d'expression, tout le monde parle et tout le monde dit pareil.

Les pour, les contre, ça fait pas beaucoup d'idées.

C'est un kamikaze, il est capable de boire dix Ricard avec toi rien que pour te saouler !

Il a mis deux heures à mourir le condamné à mort, c'est pas un bourreau qu'a fait la piqûre, c'est un médecin français !

Les droits de l'homme ? les droits de quoi ? tu sors du ventre de ta mère, t'as aucun droit !

Elle est homologuée ta connerie ?

Je m'en fous de la politique, un mec qui mange du saucisson, je vote pour lui !

Treize régions au lieu de vingt-deux, ça va pas nous porter bonheur.

On en est là, nulle part.

J'aime plus les gens que la coiffure, je coiffe pour parler, sinon les cheveux ne m'intéressent pas, je pourrais parler toute la journée sans coiffer, souvent les clientes me reprochent de trop parler et pas coiffer, si c'est pour se faire coiffer qu'elles aillent chez le coiffeur, moi ce que j'aime, c'est parler aux gens, je fais de la socio-coiffure, je supporte pas de pas parler, je pourrais coiffer des poils d'artichaut rien que pour parler.

Les deux trucs les plus importants, la naissance, la mort, on s'en souvient pas.

– Ils veulent faire venir les talents étrangers.
– Les talents étrangers, d'accord, mais pas la famille !

Une fille jolie bien habillée qui passe, on dit waouh ! pour moi, une assiette de charcuterie, ça doit être pareil.

– Je lui dis bonjour, il me dit d'aller me faire enculer !
– Ah oui, c'est du rewriting.

On pèserait les notes qu'on verrait que toutes les musiques ne font pas le même poids.

On manque de dons de sang, on te prend le sang de force ! comme les impôts ! l'impôt sanguin !

Dostoïevski, y a des histoires, Proust, il se couche, il raconte ça !

Vous ne pouvez pas bloquer les insectes aux frontières.

Deux fesses, pour s'asseoir, c'est moins pratique que une, à cause du milieu.

Le pain et le vin, c'est le corps et le sang du Christ, quand t'as mangé ça, t'as bien mangé.

Les drapeaux en berne, c'est pour le chômage qu'il faudrait les mettre !

Montre-moi mon verre vide que je fasse mon travail de deuil.

Mille morts palestiniens, c'est pas énorme, l'Olympia, ça fait mille deux cents places.

L'oiseau fait bouger le poisson dans son bec pour attirer la femelle, le poisson brille au soleil, elle arrive cette salope !

– C'est la fin du ramadan, pendant un mois, ils mangent pas le midi !
– Moi je trouve qu'ils maigrissent pas beaucoup.

La Coupe du monde, normal qu'on perde, mais le Tour de France, obligé que ça soit un Français.

– Les juifs tuent surtout des enfants.
– Les Allemands faisaient pareil.

Tous les Ricard qui sont vendus, c'est plus d'argent que tous les tableaux de Picasso.

Ricard, ça vaut plus qu'Apple.

C'est normal que les footballeurs soient mieux payés que les cyclistes, ils sont à pied.

Filmer un accouchement ? je suis pas BFMTV !

Quand je fais la cuisine, je fais partie du cochon.

L'avion qui s'est écrasé, ils mettent les drapeaux en berne sur les plages aussi ?

La Vierge a accouché dans une étable, les bobos font ça, maintenant.

Elle me dit, maman, t'es laide ! à six ans ! remarquez, j'ai l'habitude ! à cinq ans, elle me disait, beurk !

– *On peut pas imaginer Hitler sans la moustache.*
– *Et Brassens ?*

Dans mille ans la tour Eiffel sera toujours là, alors que peut-être la Seine sera à sec.

Pourquoi le fœtus grandit pas dans les couilles du père, plutôt qu'aller dans la mère, c'est l'ovule qui se déplace, pour une fois !

Les riches ont plus de héros que les ouvriers en ont de leur classe !

Cite-moi trois prix Nobel, trois prix Goncourt, zéro ! Guy Lux, Zitrone, Robert Chapatte, on s'en souvient !

Le short ! le blanc ! l'andouillette ! t'es le dieu de l'Olympe !

J'ai toujours respecté la dimension humaine de la femme.

Pour mon anniversaire, j'ai picolé tout seul.

Les hommes préhistoriques reviendraient, on les laisserait pas rentrer à Lascaux.

C'est le sucre qui a tué Elvis.

Y a plus de milieu noir, maintenant, c'est les blancs, le milieu blanc.

Je me souviens des couilles à Sheila.

Ils auront bien foutu la merde les juifs avec tout cet antisémitisme.

On a eu peur, on tapait à la porte des toilettes, il répondait pas, on a cru qu'il avait eu un malaise, il s'était endormi, après cinq minutes il est sorti, il a pris un café, un croissant, comme de rien ! c'est pas un hôtel ici !

Moi, j'aime bien tout ce qui est humain.

Les mouettes bouffent les poubelles, c'est plein de mouches, t'as les rats, les corbeaux, en Inde c'est les gens qui vivent de ça, les centrales nucléaires t'as les grosses carpes, sans la pollution, la moitié des espèces disparaîtrait.

Toute rouge ! un ventre énorme ! elle est pas enceinte, elle est farcie !

Ils vendent des timbres de tous les pays, pour collectionner, pas pour écrire, y a plein de pays où y a pas de facteurs.

Le brouillard, c'est du nuage avec des voitures dedans.

La France attire les touristes parce que vous n'avez pas besoin de vaccinations.

À mon avis, la Joconde, elle a fini comme Brigitte Bardot.

Air Algérie, déjà, on se demande comment ça vole !

Moi j'aime pas la Terre, je suis plus un mec de la Lune.

L'été, je marche pieds nus, comme les plantes.

Y a plein de tableaux au Louvre que je ferais repeindre.

C'est une mère de famille Ségolène Royal, il lui faut des gosses pour s'occuper.

– Kadhafi, Saddam Hussein, à leur place c'est des terroristes alors on les regrette !
– En France, on regrette Chirac, même Giscard ! même Pompidou, je préférerais.

Je roule plus vite quand j'ai lavé la bagnole !

Sarkozy, c'est la coke, Hollande, c'est l'œuf en gelée.

C'est quoi l'intérêt de boire moins et mieux ? on est pas des critiques !

Y a trente mecs qui se partagent tout l'argent mondial ! pourquoi on supprime pas le pognon ?

– *Le trou du cul, ça sert très peu.*
– *Quand même.*
– *Par rapport à la bouche.*
– *Quand même.*
– *Tu respires avec ? tu manges avec ? tu parles avec ?*

On a torturé en Algérie, on a collaboré avec les nazis, on a fait péter des bombes atomiques partout, si maintenant faut s'excuser sur tout !

Les Tunisiens sont les Arabes les plus sociables, on peut parler plus facilement avec un Tunisien qu'avec un Algérien.

Un Africain du centre de l'Afrique ou un Africain de la côte, y a pas photo, ceux de la mer, vous avez les mêmes qui vendent des masques à Saint-Trop'.

Un dentiste noir, les mains dans la bouche, j'aime pas trop.

L'Europe en Belgique, c'est comme si tu fous les États-Unis en Hollande !

– *Les températures c'est toujours sous abri, trente degrés, ça sera trente-quatre, trente-cinq degrés dehors.*
– *Quand j'ai bu trois verres dans la maison, tu peux rajouter trois verres dans le jardin.*

Le soleil fait pousser tout ce qu'on mange, c'est le camion de l'épicier qui passe.

– *Tous les corps sont pulvérisés, y a plus que les dents.*
– *Pour faire le travail de deuil, il faut plus que les dents, faut les têtes.*

Photographier des mouches ? vous savez, les gens sont prêts à tout pour ne pas s'ennuyer.

Quatre-vingts ans, il avait le vieux, l'éléphant s'est enfui du cirque, il lui a donné un coup de trompe ! le vieux est mort ! on lui aurait dit ça, quand il avait six ans, qu'un éléphant lui donnerait un coup de trompe, il aurait ri, peut-être, c'est la vie, y a des vieux qui meurent à l'hospice, d'autres qui prennent des coups de trompe.

– *Tu fais quoi après ?*
– *Après quoi ?*
– *Après maintenant.*
– *Pareil rien.*

Depuis qu'on a marché sur la Lune, on a pas marché plus sur la Terre.

Tu vas pas chier pour moi ! pourquoi une femme ferait un gosse pour une autre femme ?

Les enfants devraient pas avoir de parents.

– La mauvaise odeur, c'est les bactéries.
– Moi elles se lavent mes bactéries !

Les Noirs sont plus humains que nous, ils sont plus près des origines de l'homme.

Le Noir sera une race plus écologique.

– Ils font du caviar les Chinois ?
– Des petits grains tous pareils, ils ont l'habitude.

Je vais faire un gâteau avec les cendres de ma mère !

Il faut toujours donner son sang ! tu crois que le boucher il te le donne le steak ?!

– Il pleut ! il pleut ! c'est un temps à se bourrer la gueule !
– Comme quand il fait beau.
– Pareil !

C'est après l'invention de l'électricité que ça a commencé les pannes.

Depardieu, la transformation d'une paire de couilles en deux rognons !

Les Chinois, c'est les mêmes salamalecs que les Arabes.

On a bu de tous bords !

Quand je suis tout seul, je suis timide, avec les autres, ça va.

Titi ! le roi du béton !

La musique anglaise, j'aime bien, je comprends rien, ça me fait penser à rien du tout.

Don du sang, j'irai quand ça sera marqué « vente du sang » !

Des fois, je me demande.

C'est pas la peine d'aller marcher sur la Lune pour finir alcoolo, on peut faire pareil en marchant sur la Terre !

Si t'écoutes, le reggae, c'est du rap en fait.

Les coudes sur le comptoir, c'est les pieds sous la table !

Ma mère racontait ses rêves et elle nous obligeait à raconter nos rêves pendant le petit déjeuner, j'inventais que j'avais vu des dauphins, salope !

– *De Funès, il aurait cent ans aujourd'hui.*
– *Il est pas mort ?*
– *Ben si, y a cent ans.*

La météo, c'était pour les travailleurs, les paysans, les pêcheurs, les gars des chantiers, maintenant, c'est pour les branleurs qui bouffent des glaces !

Stop ! la bière jusque-là, après tu laisses monter la mousse, là ! stop ! c'est pas pour pinailler, c'est pour y boire clair.

C'est la lame du couteau qui donne du goût aux fruits maintenant !

Je l'ai dit, je le redis, j'ai pas peur de me répéter, il pleut.

– *Qui c'est qui a pété ?*
– *C'est pas moi, j'ai pas mangé.*

La logique, c'est con des fois.

Les touristes c'est dans le Nord, les estivants c'est dans le Sud.

– *Quand on nage dans la mer, on est dans l'infini !*
– *Elle est froide, je trouve.*

Ce rade, le patron, il parle plus au chien qu'aux clients.

Vivre cent ans, c'est du pain sur la planche !

Lire à haute voix, c'est comme manger la bouche ouverte.

Dans le monde entier, Proust est pas lu.

– *Aujourd'hui, tout va très vite !*
– *Une heure et demie pour aller à Malakoff, tu trouves que c'est vite ?*

Venise, c'est beau, mais ça pue.

Vous avez bu de l'eau ! je le sens dans mon genou, j'ai mon rhumatisme !

La lecture était plus une activité du XIXe siècle.

La science-fiction, ils en font trop ! des fois, une bonne histoire de lapins.

– *Un autre ?*
– *Oui ! c'est sans fond ! c'est sans fin !*

Surtout des bourgognes blancs et des vins du Jura, c'est ma bibliothèque idéale.

– *C'était y a cent ans la guerre 14-18.*
– *Comme de Funès.*

Quand tu vois comment les juifs ils bombardent, ça se voit pas qu'ils ont été exterminés.

Tu te gares, ils sont au parking, tu vas au distributeur, ils sont devant, et pareil à Monoprix, à la poste, à la boulangerie, ils sont devant, assis par terre, avec des bébés dans les bras, des gosses, le mari il est là, les frères, toute la famille à mendier, dans le métro, à l'arrêt de bus, ils vont fouiller dans les poubelles des grandes surfaces, sur le trottoir à Shopi quand ils fouillent faut pas s'approcher, ils mettent ça dans des paniers à roulettes, vous les retrouvez assis devant la banque qui mangent par terre, tout juste si ils tendent la main pour mendier, c'est à nous de faire l'effort pour donner des sous en plus, ils vous regardent à peine, pour manger qu'ils disent, pfu ! les sous on sait où ça va, ça repart en Roumanie, à la mafia, c'est que une famille qui tient tous les Roumains qui mendient, eux au moins, ils obéissent, la mienne pour débarrasser la table, vous verriez le drame !

La croissance du nain est extrêmement lente.

Une association de chômeurs ? eh ben ! y en a qu'ont pas beaucoup d'honneur !

Avec la nouvelle carte des régions, t'auras le beurre Charentes-Poitou-Limousin-Aquitaine !

En France, on réfléchit trop.

– *Hitler, il avait toutes les femmes à ses pieds !*
– *Et ça vote !*

Un jour ils vont nous faire l'impôt oxygène, tu respires, tu payes !

Ça devait être impressionnant quand le premier homme il est apparu.

– *T'es français ! et tu t'en fous de la France ?*
– *Je suis un arbre, je m'en bats de la forêt.*

C'est magnifique comme décoration, c'est rustique, c'est typique, ça sent le Touareg.

Un enfant, ça devrait peser tant ! mesurer tant ! comme les petits poissons, tous pareils !

Les yeux bleus sont moins intelligents, c'est une décoloration du jus de l'œil due au cerveau.

Il t'en faut pas ! t'es vieux ! ça rend aveugle ! tu boites ! t'es tout pelé ! t'en auras pas ! me regarde pas comme si j'étais le dieu du sucre !

Les chiens m'adorent, par contre, les chats veulent pas me parler.

L'érection, c'est le sang qui va dans la bite, si t'as une trop grande bite, t'as les cinq litres qui vont dedans !

Il reste rien de Mao, même la muraille de Chine, c'est pas lui.

– *Tout le monde est antisémite !*
– *Pas moi !*
– *Toi t'es raciste, c'est pas mieux !*

Y en a qui se font tellement chier dans la vie, tu leur apprends qu'ils ont un cancer, ils sont tout illuminés d'avoir un truc.

Mon train de vie, je vis debout en seconde !

On peut pas faire du bon cinéma quand les acteurs tournent pour payer leurs impôts !

La guerre 14-18, ça a tué tous les paysans, ceux qui vendaient des chars, ils ont vendu des tracteurs.

– *Pour écrire un livre, on raconte ce qu'on veut ?*
– *Bien sûr.*
– *C'est bizarre ce truc.*

C'est mieux qu'il y ait plein de races différentes, le Blanc n'est pas seul.

Ils nous font chier ! et ils roulent en caisse ! moi un écolo que je vois dans une bagnole, en taule !

J'ai pas bougé d'un poil.

C'est un temps ni à pétanque ni à pastis, c'est un temps à rien.

– L'éléphant est protégé.

– Je sais ! toutes les merdes qui servent à rien sont protégées maintenant !

Ça existe encore les cheveux qui se dressent au Palais de la découverte ? ça fait des éclairs sur la tête, j'étais petite, j'avais peur ! c'est ma mère qui m'amenait, on habitait rue Jourdain, on prenait le métro, je lui serrais la main ! j'avais peur qu'on se perde ! une fois c'est au zoo de Vincennes que je me suis perdue, je pleurais, c'est un gardien qui m'a trouvée, il m'a acheté une glace je me souviens pour plus que je pleure, il m'avait amenée dans une sorte de guérite, j'entendais les lions en mangeant ma glace, les Buttes-Chaumont, c'était plus près, on y allait, je voulais tout le temps voir la grotte, je croyais que c'est là que la Vierge elle apparaissait, j'attendais devant pour la voir, Paris, c'est à Paris que j'ai fait ma petite enfance, c'est pour ça, j'aime bien Dijon, mais je m'ennuie.

Le crâne de Mozart, c'était pas de l'os, c'était du bois de violon.

– Ça marque, l'enfance.

– Oui, ça, c'est un coup de bague de mon père.

Mon père, il était Raymond Poulidor contre Jacques Anquetil, moi, j'étais les Beatles contre les Rolling Stones.

– Me touche pas !

– Pourquoi ? t'es une espèce protégée ?

La psychanalyse, ils te retournent la tête avec une bêche, tu repars avec tous les gros vers d'en dessous qui grouillent au-dessus !

Tout de suite, ça habille, un calva, le matin.

La France paie toujours pour les otages, c'est ces cons d'otages qui financent le terrorisme.

– *L'énergie solaire, c'est le futur.*
– *Tu parles ! on sait même pas la météo à dix jours !*

Vous ferez pas du spectacle vivant avec du public qui est mort, il faut deux vivants.

Je préfère encore la pluie que me faire chier dans un musée !

Je regrette les clochards depuis qu'on a les SDF.

Pleurer pour le biberon, c'est le début de la mendicité.

La Vénus de Milo, ils l'ont nettoyée, elle est toute belle, mais cela dit, avant, elle n'était pas tellement sale.

Un deuxième étage avec un ascenseur, ça m'étonnerait, à Chamonix.

Elle est célèbre parce qu'elle a pas de bras ! si elle a pas de jambes, c'est encore mieux alors ! et le mieux encore c'est rien du tout pour être célèbre en France ! c'est ça ? moi j'ai sculpté une sculpture y a pas les bras, pas de jambes, pas de tête ! c'est où la caisse pour se faire payer ? on est cons en France ! y a qu'à voir Mimie Mathy, c'est pas mieux, elle a fait quoi à part qu'elle est naine ? la Vénus elle fait quoi à part qu'elle a pas de bras ? c'est Bernard Tapie qui commande tout ! moi je vous le dis, on va dans le mur ! Isabelle Huppert, elle joue dans quoi ? dans rien ! et Antoine ! à part ses cheveux ! il est chez Drucker, il a fait quoi ? du bateau ! il va aux putes ! c'est ça être célèbre en France ? eh ben mon colon ! si faut rien faire alors d'accord moi aussi je fais rien ! comme ça... comme ça... voilà... c'est fait.

Un verre d'eau de mer par jour, ça fluidifie le sang.

De la hure pistachée, ça dit à quelqu'un ?

– *Vous avez le B qui s'allume plus, ça fait AR.*

– *Je sais bien, la semaine dernière c'était le T, ça faisait ABAC, tout le temps ça tombe en panne, un jour j'ai BAR ABAC, la semaine d'après c'est AR TABAC qui s'allume.*

– *On trouve quand même.*

– *Heureusement, le cerveau rectifie.*

C'est fait en quoi la peau ?

– *Le roquefort, c'est la moisissure noble.*

– *Moi ici, j'ai du connard épique.*

T'imagines si tout le monde était riche, comment le monde il serait infect !

Chier des œufs, et après l'œuf tu le casses, c'est du caca, c'est plus propre, non ? t'es pas obligé de casser l'œuf, faut faire attention quand tu fais caca, tu fais sur un coussin, tu pourrais faire caca partout même au bureau sur le canapé, si tu casses pas l'œuf, non ? plutôt que du caca ou y a pas la coquille, non ?

Doudou ! embête pas les gens !

Il est saoul, mais il est pas méchant.

Un bébé, c'est que du jus sucré.

– Pour un bon bout de saucisson, je traverse Paris !
– Vous parlez comme mon chien.

L'écrivain, le mec avec des lunettes rondes, le nazi, je l'ai vu l'autre jour à Saint-Germain, je sais pas pourquoi il est nazi, il a exactement une tête de juif.

Jamais ils vont nous foutre la paix ! des ruches dans Paris ! se faire piquer dans le métro ! ben merde !

Quand tu vois l'équipe du Splendid, ceux qui vieillissent le moins c'est ceux qui ont le plus de fric ! me dis pas qu'ils sont de gauche !

La musique dans l'ascenseur, au moins, ça monte ! à la radio, ça sert à quoi ?

– *Le point d'interrogation, c'est un hameçon pour attraper la réponse ! tu parles ! il nous raconte qu'il dit ça à sa fille quand elle fait les devoirs ! ben tiens !*
– *Il invente des trucs pour faire croire qu'il s'occupe de sa gosse.*
– *Ben tiens !*
– *Baratin.*
– *Déjà, qu'il rentre !*

Apprendre une langue étrangère ? pour aller à l'étranger ? quoi faire ?

Tu fais de la musculation, t'arrêtes, du coup ton corps remange ton muscle, tu refais de la musculation, t'arrêtes encore ! tu remanges tes muscles ! ça te fait de la viande à l'œil, sauf qu'il faut aimer se manger.

C'est poétique le millimètre, le centimètre, c'est banal.

– *Vous faites quoi dans la vie ?*
– *Graphiste, illustrateur.*
– *Ça vous change de votre écran d'avoir été malade avec le brouilly.*

Tout ferme à minuit ! si vous voulez manger dans Paris, faut aller à Londres.

– Une boîte de nuit, ils se pissent dans la bouche ! j'étais invité, j'ai pas bougé du bar ! ils vont au milieu de la piste, ils se pissent dans la bouche, les gens regardent, dans le Marais, je sais plus la rue.
– C'est le quartier des pédés.
– C'était pas des pédés, c'est derrière le BHV.
– Ah oui, le BHV, c'est le bricolage.

Je ne supporte plus l'odeur des boucheries à Belleville ! ils tuent les bêtes en les étranglant ! le sang reste dans la viande et ça coagule, c'est pas la viande qui sent, c'est le sang ! quand vous passez devant, vous vous demandez comment ils font pour vivre dans la viande qui sent ! l'été ! je change de trottoir, mais comme de l'autre côté, c'est des Noirs qui vendent des bananes pourries, on ne sait plus où marcher ! le sang dans les assiettes ! moi j'ai connu Belleville avec le grand Maurice Chevalier ! un amoureux de Paris, un vrai ! le président il est corrézien et le Premier ministre il est arabe ! eh bien, c'est beaucoup plus triste à voir aujourd'hui qu'avant, personne m'enlèvera l'idée de la bouche qu'on va mourir étranglés, monsieur !

C'est l'antisémitisme qui va finir par réveiller le racisme.

Tous les tabacs c'est des Chinois, et nous, les Français, faut qu'on fume dehors !

L'autre trottoir, j'y vais pas, c'est l'Algérie.

Avec deux Blancs, vous avez plus de chance d'avoir un bébé noir qu'avec deux Noirs un bébé blanc, à cause de la dégénérescence.

Vous donnez votre sang ? vous êtes quel cépage ?

À Marseille, une femme sur deux est voilée, même le mistral a plus le droit de soulever les jupes des filles !

Le pain, le vin, le travail ! et vous avez quoi maintenant ? le McDo, le Coca, le chômage !

Vous ferez pas une guerre avec des gens qui boivent un chocolat le matin !

L'Univers en expansion, pas ici en tout cas !

Depuis que l'homme existe, il y a eu de l'antisémitisme.

– *Sans être raciste, on est quand même envahis.*
– *Moi je ne fais pas de sociologie.*

On aurait presque pu aller sur Mars si on était partis y a neuf mois.

C'est pas moi qui l'invente, c'est vous qui le dites !

Y a rien sur la Lune, on y est allés pour rien ! si on va comme ça partout dans le cosmos, ça promet !

J'avais laissé du gâteau sur la table, je reviens, plus rien, et c'est pas la chienne, elle me l'aurait dit.

À une époque je buvais de la Suze-Perrier, j'adorais ça, j'ai arrêté pour boire des Americanos, c'est bon ça, et après j'ai bu des whisky-Coca, vous m'en ferez plus boire ! comme les mojitos, j'en buvais, j'en buvais, du jour au lendemain plus un ! c'est mystérieux pourquoi on boit ça, et pas ça, y a plus d'un scientifique que ça intéresserait ces comportements.

C'est pas grand la Terre, quand vous savez qu'un taxi parisien qui travaille bien fait plus de kilomètres.

Moi ce que je dis ou rien.

Si vous avez envie d'aller aux toilettes, vous vous retenez, vous vous retenez, vous vous retenez, au bout d'un moment vous n'avez plus envie d'y aller, parce que vous avez tout remangé.

C'est une technique militaire.

Plus on fait couler l'eau, plus elle va dans la nature et plus elle s'évapore pour faire des nuages, c'est pendant la canicule qu'il faut arroser les pelouses et laver les bagnoles, pour qu'il pleuve.

Pigeon buveur voyageur ! on me lâche à mille bornes, direct retour au perchoir !

C'est trop vieux, je trouve, les sites préhistoriques à visiter, ça nous correspond plus, en tous les cas, moi, ça me correspond plus.

Ils inventent toutes sortes de fraises alors que la banane était quasiment parfaite dès le début.

La France, c'est pas grand, et plus vous vous en approchez, plus c'est petit !

– *On pense jamais que c'est le chat, on accuse le chien, mais c'est le chat qui pète.*
– *Il est angora.*
– *Oui, c'est pour ça.*

On s'y habitue à la myopie, une fois qu'on sait que c'est les gens qui sont flous.

Olivier, ça a rapport avec l'arbre ?

Si on va par là, tout est injuste ! l'abeille, on lui prend son miel, mais la fleur, l'abeille aussi, elle lui prend son pollen, alors ? la plus volée, c'est qui ? c'est l'abeille ou la fleur ? la fleur fait rien ! l'abeille elle travaille ! mais on sait pas si la fleur elle travaille pas quand elle fait le pollen ! qui c'est qui lui demande ?

Au moins Poutine quand il parle, il met pas de rideaux aux fenêtres !

Vous irez jamais aussi loin sur une Terre ronde que sur une Terre plate.

– Comment tu sais combien j'ai bu ? tu notes ?

– Évidemment ! une bière, une barre, cinq bières, je raye, quatre fois cinq barres, un carré, quatre carrés, un rond, un rond, faut que tu payes, tu dois quatre-vingts demis !

Si je glande à jeun, j'ai honte de rien faire, alors que si je fous rien bourré, je suis sûr que j'ai fini le boulot !

Ça existe pas l'humour chrétien, ni l'humour musulman, pourquoi c'est les juifs ?

– Boire tout seul, c'est l'écueil où faut pas tomber.

– Vous n'avez pas de chat ?

Moi et la lune, on a marché dehors.

– Ils lui ont changé le foie.

– C'est pas une raison pour pas dire bonjour !

– Faut pas qu'il boive.

– Il peut quand même rentrer dire bonjour ! et boire de l'eau !

– Bof !

– Ouais, remarque.

Les hommes préhistoriques qui ont peint Lascaux auront gagné le même pognon que Van Gogh.

Quelqu'un qui est très intelligent, normalement, il se tait.

Tu comprends l'arabe ?! ah bon, tu m'as fait peur !

Une femme qui fait neuf enfants, c'est que dans sa famille, y a eu des éleveurs.

– *La guerre 14-18, ça fait cent ans et on continue à nous bassiner.*
– *Quand t'as paumé ton portable, tu nous as fait chier quinze jours !*

Les Kurdes ? c'est où ça les Kurdes ?

Ils sont morts en 14-18, mais y aurait pas eu la guerre, ils seraient morts quand même, c'est con, t'évites la boucherie, c'est autre chose qui te tue.

La plus grosse boucherie qui existe, c'est la vieillesse, toute la planète y passe.

Pas un homme s'en sortira vivant de la vie !

– *Si vous êtes perdu dans le désert, il faut boire sa pisse.*
– *Ah non !*
– *Obligé, pour survivre.*
– *Faut bouffer sa merde aussi ?*
– *Non, l'organisme peut tenir longtemps sans manger.*

En histoire, il faudrait apprendre que notre époque, et en géographie, que notre pays.

Elle a pas accouché de moi, elle m'a jeté dehors !

– J'ai appris à parler à un mois, je disais : « Breu ! »
– Les lézards, dès qu'ils sortent ils font « Breu ».

Un piano-bar, c'est bien, même sans piano.

Jean Cocteau, Jambonneau !

– Elle marche pas votre pendule ?
– Tout le monde a l'heure maintenant.
– Oui, mais des fois c'est pratique de la voir.
– Ça dépend pour qui.

Moi j'ai confiance en moi, je mange n'importe quel champignon que je trouve.

– Y a des gens qui mangent de la merde, des malades sexuels.
– Tu l'invites dans un grand restaurant, homard, champagne, tu l'embrasses, tu vas chez lui, direct au lit, il mange une merde ?

Je dis des grosses conneries pour qu'on comprenne mieux.

La cerise sur le chapeau, c'est la plume sur le gâteau.

Je vous embrasse pas, j'ai chié.

Bleu blanc rouge, c'est bien, bleu blanc, ça fait nordique, bleu blanc rouge vert, ça fait drapeau africain.

Le beau temps est pas beau ! le mauvais temps est pas laid !

J'ai cinquante-sept ans, je dis que j'en ai soixante, jusqu'à soixante ans je dirai que j'en ai soixante, comme ça, pendant trois ans, j'aurai tout le temps soixante, je vieillirai pas.

Jamais oublier la règle de trois ! trop potes, trois bistrots, trente-trois tournées !

C'est normal que François Hollande embrasse le président allemand, même pendant la guerre, on embrassait les Allemands.

Hahou ! hahou ! tcha tcha tcha ! ça te rappelle rien ? hahou ! hahou ! tcha tcha tcha ! tu te souviens pas ? hahou ! hahou ! tcha tcha tcha !

Il fait froid ! il pleut ! c'est le réchauffement de la planète le plus raté que j'aie jamais vu !

Ce matin ça sentait l'automne, la rentrée des classes, j'avais le frisson.

– On peut pas vivre sans portable.
– Et les hommes préhistoriques, comment ils faisaient ?

Quand ils auront tué tous les Palestiniens, après ils tueront les pédés, les Noirs, ils pourront plus s'arrêter, on sait bien comment ça se passe !

Tuer les enfants, c'est pas idiot, du coup, les parents ont envie de mourir.

– Elle se déplace plus, à cause de ses jambes.
– Les jambes, quand ça se met à plus servir, c'est du bois mort.

La femme enceinte boit pas, elle fume pas, elle fait attention à la nourriture, résultat, quand vous mangez le bébé, il a aucun goût.

Ta gueule Minmin !

– Articule ! on comprend rien !
– Oucytylivalui...et toituoui ? hein ?

Christophe Colomb est plus célèbre que les mecs qui ont marché sur la Lune, pourtant, c'était moins loin !

Elle est géniale cette fête, y a une buvette et un tiercé de chèvres !

Ils ont l'art de faire parler d'eux, les juifs.

La pire pollution en Chine, c'est le Chinois.

C'est pas du racisme, c'est du bon sens.

– *C'est un carnage à Gaza.*
– *Ça les occupe.*

C'est des gens qui n'ont vécu qu'avec la guerre depuis qu'ils sont nés, tu leur donnes une truelle, ils se battent avec.

– *Il est gay ?*
– *Lui, je crois pas, il est d'Auxerre.*

Quelqu'un va être heureux pour un truc alors que l'autre s'en foutra, on est pas tous heureux de la même chose, toi, t'es heureux pour ta femme qui a accouché, je dis pas que je m'en fous que t'as un bébé, je dis que c'est ton bonheur à toi, moi c'est pas mon bébé, comme toi, tu t'en fous que ma chienne elle a eu ses petits, je compare pas, mais c'est quand même aussi des bébés, tu t'en fous de ma chienne même si tu t'en fous pas, c'est mon bonheur à moi et toi tu as ton bonheur à toi, même si on se comprend, c'est personnel, et je compare pas ta femme et la chienne, excuse-moi la question peut-être tu me l'as déjà dit, t'as une chienne toi ?

J'ai vu mourir plus de gens que d'arbres.

– Moi je prends pas ma bagnole !
– On prend la caisse à Yves, il risque rien, il a plus son permis.

Même si j'écoute pas je réponds, sinon le client croit que je le snobe.

Il est passé, Pogne-de-limace ?

Une femme qui veut y arriver dans la vie sera bien pire qu'un homme !

– *Vous êtes bien silencieux.*
– *Moi ? ah bon, j'ai pas fait attention.*

On est heureux une minute, après ça s'arrête, après on est heureux dix minutes, ça s'arrête, dans la vie, si t'es heureux un an, tu peux être content.

Y a des juifs partout, et alors ? les Corses aussi sont partout, et on les entend pas.

Les jeunes, ils veulent tout, tout de suite ! moi monsieur, à vingt ans, j'ai eu un peigne ! après la communion, mon premier pantalon long !

La mycose, c'est des champignons, je dis pas qu'ils se mangent, mais ils sont pas mortels.

Sur terre, tout le monde a peur.

– *C'est des oiseaux, ils vivent en couple, les inséparables.*
– *Ils ont pas le choix, ils sont enfermés dans une cage !*
– *Non non ! dans la nature pareil.*
– *Vous en avez déjà vu dans la nature ou c'est le vendeur qui vous a dit ça ?*
– *On les sépare, ils meurent.*
– *Même les chaussures quand on les sépare, elles meurent pas.*

L'allemand, y a aucune référence, comme l'italien, qui est une forme d'espagnol.

L'été a tué l'hiver.

Pleure ! tu pisseras moins !

Le tunnel sous le mont Blanc ! le tunnel sous la Manche ! on est pires que des ragondins !

Six kilomètres de virages, c'est plus long que six kilomètres de ligne droite, évidemment, puisque ça tourne !

Sans la géométrie, on pourrait aller nulle part.

Le Mystère de la chambre jaune, pourquoi elle est jaune ?

Tuer les gosses, c'est le meilleur moyen qu'ils deviennent pas des soldats et qu'ils fassent pas des gosses qui deviendraient des soldats, en tuant un gosse, tu tues les gosses de ce gosse et tous les gosses des gosses après, quand tu tues un gosse tu tues une armée !

Balthazar, c'est un roi, ou c'est un gâteau ?

On a pas de prédateur, les guerres, ça permet de réguler l'espèce, aussi.

C'est un chien truffier, les gens qui ont mangé des truffes, il leur sent les fesses.

– T'en as bu cinq.
– Cinq ?
– Cinq ! un-deux-trois-quatre-cinq ! cinq !
– Cinq ?
– Tu vois ma main, les cinq doigts ? t'as bu ça, cinq whiskies.
– Tu m'en remets un.
– Paye déjà ce que tu dois.
– Combien ?
– Vingt-cinq.
– Vingt-cinq quoi ?
– Euros.
– J'ai bu quoi ?
– Cinq whiskies.
– Moi ? j'aime pas ça.
– Je te sers plus.
– Une vodka.
– Terminé ! tu payes.
– Une vodka, c'est combien ?
– Cinq euros pareil, tu payes d'abord.
– La vodka et je paye après.
– Avant !
– Après.
– Terminé !
– Tu prends les chèques ?
– Non.
– J'ai pas de liquide.
– Va au distributeur.
– Où il est ?
– À la poste.
– C'est loin ça.
– Je te sers plus si tu payes pas.
– Je vais à la poste !
– À tout de suite.
– Tu fermes pas !

– Mais non ! il est midi !

– C'est pas le marché ?

– Pas le mardi !

– On est mardi ? je bosse moi le mardi !

– Va à la poste.

– Midi ! c'est fermé la poste !

– Au distributeur.

– J'ai plus la carte !

– Alors c'est fini.

– Une vodka !

– Non ! paye.

– J'ai rien.

– T'as pas ton portefeuille ? c'est quoi ça ? c'est ton portefeuille ! fais voir ! fais voir ! je vais pas te voler ! et ça c'est quoi ? un cinquante ! t'as des sous !

– C'est pas à moi, c'est à ma femme.

– Je prends là-dessus ?

– C'est à ma femme des sous pour la gosse que je dois donner à ma femme pour la pension.

– Tu la veux ta vodka ou pas ?

– Un whisky !

– Plus un, ça fait trente, sur cinquante, et voilà vingt !

– Je vais me faire étriper !

– Des tripes, ça fait longtemps que t'en as plus.

L'eau croupie tue sept fois plus que l'automobile !

Moi l'Alzheimer ne me fait pas peur, j'ai que des mauvais souvenirs.

C'est pas normal que le temps vieillisse pas.

Les gens qui ont de l'humour, moi je trouve ça facile !

E = Mes2Couilles !

Y a des dizaines de millions de livres qu'on a pas lus, je vois pas pourquoi on en fait d'autres ?

Qu'on mange déjà ce qu'on a dans l'assiette !

Quand tu te tues, c'est un beau cadeau que tu te fais.

N'importe quel livre, tu peux en virer la moitié, personne verra.

On bouffe trop ! les trois quarts qu'on chie, c'est encore bon.

Naître, c'était ma mère ! mourir, ça sera moi !

Tu finiras en cadavre d'amphibien !

La France est rurale, même en ville, on marche dans la merde !

C'est l'eau qui a la vie la plus marrante.

La nuit des étoiles, si c'était à midi, ça m'irait mieux.

... a, e, i, o, u, y... do, ré, mi, fa, sol, la, si, do... y a plus de notes de musique que de voyelles, moi, j'aurais fait le même nombre, à la limite.

– *C'est dur à chanter, Othello.*
– *Moi je trouve pas.*

– *C'est quoi le vague à l'âme ? c'est la vague de la mer dans l'âme ?*
– Le *vague à l'âme, c'est pas* la *vague à l'âme !*
– *Dommage.*

L'eau est libre, c'est con de la boire !

– *On peut pas faire tourner un pays avec que la culture le pinard les fromages et pas d'usines !*
– *Le cinéma, c'est une usine.*
– *Ah bon ! fais-les voir les ouvriers ! ta Catherine Deneuve ! je voudrais bien la voir avec la disqueuse !*

Tu pisses dans la Seine, c'est encore ce qu'il y a de plus propre.

Bientôt, c'est en étant pédé que tu seras comme tout le monde !

– *C'est vous les Brèves de comptoir ?*
– *Oui.*
– *Marquez pas que je suis là, après je vais chez le docteur.*

Une chose qui a disparu, c'est le goût de l'effort, vous avez vu les sportifs, avec leur valise à roulettes ?

Un Corse aimera la Corse, un Marseillais ça sera Marseille, un Breton pensera qu'à sa Bretagne, et les Basques avec le Pays basque ! il faut vraiment être de nulle part pour aimer la France entière.

Rien à voir avec l'alimentation, mettez du sucre partout, vous pleurerez salé.

C'est désagréable ces mouches !

– *T'avais plein d'enfants qui naissaient avec deux têtes en Bretagne.*
– *On a du caractère là-haut !*

Tailler droit au ciseau, ça s'apprend, comme tout ce qui est droit.

Les pleins, les déliés, les barres de *t*, ce que j'aime, c'est les jambes des *m* quand elles sont bien rondes, les *l*, ça fait une feuille, le *v* avec la boucle, on avait de la craie partout, comme si on était pleins de sucre, je vous dis, c'est des souvenirs de vieille dame, je pourrais vous dire aussi comment l'instituteur il nous tirait les cheveux !

On bossait, on touchait la paye ! maintenant, c'est des emplois rémunérés !

N'importe quand t'ouvres une huître à l'improviste, le ménage est fait.

– *Il se met à côté de nous, quand il est bourré il fout sa merde et c'est nous qu'on engueule !*
– *On est ses boucliers humains.*

La poésie, c'est douze pieds, et il faut que ça rime, champignon/chignon, rage/orage, mais y a pas que ça, promenade/balade, ombrelle/prunelle, rognon/trognon, océan/géant, mais y a pas que ça.

Rumsteak, beefsteak, pourquoi la viande c'est en anglais ?

La partie gauche, collée à la partie droite, le corps humain, on est faits en deux bouts, comme les arachides.

J'aimais pas être enfermé, j'ai quitté le système scolaire pour le système solaire !

Avant la naissance, on était pas morts, on existait pas, il faut avoir existé pour être mort, c'est les vivants qui meurent, sinon, tous ceux qui existent pas seraient morts, ça ferait combien de morts tous ceux qui ont jamais existé ? eh ben, si tout ce qui existe pas se met à mourir, on est pas sortis de l'auberge !

– *Un fou rentre chez toi, il tue toute ta famille, t'es dans le journal, tu passes à la télé, après une semaine c'est fini, tu rentres chez toi, c'est comme ça maintenant.*

– *En plus, si y a du foot, tu peux toujours chialer, tout le monde s'en fout !*

La femelle pond, le mâle, lui, il construit le nid ! tu les payes pareil ?

– Je vais me tuer dans pas longtemps !
– Pas ici.
– Chez moi !
– C'est ça, allez vous tuer chez vous, chaud devant, excusez-moi, j'ai du travail !

On arrête pas de commémorer la guerre avec les Allemands, bientôt c'est nous qu'on va s'excuser !

– Dès qu'il me voit mettre la veste il se met devant la porte et il remue la queue pour sortir !
– Je le vois rentrer, il va se mettre au bout du comptoir, je sais que vous êtes pas loin derrière ! vous arrivez votre verre est servi, pas vrai ? c'est le chien qui commande !

Si il est français, on peut pas dire que c'est un Noir.

Comment elle fait les tartines beurrées la petite, c'est un métier d'art.

– Il est noir, d'accord, mais c'est pas un Noir.
– Noir, c'est pas une nationalité.
– Ben si ! un peu.

Les juifs, je les fous en Russie ! les Palestiniens, en Iran ! Israël je fous Mickey !

– La prison, c'est telle heure le réveil, telle heure le repas, telle heure tu te couches.
– Comme dehors.

Je vois pas pourquoi on défend Israël, y a même pas de pétrole.

La femme, le journaliste qui était otage, elle s'est décolorée en blonde ! comme quoi ! j'ai toujours dit : « C'est bidon son enlèvement ! » hein ? qu'est-ce qui dit que l'otage en touche pas de l'argent de la rançon ? souvent, ils deviennent copains-copains avec les terroristes, c'est connu, je vais là tel jour, tu m'enlèves, on partage ! ils font exprès d'aller dans des coins où on enlève ! on leur dit de pas y aller, ils y vont quand même ! alors ? c'est pas la preuve ? blond cendré ! eh ben ! y en a qui ont du culot ! elle se cache même pas !

La France devrait prendre ses distances avec tout ce qui n'est pas de chez nous.

Hassan Rohani ? c'est quoi ça ? l'Iran ? L'Irak ? La Libye ? on sait même pas !

Tout ça, ça fait partie des pièces du puzzle.

– *La burqa, ça cache tout le visage.*
– *On s'en fout ! on sait très bien ce qu'il y a en dessous !*

Ils font ce qu'ils veulent ! ils veulent pas qu'on voie leur visage, qu'est-ce qu'on en a à foutre ! t'enlèverais ton slip dans la rue, toi ?

– *Jésus, crucifié ! c'est le métier qui rentre !*
– *Le jour fait la cuisine et la nuit fait la vaisselle.*

Vous écoutez de la musique ? pour entendre quoi ?

Les jumeaux, celui qui entre et qui tient la porte à l'autre, c'est celui qui est né en premier.

Le chant des baleines, c'est pas ça qui va m'attendrir, j'aime pas les chanteurs.

– *Y a plus de chiens en ville qu'à la campagne, maintenant.*
– *Pour avoir des chiens, faut qu'il y ait des gens.*

Un Portugais sous une burqa, ça n'existe pas ! et pourquoi pas ?

Le Pen, au moins, il a une fille qui a des couilles ! quand tu vois le fils Hollande, ou le fils Sarkozy, on voit bien que c'est des gosses de riches !

Marine Le Pen, elle plaît, parce qu'elle fait fille de pauvre.

– *Je regarde même pas quand il me sert du blanc à la bouteille parce que j'ai confiance si c'est du supérieur ou pas je regarde pas, si on a pas confiance, c'est même pas la peine de boire ! c'est quoi que tu m'as mis ? mais non pas ça ! c'est de la piquette !*
– *Je te mets toujours ça.*
– *Ah non pas moi !*
– *T'as toujours bu ça.*
– *C'te piquette ?*
– *Tu veux le moins cher, je te sers le moins cher !*
– *C'est le moins cher ? bon ça va.*

Tu te laves le cul avec du shampoing ? t'es fou ! c'est pas des cheveux !

Polaroïd, il boit un coup, tout de suite y a une connerie qui lui sort de la bouche !

Avec l'orage, les mouches elles piquent, c'est plein de microbes, elle piquent les merdes, et après elles piquent les gens.

– *Vous êtes doué pour la météo.*
– *J'étais dans la Luftwaffe, on se trompait trois fois, on était fusillés !*

Avec le monbazillac, j'y vais doucement, mais sûrement, parce que je connais pas trop.

Jack Lang à Bali ! Frédéric Mitterrand en Thaïlande ! c'est sûr, y a moins de gosses à baiser en Bretagne !

On peut pas dire que la poule a un cœur qui bat.

Le vert serait bleu, ça irait aussi.

En Inde même si on m'invite j'irai pas, j'aime pas le riz.

C'est comme si j'avais des lunettes tellement je t'écoute.

– Y a jamais eu autant de guerres que pendant le mois de juillet.

– Et il a plu quinze jours.

Tu fumes, tu bois, tu bouffes que des saloperies, t'as pas peur du cancer, t'as peur des serpents ? t'es con ou quoi ?

– C'est des SDF qui font visiter Paris aux touristes maintenant !

– T'as ça dans tous les pays pauvres.

Picoler, on est saouls, fumer, ça sert à rien.

À peine arrivé quelque part on a envie de repartir, voyager dans le temps, ça sera pas mieux !

Le chêne, il a cent fois plus de sève qui circule que nous on a de sang, et il a pas de cœur.

On fait rien pour écouter de la musique, on inspire même pas avec l'oreille pour entendre comme pour faire rentrer l'air.

Je suis allé à la pharmacie, je savais plus ce que je voulais, ça va me revenir, un demi !

Y avait rien, en neuf mois, y a un bébé, c'est dans le ventre de la mère qu'on vieillit le plus vite.

Trouve-moi un gosse qu'a vu un dindon !

– *Il est mort hier.*

– *Ah bon ? c'est mieux que si il était mort y a longtemps.*

Les éléphants, franchement, c'était que du crottin ! après les équilibristes qui font du vélo sur une roue, c'est pas possible ça ! on met pas les éléphants au début, un brin de jugeote ! ça coûte rien de passer le râteau entre deux numéros ! les clowns regardaient le foot ! on ira plus !

Si tout le monde prenait autant de place que toi au comptoir, il faudrait sept terres !

– *Annie Girardot, c'était l'Alzheimer, à la fin, elle savait plus qui elle était.*

– *Et pendant ce temps-là, y en a plein qui savent qui ils sont !*

Dieu, il aura attendu longtemps avant de faire un gosse.

Combien ça me coûte à moi l'Afrique ?

Je suis un amoureux de la nature, et pourtant la pollution ne me gêne pas.

– *Comment ça s'appelle les glandes qu'on a là sous les yeux ?*

– *Les vessies.*

En arrêtant de manger du bœuf, vous signez son arrêt de mort.

Le vide, je le remplis avec du vin.

– *Pour les touristes, on est un pays d'enfoirés malpolis !*
– *C'est les taxis, en plus, c'est des Chinois !*

On boit moins de vin, résultat on arrache les vignes, sur les terrains ils construisent des maisons, ils font des routes, et les gens se tuent !

Ils sont prêts à mourir pour l'islam ! nous, on va même plus au bistrot après la messe.

Si je perds mon calme, après, faut un an et un jour !

Une petite demi-heure, c'est quoi ? tu rentres dans deux heures, c'est ça ?

On peut pas rester de marbre devant Rodin.

– *Elles sont où les toilettes ?*
– *Il faut consommer madame, c'est pas un corridor humanitaire !*

Tu te fais incinérer, après tu fais enterrer les cendres, comme ça t'as les deux.

Pour la gueule de bois, un Ricard sans eau, c'est ma mère qui faisait ça.

Les livres que j'aimais bien quand j'étais jeune, je les aime plus, j'en trouve pas d'autres que j'aime, les films pareil, j'en revois un, je me demande comment je pouvais aimer ça, les musiques que j'aimais j'aime toujours et les gâteaux que j'aimais j'aime toujours mais je les écoute plus les musiques, je pourrais, j'ai pas envie, pourtant j'aime bien, les gâteaux j'en mange plus, quand je vais à la mer je retrouve pas, j'aimais bien la montagne, je trouvais ça beau mais quand je regarde la neige maintenant ça me fait rien, rien me fait plus rien, l'autre jour le gros orage avec les gros éclairs, j'étais dans la cuisine, je suis même pas allée à la fenêtre, avant j'aimais bien comment ça sent la pluie, l'odeur de la pluie me fait plus rien, je sais pas pourquoi, je m'éloigne, comme si je pars dans l'espace, depuis que mon mari est mort, je sais pas, peut-être, je sais pas, depuis que ma fille est morte, je sais pas.

T'es tout beau avec ton maillot jaune ! tu fais le tour du quartier ?

Chaque fois c'est pareil ! on livre des armes aux Arabes, à la fin ils les utilisent contre nous ! Ben Laden, c'est les Américains qu'ils l'ont mis en place pour faire chier les Russes ! un jour on va apprendre que l'islam est une invention du Vatican !

Moi plus rien m'étonne.

Moi mes clients je les laisse pas attendre une seconde, le *smile* ! le sourire ! chapeau melon et bottes de cuir ! Alain Delon ! Oum Kalsoum ! le charme ! elle veut quoi la jolie jeune fille ? un thé à la menthe ! Simon Templar dit le Saint !

Vivre avec le cœur d'un autre ? déjà qu'avec le mien, j'y arrive pas !

– *Il a acheté du jambon et il est rentré chez lui.*
– *La réalité dépasse la fiction.*

Je parle pas pour moi mais les gens aiment être tristes.

– *Prout !*
– *Eh bien, la harpe est à l'honneur !*

Ça fait plaisir qu'aux nuages toute cette pluie !

Une femme qui a du lait, ça fait drôle, en ville.

L'alexandrin, c'est douze pieds qui marchent de gauche à droite.

Dix-huit tonnes de nourriture pour l'Irak, c'est que dalle ! à la braderie de Lille, on a bouffé vingt tonnes de moules !

L'actualité, c'est intéressant, plus tard.

Puisque tu parles de ça, ça me fait penser à autre chose.

Elle fait pas tellement moderne leur tête aux Chinois, ça fait ancien, comme forme.

– T'es tout seul ?
– Il est dans le camion, je viens voir si y a du monde si ça vaut le coup, je lui fais signe, il descend, il arrive.
– T'es son drone !

On était trente élèves par classe et maintenant on est quatre clients par bistrot, ils sont où les autres ?

– Elle dit « bite », à huit ans ! c'est à l'école qu'elle apprend ça !
– Elle est bien son école ! moi la mienne elle dit « bite » en arabe !

La télé, c'est une fenêtre sur le monde, tout le monde reste chez lui à regarder par la fenêtre.

C'est pas la peine de faire de l'huile avec des olives si elle a un goût d'artichaut cru !

– T'étais où ?
– J'ai pas bougé.
– Je te voyais plus !
– J'ai pas bougé de là.
– Je te voyais plus.
– J'ai pas bougé de devant mon verre.
– Je croyais que t'étais parti !
– Je me suis tourné, je parlais à Yves.
– C'est toi qu'étais de dos ?!

Un avion qui s'écrase avec deux cents morts, si le lendemain t'as un autre avion qui tombe avec cinquante morts, tu t'en fous ! un accident de car, cinquante morts ! si le lendemain t'as un petit car avec dix personnes qui brûle, tu t'en fous pareil ! Gaza ! deux mille morts ou je sais plus, la Syrie ! on sait même plus ! on s'en fout ! on devrait rien nous dire jamais, comme ça, un accident avec un seul mort, on serait encore émus !

– *C'est pas vrai ce que je dis ?*
– *Je sais pas, je m'en fous.*

La chirurgie esthétique, avec un steak, tu peux faire une entrecôte.

On est pas mieux que les éponges, elles naissent au fond de la mer et elles finissent au fond de l'évier !

– *ABÉCÉDAIRE !*
– *J'ai dit quoi ?*
– *ACÉBÉDAIRE.*
– *Eh ben ?*
– *C'est ABÉCÉDAIRE !*
– *ACÉBÉDAIRE.*
– *Non ! ABÉCÉDAIRE !*
– *J'ai dit quoi ?*
– *ACÉBÉDAIRE.*
– *ACÉBÉDAIRE.*
– *Non !*
– *ACÉBÉDAIRE.*
– *Non ! ABÉCÉDAIRE.*
– *ACÉBÉDAIRE.*

C'est dans les gènes du boucher d'aimer les femmes.

Je suis rien ! comme ça, je suis libre !

La grotte Cosquer, une merveille de l'humanité ! on pourrait plus la peindre aujourd'hui, à cause de la loi littorale !

On a moins de libertés que les hommes préhistoriques !

Les dialogues étaient plus beaux quand c'était en noir et blanc.

T'as une double vie toi, bourré le matin, bourré le soir !

On est au XXIe siècle ? on dirait pas !

Lui on sait jamais si il est sérieux ou si il est con.

Il a qu'à se lire tout seul le livre électronique !

Jusqu'en haut du bord ! c'est les grandes marées !

– Vous y croyez ?
– Au moins, l'horoscope, ils ont crucifié personne !

Belleville c'est bien quand y a que des Arabes.

Raciste ? mon bar ? je sais pas qui vous a dit ça ?! déjà, faudrait que j'ai des Français ! regardez, j'ai que des négros !

– T'habites la ville, tu veux t'évader à la campagne, celui de la campagne veut s'évader à la mer, celui de la mer à l'autre bout de la terre, celui qui habite là-bas veut s'évader pour venir ici, on veut s'évader en allant sur la Lune ! on veut tout le temps s'évader ! on est pas de la Terre, on est d'ailleurs, on veut repartir, on est des exilés spatiaux !
– Ils boivent quoi les exilés ?

C'est pas des ours français qu'ils remettent dans les Pyrénées, c'est des ours slovènes !

T'es bossu du ventre ?

Quand y aura plus de pygmées en Amazonie, ils vont pas en remettre ! alors pourquoi ils remettent des ours dans les Pyrénées ?

Y a que l'alcool qui me fait quelque chose.

– C'est pas des Arabes les Turcs ?
– C'est des Turcs !
– Tout ce qui parle arabe pour moi c'est un Arabe.
– Ils parlent pas arabe, ils parlent turc.
– Le turc c'est pas de l'arabe ?
– C'est du turc.
– Moustafa ! la mouquère ! tout ça c'est pas de l'arabe ?

0,5 g, c'est impossible, à cause de la fermentation naturelle.

Les gens ne sont pas différents, tout le monde se fait chier pareil.

Le nouveau combat des bobos, c'est pas le sida en Afrique, c'est l'alcoolisme de Renaud !

Les races, c'est pas le Blanc, le Noir, le Jaune ! les races, c'est les âges ! cinq ans, cinquante ans, c'est des races ! y a moins de différences entre un Noir et un Blanc du même âge qu'entre un Blanc de dix ans et un Blanc de quatre-vingts !

La plupart quasi-totalité des musulmans sont contre l'islam.

On a bouffé les chevaux, on bouffera les tracteurs !

C'est Godard le cul de Bardot ?

Tout le monde la baise cette fille, elle a une chatte SPA.

Dans ces pays, la présidence de la République, c'est une chaise sur un trottoir.

On a trouvé de la vie sous la mer, on a tout bouffé ! dans l'espace ça sera pareil !

Le recyclage des déchets, ça devrait commencer par les hommes politiques !

C'est un mafieux Sarkozy, il finira par se faire buter par les Corses.

Le XXIe, c'est un siècle qui servira à rien !

On jette un tiers de la nourriture dans les poubelles, on est soixante millions de Français ! un tiers de la nourriture pour soixante millions ça fait de la bouffe pour vingt millions ! pourquoi on les vend pas à l'Afrique les poubelles ?

C'est intéressant, l'athlétisme, mais le cent mètres, c'est trop court.

Le seul qui paye ses impôts en France, c'est Renaud, t'as vu le résultat !

Vaut mieux être militaire que civil, t'as moins de chances de mourir si y a une guerre.

Le soleil se couche un peu plus tard l'été, mais en général, il est raisonnable, il va se coucher dès qu'il fait nuit.

Une hirondelle fait pas le printemps mais les mouches font l'été !

– Cinq morts dans les Alpes !
– Encore cinq qui seront pas morts au boulot !

En arrêt maladie, le seul qui bosse qui devrait être payé c'est le microbe !

Je suis pas raciste mais faut reconnaître.

L'immigré ne vient pas seul, il y a les maladies ! plus les insectes inconnus dans les cheveux !

– *Tu me saoules à parler comme ça !*
– *Ça t'économise la bière.*

Aux États-Unis, midi, ils s'en foutent.

Je vois pas pourquoi dans le français on a autant de mots anglais alors que dans les rues y a que des Arabes.

J'ai l'impression de retourner dans le ventre de ma mère tellement ça sent le vin !

Ça fait combien de bières, trois décennies ?

T'es un connard à toi tout seul !

La France, ça serait que des Suédois, ça marcherait mieux !

Lui, son nom sur la boîte aux lettres, c'est pour qu'il sache où il habite !

Avec tous les coups de soleil que les gens prennent l'été, on pourrait chauffer une ville tout l'hiver !

– *Ils ont changé les tabourets au Central.*
– *Au moins, il se passe quelque chose.*

C'est toujours la nuit que ça sort les pédés, c'est des chauves-souris sexuelles !

Ça sert à rien la quantité, Victor Hugo, si ça se trouve, y a trois phrases de bonnes.

Même malade un arbre il est droit ! il est pas au lit !

Un tournant de civilisation ! une civilisation qui tourne, jamais vu ça !

Arrête tes conneries, tu vas ressembler à Renaud !

– *Aux États-Unis, un flic tue un Noir, ça te fait des émeutes pendant un mois !*
– *En France on peut tuer les Noirs personne bouge, c'est les Arabes.*
– *En France les Noirs sont français.*
– *C'est moins grave que tuer un étranger !*

Au pôle Nord, le jour c'est six mois, plus le réchauffement climatique, ça sera le meilleur endroit pour faire des fraises !

Les voitures en or ! les faucons ! les palaces ! les émirs, c'est des ploucs !

Les Bretons sont bretons, ils veulent pas dire qu'ils sont français, les Corses sont corses, les Marseillais sont pas français ! ils sont marseillais ! même les Arabes veulent plus être français ! ils veulent être arabes en France !

Moi ce que je montrerais aux Français, c'est les cacas des ministres !

– *Je peux vous prendre le journal ?*
– *C'est celui d'hier.*
– *Pour ce que ça change.*

Les baleines de Bali ! les balivernes !

Les chrétiens, on en entend parler que si ils prennent une branlée par l'islam !

La réintroduction des ours, tout ça, c'est pour le tourisme ! t'as des ours sur tous les panneaux, sur les fromages ! sur les pots de miel ! dans les bois, t'as des fausses merdes !

La vraie question, c'est comment recouvrir tout un pays en moustiquaires ?

– A, *tout seul, ça veut rien dire, alors que* 1, *tout seul, ça veut dire* 1.
– *Hein ?*

Je vais donner mes organes, comme ça après ma mort, mon corps volera de ses propres ailes !

Moi je m'amuse en riant.

L'avion va tout droit, c'est pour ça qu'on dit les « pilotes de ligne ».

J'aime bien les roses roses, plus que les roses rouges, j'aime bien boire du rouge rouge ou du rosé rose ou du blanc blanc, plus que le blanc rose du kir ou le rouge rose limé, j'aime bien les roses roses, je l'ai dit ?

– *C'est bien payé écrivain ?*
– *Si vous vendez beaucoup de livres.*
– *Et si vous vendez rien ?*
– *Vous gagnez rien.*
– *Ah bon ! c'est nul !*

T'es tout en sueur comme si t'avais bossé, t'as une peau de comédien toi !

– *Lui, c'est un connard ! et sa femme, pareil, c'est une poufiasse !*
– *Tu peux pas comparer des choses pas comparables.*

On est où ici ?

Avant de sortir je fais tout le trajet dans ma tête, du coup, c'est fait, du coup, j'ai plus envie de sortir, du coup.

Moi, même si je change d'idée, ça se voit pas.

J'aime pas les visages !

T'es un frelon asiatique toi, tu te perches sur le comptoir, on peut pas te déloger !

– *Un billet de vingt euros, juste là dehors ! dans le rosier !*
– *C'est la richesse de la flore !*

Il doit croire en Dieu ce cerisier pour donner autant de cerises !

– *Attention ! le soleil vieillit la peau.*
– *Tout vieillit la peau, même un sourire de ta mère !*

Je reconnais mes voisins de droite à mes voisins de gauche rien qu'au bruit des assiettes.

Je ferme jamais à clé, comme ça quand je rentre, je suis déjà là.

– *Sur terre, il faut tout changer !*
– *Tu veux autre chose ?*
– *Non pas ça quand même.*

Un soleil qui se couche dans le verre votre trace de rouge à lèvres !

Les écolos qui sont pour les loups, c'est les mêmes qui veulent que les chiens soient attachés en ville !

Quand on est en bas de l'échelle, on est au niveau du café !

On mange avec la bouche, c'est normal d'être gras des joues, mais les fesses ?!

– *Un tiers de la bouffe est gâchée.*
– *Et trois quarts de l'amour !*

Les papes, j'en prendrais un pour taper sur l'autre, si y en avait deux.

J'ai bien chié, j'ai fait de la 3D !

– *Chacun voit midi à sa porte !*
– *Moi midi, je le vois toujours ici.*

Elle pleure la filière porcine ! monsieur ! elle pleure !

Ça enlève pas mal de suicides la musique.

On voulait les viandes, une heure ! il est mal fichu ce Carrefour ! on cherchait les foies de volaille, ah oui ! au milieu de nulle part !

– C'est un Américain blanc qui a Ebola, du coup, en deux jours ! il était guéri le mec !

– On les a les vaccins, aussi, plus y a des Africains qui meurent, plus ça nous arrange, aussi.

– Je les regarde les hirondelles toute la journée, elles tournent, elles volent des kilomètres en rond et elles reviennent chier à côté du nid ! sous ma fenêtre ! y a pas de place ailleurs ? remarque nous on est pas mieux ! on va se promener dans les rues et on rentre chier dans les maisons ! c'est pas très hygiénique je trouve.

– Et ton cul, il est hygiénique ?

– Certains peuples nous prendraient pour des fous.

Une voiture qui conduit toute seule, faut pas qu'elle aille au bistrot toute seule !

C'est mon fils qui m'a dit qu'en Grèce ils sont cons, moi je ne sais pas, mais mon fils, je le crois.

– J'ai pas eu un départ dans la vie.

– T'arrives à arriver, c'est d'jà bien.

Moi je le plains Hollande, il devrait démissionner, comme le pape.

– J'ai passé plus de temps ici que chez moi !

– T'as pas de chez-toi !

– Je te parle plus à toi qu'à ma femme.

– T'as pas de femme !

– Toi t'es mon ami.

– T'as pas d'ami !

Les gens du voyage, ils ont pas des tombes à roulettes !

Même les vraies dents ça fait faux la matière, comme si on a des ongles dans la bouche !

Maman, il a quoi le monsieur ?

Du pastis avec du jus d'ananas, je bois comme Gauguin !

La fête du boudin, c'est toujours bien.

On croit qu'il est intelligent parce qu'il parle pas, mais c'est un con silencieux.

C'est aimanté, ça se colle sur le frigo, une petite merde qui coûte rien, ça fait toujours plaisir !

– Y boit quoi ?
– La compile !

La plante qui devrait le mieux s'adapter sur les planètes du système solaire, c'est le tournesol.

– Un coup de vent, j'ai l'œil qui pleure.
– Vous avez l'œil mallarméen !

Hier, j'étais en solde !

C'est Piaf qui a tué Cerdan ! à pleurnicher ! viens ! viens ! tu me manques ! viens ! viens ! elle l'a tellement fait chier, il est venu et il est mort ! elle a gagné ! c'est pour ça que je rentre plus moi ! même si elle me fait chier !

Un trou de mémoire pour le prénom de sa mère ou le code de la banque, c'est la même taille de trou.

– *C'est pas pareil, rien faire, et faire du rien !*
– *Houla ! t'es ici depuis combien de temps ?*
– *Il faut poursuivre son chemin !*
– *Houla !*

Moi je te donne l'exemple des autres pays, eh ben, c'est ni fait ni à faire.

– *T'es bourré ?*
– *Là, pour le moment, non, je crois pas.*
– *Il sait pas lire, il sait pas écrire.*
– *Il sait boire, il sait pas compter.*

Les gens qui meurent de faim, tu les nourris avec trois fois rien, alors que si tu guéris la faim dans le monde, ils vont bouffer comme des vaches, et ils vont mourir pire, peut-être.

– *Tu viens à la visite guidée ?*
– *De ?*
– *Du trou de mon cul ! ah ah ah ah !*
– *Laisse tomber, il s'est pas couché.*

Les loyers seraient peut-être moins chers si Hitler avait détruit Paris !

Si tu meurs pendant ton sommeil, tu meurs pas, en fait.

Au cinéma, tout le monde regarde la même image en même temps, alors que les livres, personne est sur le même mot.

La vie, la mort, ça marche bien le système mais c'est con.

Ça sert à rien le sport ! vous faites de la gymnastique dans le cercueil ?

Bande de gnous !

– *Moi si je gagne au Loto, je m'assois, je bouge plus.*
– *Eh ben va t'asseoir !*

Déjà qu'on était nuls avec tous les grands auteurs qu'on apprenait à l'école, je sais ce qu'on va devenir avec les auteurs de maintenant !

Le karaté normalement t'as pas le droit de t'en servir en ville.

Les enfants les moins cons, c'est les petits canards qui se suivent.

L'impressionnisme, j'ai surtout l'impression que c'est cher !

Dieu t'envoie un tsunami, mille morts ! et si y a un enfant sauvé, c'est un miracle de Dieu ?!

Les oiseaux, les animaux, moins y en aura, mieux on se portera !

Y a assez d'eau pour les baleines en Méditerranée ?

La Seine, elle coule dans le même sens que la Garonne.

Si c'était tourné de l'autre côté les yeux, on se verrait le cerveau.

Je m'en fous de la discussion, c'est pour boire un coup.

– *Comment tu m'as appelé ?!*
– *Pine d'ours.*
– *Ah bon, ça, ça va.*

Tous les mecs sont des violeurs !

Quand c'est marqué « joli petit village hors du temps », tu peux être sûr que tu vas te faire chier.

– *On les a vus à la télé les rescapés, ils ont dit comment ils ont survécu sur l'île déserte.*
– *Oui, j'ai vu ! moi je boirais ma pisse, je m'en vanterais pas à la télé !*

C'est un déchet humain ce clébard !

Les yeux sont bien placés, on a une belle vue depuis la tête.

– *T'étais en vacances, on t'a pas vu.*
– *Hosto.*
– *Ah merde !*
– *Pour des examens, ils veulent me changer le foie.*
– *Ah ! vacances studieuses !*

Ils font chier à retirer le permis, on devrait pouvoir conduire tranquille, comme les oiseaux.

Le seul truc qu'on aime sur terre, c'est pas ses parents, c'est pas ses enfants, c'est la bouffe !

Un corps humain, c'est que du câblage.

– *T'es encore saoul !*
– *Je suis normal !*
– *C'est ce que je dis.*

Le Soleil, il a de la chance que la Terre existe, sinon, il chaufferait que des planètes de merde, où y a rien.

En fait, non.

– *Un café allongé avec une mirabelle !*
– *Allongé avec quoi ?*
– *Allongé par terre !*

Mariage plus vieux, mariage heureux !

Ce week-end, je fais le mariage de ma sœur, en même temps, on fait l'anniversaire de ma mère et un repas de chasse, on verra comment ça va finir.

Bien sûr que c'est une gouine, t'as vu comment elle freine !

Quand les parents sont vieux, les enfants se vengent de l'enfance, ils les abandonnent dans le noir, c'est normal !

– J'ai rien à faire aujourd'hui que surtout pas boire !
– C'est pas ici que tu vas arrêter.

J'ai des grandes tasses, des petites tasses, des verres de toutes les tailles, des bouteilles de toutes les couleurs, des pompes pour la bière, des éviers, des frigos, le micro-onde, le téléphone, c'est très technologique !

T'es con toi, ce me semble.

Ça coûte moins cher de manger du porc étranger, oui, mais si on mange pas du porc français, ça crée du chômage dans la filière, et au final, ça coûtera plus cher au consommateur de nourrir un chômeur que de nourrir un cochon.

– C'est quoi votre prénom ?
– C'est Abdel.
– Si vous voulez travailler ici, c'est Arthur.

On pourrait avoir les demis ? y a pas de serveur ? trois millions de chômeurs et y a pas de serveur !

Si on te donne un euro par enfant il faut quinze mille enfants pour quinze mille euros ! moi, en plus, j'en ai pas un !

– *On le voit plus Noé.*
– *Avec la pluie qui tombe, il rase les murs !*

Un pari que si je veux, je pars à Lyon !

– *Aujourd'hui je te comprends quand tu parles, mais hier...*
– *Hier ? Hier d'hier ?*

Dompter la nature ? tu feras pas grimper un volcan sur un tabouret !

Tu travailles, après tu rentres chez toi, tu manges, tu vas dormir, tu te lèves, tu bois le café, tu vas bosser, tu vas manger le midi, tu bois un coup le soir, tu rentres, ça va pas ensemble tout ça !

– *Fatigué ?*
– *Mort normal... un demi.*

Le théâtre du Châtelet, c'est là où y a la Seine ?

Les médicaments vendus en grande surface, quand tu vois les antibiotiques dans la viande, c'est déjà fait !

Quand je dors, je dors, je rêve pas, j'ai pas l'image !

– *Comment il s'appelle le ministre ?*
– *De ?*
– *Celui qu'on voit en ce moment qui parle.*
– *Qui ?*
– *Oui, c'est quoi comme ministre ?*
– *Il a dit quoi ?*
– *Je sais pas, un grand avec des cheveux blancs.*
– *Connais pas.*
– *Mais si ! il est ministre !*
– *Et alors ! je connais pas de grand.*

Un bébé qui disparaît, toujours c'est les parents qui l'ont tué et qui font croire, oui, les parents, c'est toujours eux qui tuent !

Y a pas qu'Internet qui est haut débit !

– *Et mon demi !*
– *J'arrive !*
– *Et mon demi !*
– *Merde ! j'arrive !*
– *Et mon demi !*
– *Bois ta pisse !*

On va pas refaire le monde, même les gens on les refait pas !

Avec les Grecs tu creuses tu trouves des temples, avec nous, on trouvera que des parkings !

C'est trop ancien l'Antiquité.

– T'es bien rentré hier ?
– Je me suis assis sur mes lunettes.

C'est l'immigration qui a fait les États-Unis, c'est un pays qui devrait appartenir à tous les autres pays.

– La France est un grand pays !
– Plus maintenant.
– Encore aujourd'hui !
– Grand comment ? même pas le toit de l'église !

Faut pas que ma femme je la croise parce qu'elle adore boire.

On est d'abord des animaux avant d'être des hommes, au niveau évolutif.

Ça va Dédé ?!

– Péter dans la soie, c'est du luxe !
– Même péter.

Moi je bois avec personne, quand je bois, c'est moi.

C'est idiot d'être con.

– C'est un beau beaujolais qui accompagne bien le gibier !
– Je m'en fous, je bois pas pour accompagner.

L’ennui, ça vient des plantes.

C’est à cause des télés que les islamistes décapitent devant des caméras, ils décapitent pour les infos, mais oui ! si t’as pas la télé, ils décapitent pas ! déjà, de toute façon, à la télé, on voit que des têtes ! on voit plus des têtes que des pieds ! ils vont pas décapiter des pieds !

Ebola, on s’en fout ! c’est les Noirs en Afrique ! pareil qu’au début, le sida, on s’en foutait ! c’était les pédés !

On est un monde avec plein de médias, mais on s’enlève les poignées de porte.

– *C’est les Noirs qui ont inventé le jazz.*
– *Les Noirs, pas tous !*

Plus tu montes, moins y a d’oxygène, pourtant y a moins de bagnoles ! plus tu redescends, plus y a de bagnoles et plus y a d’oxygène, alors ?!

Il ose pas parler, il picole et après il casse tout ! il est timide comme Hitler !

Si ils croient que je vais chercher du boulot parce que je serai contrôlé ! ça fait vingt ans que je conduis bourré, jamais de contrôle ! alors les contrôles des chômeurs !

Il donne presque envie son livre parce qu’il est sur la picole.

Ils donnent des milliards aux patrons ! ils contrôlent rien ! aux chômeurs, ils donnent rien, ils veulent contrôler ?! qu'ils nous donnent pareil qu'aux patrons, et les contrôles, OK d'accord !

Peut-être !

– *Ça passe pas vite aujourd'hui.*
– *Évidemment, tu bois rien.*

– *C'est quoi la goutte ? parce que j'ai mal là, j'espère que c'est pas la goutte ! je croyais que ça existait plus la goutte, que c'était une maladie des genoux de la campagne, tu restais assis avec la jambe sur le fauteuil, à attendre sans rien faire, une maladie que t'as quand tu te fais ton alcool toi-même, non ?*
– *Sais pas.*
– *Ou une sciatique.*
– *Tu me fais chier.*
– *Tu pars ? attends ! je peux pas courir moi ! tu vas où ?*
– *Caulaincourt !*
– *Là-haut ?!*

Le sida, faut niquer, pour Ebola, la pétanque, ça suffit.

Si une pute, elle fait pute, c'est qu'elle veut se faire égorger sur un trottoir, cette fille.

– *T'es chômeur professionnel !*
– *Pour une fois que je suis pro en quelque chose.*

Plus y a des infos, plus on s'en fout de ce qui se passe, ça gave !

– Descends de là ! il a sauté sur le tabouret et hop ! sur le comptoir !

– Il a vu le sucre.

– Descends !

– Laissez.

– C'est sale !

– J'ai des clients qui sont plus sales que votre chien.

La femme à Hollande, l'ancienne, l'Allemande de *Paris Match*, moi ma femme elle raconterait des trucs sur moi, direct l'hosto !

– Ça a disparu le Boursin à l'ail.

– C'était bien le Bonbel.

– Et le au poivre.

– Le dimanche on mangeait ça, sur le plateau plastique, avec le couvercle transparent.

– Dans les routiers y avait un truc aux noix.

– Pourquoi ça disparaît ces fromages ?!

– Ils les enlèvent, ils en mettent d'autres.

– Ils croient qu'on change, on a les mêmes goûts.

– Le brie aux noix !

– Non pas le brie, un truc comme la vache avec des noix, on mangeait ça le dimanche, de toute façon, le fromage, dimanche !

– C'est énervant de pas se rappeler !

– Ça me rappelle Chantal Nobel, elle est morte en voiture avec Sacha Distel.

– C'est parce qu'on parle du Bonbel.

Brigitte Bardot dans la rue tu la voyais pas à poil, il a fallu la magie du cinéma pour qu'on voie son cul !

Un zoo en Afrique, t'as quoi ? des rouges-gorges ? des chiens de traîneau ?

Je suis croyant pratiquant, chez moi ! dès que je sors dans la rue, je crois plus !

Dehors au froid j'ai jamais froid, c'est chez moi avec un pull que j'ai froid.

– On a picolé à la cave.
– L'ivresse des profondeurs !

Mon verre m'a mordu !

Si ça se trouve, après la mort, on est allongés... on est fatigués.

Sec, c'est un mot qui est pas bavard.

Lascaux, ils peignaient du gibier ! ils ont pas tellement faim ceux qui peignent des fleurs !

Ma mère me racontait des histoires qu'elle inventait, elle allait pas les acheter à la Fnac !

– On voit bien que « bred », c'est pas du bon pain, par rapport à « pain ».
– Pour moi, « bred », c'est une banque, c'est pas du pain.

Les romans de gare, ça allait mieux avec les trains qui vont pas vite qu'avec le TGV.

Je lis que des bandes dessinées, un dessin, un mot, un dessin, un mot, ça me suffit !

Quand tu vois l'économie de l'Allemagne, bientôt on va regretter d'avoir gagné la guerre !

– *Je peux boire quoi à cette heure-là ?*
– *Un café.*
– *À part un café ?*
– *Un jus de fruits.*
– *À part ça ?*
– *Je te sers pas d'alcool le matin !*
– *Un blanc.*
– *Non, pas avant dix heures !*
– *J'en bois un, je m'en vais.*
– *Non ! bois un café, tu verras, ça réveille.*
– *Je suis réveillé ! alors un café, oui, avec un rhum.*
– *Un café, mais pas de rhum.*
– *Un café avec un blanc alors.*
– *Un café si tu veux, mais c'est tout.*
– *Alors rien, je repasserai.*
– *C'est ça, à tout à l'heure.*
– *Si on peut plus communier, c'est la mort de l'église !*

La grande cuisine, dans l'estomac, c'est l'auge à cochons !

Il faut que rien soit une culture !

Une vie, c'est plus petit qu'ici le grand café !

Il vit comme un pharaon, en slip, et les fenêtres fermées.

Le temps, c'est solide quand t'es en retard, et c'est liquide quand t'es en avance.

Elle élève des chiens pour vendre les chiots, pour moi c'est pire que la traite humaine !

J'aurais aimé être ingénieur des Eaux et Forêts, pour planter des arbres, ou les Ponts et Chaussées, pour planter des ponts.

Le monde est global, partout où t'iras, ça sera pareil.

– *L'homme est sur terre pour tout détruire.*
– *Chaud devant !*

Plus on vieillit, plus le passé est plus jeune que le futur.

Ma chanson préférée, c'est lali ! lala !

L'imagination, c'est une forme que prend le vin.

– *Incroyable c't'orage ! un mur d'eau !*
– *T'as trouvé la porte.*

Les pédés, c'est eux qui ont le fric maintenant !

Jésus, il a pris sa branlée, il est jamais revenu à la soupe !

On gâche pas la viande, la viande, c'est vivant !

Neuf mois ! il faut le même temps pour naître sur terre que pour aller sur Mars.

À Paris, vous avez dix rats pour un habitant ! on y est allés à quatre, pour visiter la tour Eiffel, ça nous a fait quarante rats ! on y habite pas, on est restés que le samedi, mais pour les rats, on est comme les autres, ils vont pas nous demander la quittance non plus !

Quand elle parle Mimie Mathy, on entend pas qu'elle est naine.

Elle passe avec un cul et faudrait pas regarder ?!

C'est mieux quand les champignons on les trouve pas, parce qu'après, si on les trouve, on les bouffe, et c'est tout.

La musique, on la voit même dans le noir !

C'est plus facile à écouter les dialogues que regarder les images où personne parle.

– Je travaille beaucoup sur la notion d'incertitude.
– Ah bon ?... c'est bien... sinon ça va ?

Quand je suis malheureux je vais au zoo, je trouve plus triste que moi.

– Ça soufflait fort, on avait du vin dans les cheveux.
– Du vent.
– Du vin.

Leur foulard c'est pas pour Dieu, c'est pour coincer le portable.

Tu nous fais chier avec tes questions !

Laisse papa tranquille, va jouer avec les pigeons.

Ils vont tous crever les mormons !

Tout un discours sur les poissons, les crustacés, les crabes, il a même pas payé un coup de blanc !

– Je cherche un livre sur les pierres ?
– Alors ça ?!

C'est infect qu'on est pleins d'os pour vivre !

Moi à l'urinoir un jour un client laisse une pièce de dix centimes d'euro mal frappée elle brillait trop, mille deux cents euros je l'ai revendue à un amateur, un numismique.

Moi le Louvre, déjà l'escalier qui descend, j'en ai marre.

Pourquoi l'homme veut pas mourir ?! pour continuer à chier de la merde mille ans ?!

Avant d'être l'homme, on était des poissons, c'est pour ça qu'on boit.

Ils mentent sur tout à la télé ! si ça se trouve, Hollande, il est encore avec Ségolène !

Les dauphins, c'est des cons, ils se font la course.

Je vais me prescrire un kir, je fais de l'automédication.

– Au pressing, c'est toujours quarante-cinq minutes quand je lave mon linge.
– Le temps rétrécit pas, c'est pas chinois !

T'es bipède, alors bois !

Y a toujours quelque chose de plus quand on t'a craché à la gueule ! qu'on t'a frappé ! après !

– Tu bandes le matin ?
– Moi, déjà, faut que je boive le café avant.

– Ha... ta place est prise... mets-toi à l'autre bout.
– Condamné à l'exil !

Dans ma tête, y a plein de trucs, dans mon corps, y a que moi.

Si la Terre est surpeuplée, c'est un peu d'abord la faute des femmes.

Faudra lui mettre un plan dans le bistrot avec un point « vous êtes ici ».

Gainsbourg, il était sale, on sait pas ! il avait pas de chaussettes ? et alors ? et Dalida ! ses pieds ! on est pas allés voir !

– *Il se traite lui-même de gros con, c'est grave !*
– *Je suis sincère.*

Une bonne femme virée de son boulot, elle peut toujours faire un gosse, mais un homme, il va faire quoi ?

J'ai plus des belles images avec mes fleurs sur le balcon qu'avec la parabole.

Un pédé qui fait de la muscu, on sait à quoi ça va servir.

C'est la chienne la première qui m'a appelé papy.

– *Le Noir est pas tellement voleur.*
– *Non, plus de nos jours.*

Jamais je me battrai pour avoir un boulot, je suis pas un sperme !

Je suis impuissant face aux phénomènes qui me dépassent.

Piqué par une abeille dans le jardin du Luxembourg ! eh ben ! tu vas te faire écraser le pied par un éléphant à Vincennes !

La banque du sperme, j'ai rien sur mon compte !

C'est des médicaments qu'il faut prendre en mangeant, pas en buvant ! non ! c'est pas pareil !

– *Tiens, v'là Pipo et Pipo ! et je leur sers quoi ?*
– *Un Ricard !*
– *Un Ricard !*

Y a le père Lachaise !
Et le fils Lachaise !
Moi le fils Lachaise !
Je refais les chaises !
Rue de Seine à Paris !

Personne me croit quand je mens.

– *Je vais prendre un nouveau départ.*
– *Prends un nouveau déca !*

Ça existe pas le veau, c'est de la petite vache !

Si c'était logique, au carrefour la priorité ça serait pour la plus belle bagnole.

– Waouh ! waouh !
– Assis ! grande gueule !
– Waouh !
– Je vais te faire piquer ! grande gueule !

Je bois le dernier et j'y vais, c'est ma devise !

– Tiens, v'là Bonny and Clyde ! et je leur sers quoi ?
– Un blanc !
– Un blanc !

Un bar à sourcils ?

Édith Piaf, c'est de la chanson pour chômeur !

Qui ? Brel ? Celui des dents ?

– Un vrai repère de cons ce rade !
– Pourquoi t'y vas ?!
– C'est pratique, c'est en face de chez moi.

Depuis qu'on fume plus dans les bars, quand on pète, ça sent.

Y se fait déboîter une fois, il revient, il se refait déboîter ! il revient ! moi j'ai eu peur qu'il le tue ! et puis finalement, ça s'est bien passé.

Moi quand je rentre elle dit « merde mon mari » et pareil à l'inverse.

– Du sucre avec le café ?
– Non ! le sucre, c'est dans la bière !

Moi je chie et j'en fais pas toute une histoire.

– Je sais plus c'est quel pays, un drapeau avec un ananas ?
– Pas la Norvège.

Gardez la pêche et mangez pas de sucre !

En fait.

J'ai toujours un bout de la lame du couteau dans le front que les chirurgiens ont préféré laisser.

Ceux qui ont le mieux réussi à Hollywood, c'est les chewing-gums !

Il me demande si je connais Charlemagne ! tu me prends pour un jeunot de vingt ans ?!

Ben eh !

J'aime bien parler ici, chez moi, j'ai trop le cerveau sur un coussin.

On le met dans un zoo la bête parce qu'il est beau, c'est pas comme un mec en taule !

Tout le monde imagine pareil, il faut changer l'imaginaire !

Si j'avais du pognon, rue Saint-Jacques, je ferais un resto de coquilles.

Qu'est-ce que c'est bavard, les vieux !

– 14-18 y a eu mille huit cents médecins morts pour la France.
– Pour une fois que c'est eux !

À sept heures, il ouvre le pressing, je mets mon linge, je viens ici, j'y retourne pour mettre à sécher, je reviens, j'ai ma matinée bien avancée et mon linge qu'est propre, tu me mets un blanc ?

Ça sert à quoi la lune en ville ?

Les choses qui servent, c'est quoi, à part deux trois.

Y a des fleurs, on dirait des bêtes, des pigeons !

– Des fois j'en ai marre.
– Pareil.

– Je pisse du sang.
– C'est rien, c'est un gravier dans la bite.

Je me suis jamais mise compliquée, le pire que je peux faire c'est m'étaler sur la place.

C'est qui qui a saigné ? y en a partout !

Je serai heureux avec les autres sinon pas pendant !

En Chine, ils ont tous trois bagnoles ! y a plus qu'ici qu'on a des cyclistes.

Tu parles pas assez aux cons, toi.

En France, on est toujours en retard d'une guerre.

Soyons logiques, pour une fois.

Ça vous embête si je vous prends la main, j'ai peur.

– *Il est où le patron ?*
– *C'est moi.*
– *Je vous avais pas vu.*
– *Eh ben.*
– *Je croyais que vous étiez quelqu'un d'autre.*
– *Qui par exemple ?*
– *Vous.*

Ceux qui connaissent encore les canassons, tu peux nous compter sur les sabots de la main !

Heureusement qu'on pousse pas quand il pleut.

Le Mystère de la chambre jaune, des fois je le fais, je sais pas comment je suis rentré, je me réveille, j'étais dedans !

Le gouvernement rajoute vingt euros par mois pour la retraite des vieux ! sa chaussette à Valls elle coûte quatre fois ça déjà !

– *J'ai été voir Hercule, y a pas du tout les douze travaux.*
– *Hercule, c'est les travaux.*
– *Mais oui ! les douze !*

Tedieu ! t'es frisé tout plat c'matin !

Nous on est des édentés ?! Hollande il s'est pas vu ?! un petit porc !

Faut lui casser les dents à ce mec si nous les pauvres on est des édentés !

– *On est où ?*
– *Café de la Gare.*
– *Où ?*
– *Vitry.*
– *Qu'est-ce qu'on fout là ?*
– *C'est toi qu'as voulu venir !*
– *Quoi faire ?*
– *Boire un coup !*
– *Ici ? pourquoi ?*
– *Tu m'as fait chier une heure avec ça !*
– *Moi ?*
– *Mon cul !*

J'ai toujours bu avec la bouche, j'ai la tradition orale.

– *On arrêtera de boire quand on sera morts !*
– *Moi je suis déjà mort.*

Faut pas beaucoup d'honneur pour jouer un rôle de merde.

– Quatre morts noyés à Lamalou, à cause des pluies.
– Ah oui ? Lamalou, y a un super beau bistrot, très haut de plafond.

Les pilotes en grève, ils sont richissimes, en plus, ils ont droit de se prendre les plateaux repas !

Pour une puce, rien n'est petit, même une autre puce elle est grosse.

L'immigration, ils veulent tous venir ici ! y a pas de pays ailleurs ?

Le pont aérien, il est pas plus pont que le pont suspendu il est suspendu ! comme le pont du week-end ! on est samedi, il est où le pont ?

Le ministère de l'Outre-Mer, c'est pieds dans l'eau là-bas !

Cacalin ! cacalin ! cacaya !

Holà ! le Bolchoï ! on se calme !

La marque que vous voyez là, sur mon cou, c'est des ouïes d'avant.

Moi je me réfère à des références connues comme ça je suis sûr que ce que je fais c'est déjà fait.

Je t'ai pas entendu payer.

C'est pas moi qui inventerai quelque chose !

C'est journée portes ouvertes à l'HP ?

Les clandestins, ils sont cachés, mais ils ont une vraie vie quand même, tu peux avoir une histoire d'amour, même caché !

– Hollande à l'Élysée, c'est un dessin de Sempé.
– Raté !

Il est bien con ce Baudelaire !

Tout le monde veut être libre alors que ça a jamais existé ! pareil l'égalité, ça fout la merde pour rien !

– Fini ! je bois plus avec Yan, je bois avec Didier !
– C'est le mercato ?

Je vis même pas à quart temps !

C'est des idées de bourgeois, l'égalité.

Appelons ce qu'y faut dire par leurs mots !

Tout est con dans la vie.

– Pays nordique ! pays merdique !
– Y va se calmer le Tyrolien !

C'est pas moi qui rirai de tout, rien me fait marrer.

T'as des problématiques environnementales toi ? putain, qu'est-ce qu'on entend pas ! problématiques environnementales ! y en a qu'ont le temps !

Moi je dis merde à Dieu qui nous écoute !

La gonzesse à Sarkozy ? de la merde en paillettes.

– *J'essaie d'être belle, par politesse.*
– *Pour qui ?*

Deux secondes pour se tutoyer, une minute pour s'engueuler !

– *Le coude c'est pas une rotule !*
– *Moi si, je suis tombé de moto.*

Moi, mon cul, il voit plus que le papier des cabinets.

– Le Père Noël tous les ans c'est Jésus qui revient déguisé.
– Il a grossi !

Il boite du genou depuis qu'il a sauté saoul de la fenêtre parce que son chien se battait avec le chien de l'autre con, il s'est explosé la rotule, c'est pour ça qu'il boite de la rotule, une connerie d'apéro, il aurait pu prendre l'escalier, il habite au premier, en plus son chien il s'en fout, c'est toujours sa gonzesse qui le garde, elle était bourrée quelque part sinon le chien il l'aurait pas eu et il aurait pas sauté, c'est des conneries du hasard plus l'apéro que c'est toute la journée, je l'ai vu hier traverser la place en boitant pour aller boire un coup, on dirait un vieux, il est pas tout jeune mais il est pas vieux, là, c'était un vieux qui boite pour aller se saouler, à cause d'un con de chien, pour ses gosses, il sauterait pas de la fenêtre, c'est des réflexes de mec bourré qui veut se battre mais il se bat jamais, chaque fois il prend une toise, c'est une connerie ni plus ni plus, qui porte bien son nom celle-là !

T'es un sperme errant ou t'es un connard avec une adresse ?

– *T'es qui toi ?*
– *Tu me reconnais pas ?*
– *Non.*
– *Alambic.*
– *Oh putain !*

– *Le truc où on touche une poignée de porte et après on a la chiasse, c'est quoi ?*
– *La colique ?*
– *Non ! le truc, tu touches un verre tu l'as.*
– *La chiasse.*
– *Non ! putain !*
– *Oh ! j'en sais rien moi !*
– *Le truc ! la maladie ! tu touches la porte t'as la chiasse une semaine ! c'est en rouge sur les cartes de France ! l'épidémie de... de... ?*
– *Merde liquide.*
– *Tu m'énerves !*

Tu sais ce qu'il me dit ? « J'ai bu l'alcool à toison. »

La gastro !

Rimbaud qu'encule Verlaine, c'est la cerise sur le gâteau !

Faut pas acheter les médicaments en grande surface, les grandes surfaces, c'est fait pour attraper les maladies !

Michelin, ils disent, les pneumatiques, pour moi, c'est des pneus.

– C'est toujours dans le Sud les inondations meurtrières.
– Dans le Nord, c'est la bière !

La gastro, c'est pas une maladie, c'est un typhus.

Le tourisme de l'espace n'arrangera pas les commerçants du centre-ville.

Le premier monument préféré des Français, c'est leur gueule.

– Le premier jour, soixante-dix mille personnes ont regardé la décapitation sur Internet !
– En même temps, ça le fera pas revenir de pas regarder.

C'est une aventurière des draps de lit, la Ségolène.

– Quelle heure il est ?
– Onze heures vingt.
– La vie est courte, aujourd'hui.

À la télé, ils lui ont flouté le visage au décapité, du coup, on connaît pas sa tête.

– T'as vu ça le journaliste américain, décapité.
– C'est aux États-Unis qu'y a le plus de condamnés à mort ! retour à l'envoyeur !

Ça fait longtemps que le temps existe.

C'était hier le décapité ? ils l'ont montré à la télé ? j'ai regardé, rien vu, si ! les vendanges à Rivesaltes.

Hollande il fait des guerres mais si c'est des guerres comme ça, moi je veux bien, c'est facile ! tout ce qu'il sait faire, il a sa bite qui traîne des avions !

– *Je suis fatigué comme une merde !*
– *La merde est jamais fatiguée.*

Et ma main dans ta gueule, tu vas dire quoi ?

On est un peuple de fiottes ! on est élevés comme des gonzesses ! moi mon gosse comme doudou je vais lui filer les couilles d'un Arabe !

Un haricot qui pousse c'est aussi violent qu'une bagarre dans la rue.

Il est pas méchant, il est con.

Les vaches pètent plus qu'elles respirent, à vérifier, je dis.

– *Y a méchant et méchant.*
– *Y a connerie et connerie.*

Penser un truc, après j'y pense et j'y repense, j'y pense, et je suis plus chez moi.

– *La douleur, c'est l'échelle de 1 à 10.*
– *J'ai chié 9.*

C'est un chien de berger qui s'en fout des moutons, il garde les fleurs, c'est un chien de bergère.

Le pouce c'est pas un doigt, c'est un bout du bras.

Je les ai jamais vues s'énerver, mes vaches.

Ils ont mis un Noir dans le film pour faire plaisir à *Libé*.

À la montagne, t'es en montagne, pas besoin d'ouvrir la fenêtre.

Y a un endroit ou y a des tonnes de ciel, ça doit être bien de prendre des photos.

Alzheimer, c'est mieux que Parkinson, vaut mieux oublier de payer son verre que le renverser.

– *Hier, je suis été à Grenoble.*
– *Je suis* allé *à Grenoble.*
– *Ah toi aussi ?*

La retraite de Russie, je vois pas le rapport avec la retraite !

T'en connais beaucoup des gens qui s'intéressent au cerveau ?

– *J'aime pas les cons violents.*
– *Non mais lui il est intelligent.*

Ressusciter, c'est pas mieux que récidiver !

– *Faut que je marche, pour mon genou.*
– *Qu'il y aille tout seul !*

Ça arrivait que le paysan couche à côté de sa vache, même des fois, en dessous !

– *Y a trop d'hommes et pas assez d'animaux.*
– *Chez moi, c'est, un homme, un chien, une femme, un chat !*

T'as des lunettes de vue maintenant ?! pour voir quoi ?

Elle m'a comparé à Tchekhov ?!

– *T'en as moins en Allemagne qu'en France de l'Alzheimer.*
– *Ils sont plus fiers.*

Elle pleure ! elle pleure ! elle pleure plus des larmes ! elle pleure de la pisse tellement elle en veut à la société !

– *T'as assez bu !*
– *Je veux que tu me serves ! je veux pas les dix commandements !*

M'approche pas, j'ai la myxomatose.

Ça embellit les gosses le sucre des gaufres.

– *C'est quoi ces merdes ?*
– *Mes jambes.*
– *Ça fout quoi là ?*
– *Je me déplie.*
– *T'es pas au Sporting !*

De un à cinq, ça fait six pastis ou que cinq si on met le zéro qui compte ?

Le rayonnement de Paris, même place Maubert, tu le vois plus.

– *La résine, c'est mieux que le sang, ça sent le sapin ! ça sent pas la viande ! la résine ça sent la vie ! le sang ça sent la mort !*
– *Holà ! on se calme le shakespearien !*

Le meilleur livre que j'ai lu, c'est Flammarion.

– *Ils lui ont fait l'ablation ? ça se fait ?*
– *Mais oui ! bien sûr que ça s'ablate !*

Il faut savoir que la maternité tardive donne des bébés poilus.

Le verre à moitié plein ! le verre à moitié vide ! moi mon verre il est tout le temps vide !

– *T'as plein de taches sur les mains.*
– *C'est des fleurs de cimetière.*

Mon âme sœur est un foie frère !

Comment vous voulez organiser un bal ou une course cycliste ! dans les petits villages déjà, vous n'avez plus que des insectes !

– *La base du système nerveux, c'est le neurone.*
– *D'abord le menton !*

Le grand soir ! moi je préfère le petit matin.

– *J'arrête pas depuis ce matin.*
– *De ?*
– *Éternuer.*
– *T'as Ebola.*

L'islam ! eux au moins, ils y croient ! nous, t'encules le pape, tout le monde rigole !

C'est quoi l'heure ? dix-sept heures ?! ça fait dix-sept heures déjà que minuit c'était hier !

Un pays, fût-ce la France ! doit pas se la croire !

– Elle a quatre-vingts ans Brigitte Bardot, quatre fois vingt !
– Non, une fois quatre-vingts.

La nature, je me fais chier, même une maison en bois, je commence à m'ennuyer.

Je porte sur mon dos les eaux molles du Mississippi !

– J'ai toujours eu envie de me marier et au dernier moment je m'aperçois que merde.
– Ma mère elle avait dit ça et résultat, elle a eu cinq enfants.
– Ah oui ? merde.

Il a tout bouffé le couscous, le poulet, les merguez, à la virgule près !

C'est comme les produits qui sentent la nature que tu mets dans tes chiottes, si tu les mets dans la nature, ça sent les chiottes.

Je suis contre la bonne santé, ça rend con !

Dans mon cercueil, je veux des herbes de Provence.

J'ai divisé ce que je bois par deux, deux pichets de cinquante, au lieu de quatre pichets de vingt-cinq.

– Y a moins de paysans, plus de gens dans les bureaux.
– La terre est de moins en moins basse !

À partir du moment où t'es obligé de bosser pour gagner la paye, c'est de l'argent sale !

C'est énorme le coq pour faire le coq au vin, à deux, tu peux pas faire ça, et à mon âge je vais plus faire des gosses pour faire un coq ! les gosses, en plus ! le temps qu'ils mangent du coq au vin !

J'ai toujours mal partout tout le temps et même autour de moi à un mètre j'ai encore mal.

Je vais pas passer ma journée à chercher un travail qui me plaît pas ! si j'en trouve un, j'irai pas ! j'aime pas rien faire, mais je préfère rien faire qui me plaît pas qu'un travail que j'aime pas ! quand je fais rien, j'ai pas besoin d'y aller, rien faire, je le fais où je veux !

– Les mouches aiment pas les crevettes, elles préfèrent la viande.
– Elles sont bien difficiles vos mouches !

Le bistrot en face du Louvre, c'est pas les mêmes peintres.

Le présent dans le futur, ça se peut, avec le matin l'hiver qui ressemble au soir.

C'est à Toulouse qu'il y a le plus de femmes.

– Dès qu'on monte dans une bagnole on devient con !
– Moi c'est le contraire, c'est à pied que je suis con.

C'est pas une maladie l'alcoolisme, bourré tous les jours, faut être en forme !

Mon père, c'était le pied au cul, ma mère, c'était le coup de torchon, quand mon père est tombé malade ça a été le contraire, ma mère, le pied au cul, mon père, le coup de torchon !

Tu peux pas appeler « Chez Kiki » un bistrot qui est tout neuf.

Ma mère était mère buveuse ! elle était pas mère porteuse ! le vin c'est mon père qui portait !

– *Je me rappelle pas que j'ai bu hier.*
– *Je me rappelle de rien.*

J'ai aucun ami Sagittaire.

Bon Nénette, à demain !

Au basket, si t'es petit, c'est toi le ballon !

Obèse, c'est une musculation par l'absurde !

T'étais où ? je t'ai pas vu partir ! tu parles pas, tu te casses, tu reviens ! t'es le mystère disparu toi !

– *Un accident est toujours stupide.*
– *Pas du tout, il était bourré.*

Quinze kilomètres c'est pas loin mais pour aller où à quinze bornes ?

Ça fait longtemps que ma bite est plus un grigri.

Tu nais, tu meurs, tu rends à César ce qui est à César !

– *La nuit, il éclaire encore, le soleil.*
– *Pas chez moi.*
– *Ailleurs !*
– *Ailleurs on s'en fout.*

Ronfler, au moins, c'est que tu dors vivant.

Ebola, c'est un truc des services secrets pour détruire l'Afrique, faudrait pas que ça nous arrive chez nous.

– *J'ai pas besoin d'avoir faim pour manger.*
– *J'ai pas besoin d'avoir soif pour picoler !*

Une bombe atomique, ça revient à dix-sept centimes, en fait.

Partir au jihad, c'est toujours mieux que rester au chômage ici !

La langue russe ? pour dire quoi ?

Ma mère elle était gentille et méchante en même temps, les mères, maintenant, elles sont gentilles un jour, méchantes un jour !

– On peut tout collectionner.

– Tiens ! dans le journal, cinq morts dans la même voiture !

Le mal du pays, faut pas avoir de pays, comme ça t'as pas mal.

– Il est fier de sa connerie !

– C'est déjà ça.

Mimie Mathy, faut pas la regarder trop longtemps parce que tu t'aperçois qu'elle est naine.

– J'ai la tête dans le cul.

– Bon appétit !

De nos jours, mentir change rien.

Ça devrait pas exister les gens !

Paris, c'est plus la capitale de rien ! déjà que la France dans le monde c'est plus rien et que le monde sur terre c'est de la merde !

– T'as pété ! tu paies un coup !

– Pas de sous.

– Pollueur payeur !

Celui qui est pas en train de naître est en train de mourir.

On est le siècle des parents potentiels ! tout le monde peut être parent ! même une betterave !

Les pays anglo-saxons, c'est les pays où ça klaxonne.

T'es la CAC 40 toi ! je t'embrasse, tu recules !

C'est depuis la chute du mur de Berlin qu'il y a des Arabes partout.

La gravitation universelle, chez moi, c'est le soir, plus que le matin !

La lumière blanche, c'est quand on meurt, ou quand on va aux chiottes.

Ça rayonne pas loin, Paris, moins qu'un camion qui passe !

– *Tu refumes ?*
– *Ça donne pas la cirrhose !*

Moi je pisse dehors, ça saoule les cailloux.

– *Il est né en 1744 !*
– *Je vois pas qui.*

Une femme qui fait un bébé quand elle est vieille fait un bébé qui est vieux.

On est un pays de faux culs ! je l'ai déjà dit ! je le redis !

Se lever le matin et se coucher le soir, à la limite moi je me lève plus et je couche plus.

Tu bois trop vite, t'arrives pas à te suivre.

Avec le corps humain, on se balade à l'abri.

La mère de la physique ? elle lui donnait quand même pas le biberon !

Du fromage de poule, ben oui ! c'est pas plus con que des œufs en neige !

Moi ma mère m'a jamais aimé, si tu voyais ma mère, tu dirais que j'ai raison.

– *Il a fait le con, du coup, elle m'a viré aussi !*
– *Ça t'a fait l'onde de choc.*

La volonté de bien faire ! mais des fois faut faire aussi ! que la volonté de rester au lit le matin, ça il sait faire ! je préfère qu'il dise : « J'ai la volonté de rien foutre ! » c'est plus honnête ! j'ai pas les oreilles heurtées ! j'applaudis pas mais il me prend pas pour une conne ! la volonté de bien faire ! c'est de la langue de curé !

J'ai toujours dit que l'Europe marcherait pas mais personne m'écoute.

Le futur des vieux, c'est ça l'avenir de la France !

Au Maroc, soixante pour cent de la population a moins de trente ans, au Maroc, paraît-il, en plus je vois pas pourquoi ils sont plus jeunes les Marocains ? y a pas de raison ! au contraire ! ils ont que des traditions ! c'est pas avec le plateau en cuivre que vous allez faire du jeune !

C'est toujours deux grammes quarante, l'alcoolémie, l'anesthésiste bourrée, t'sais, la morte à l'hôpital, elle buvait de la vodka la fille, c'était deux grammes quarante, toi, c'était deux grammes quarante, moi deux grammes quarante, le patron de l'Arquebuse quand il s'est fait arrêter, t'sais, après la soirée déguisée, c'était deux grammes quarante, si c'est comme les radars que t'as toujours vingt kilomètres de dépassement, cinquante c'est soixante-dix, cent c'est cent vingt, c'est pas du matériel qui dit la vérité, ils arrondissent, deux grammes quarante c'est arrondi, si tout le monde a deux grammes quarante, à mon avis un jour un avocat trouvera la parade, ça tombera à un dix si ça se trouve, ou un, non, quand même pas, à un quarante, ça arrondit de un, un gramme quarante, deux grammes quarante, un gramme de plus, laissez ! laissez ! comme au marché, t'sais.

L'espérance de vie qui baisse, de toute façon, l'espérance n'a jamais monté.

Même quelqu'un qui chante mal, c'est joli de chanter.

Animal expo, tu peux acheter des iguanes ! et après, les gens les abandonnent ! et nous on sort du bar, on tombe sur des iguanes !

Je te paye un coup ! tu me payes un coup ! je te repaye un coup ! tu me repayes un coup ! c'est la cuite vertueuse !

Même quand y a personne au bistrot, je suis jamais seul.

– Je suis né sous X.
– Fais du porno !

Tout ce qu'on bouffe est élevé, même ce qu'on chie est plus tellement sauvage.

– Le pire cadeau qu'on m'a fait quand j'étais petit, c'est un camion de pompier.
– C'est bien un camion de pompier.
– Cadeau de merde !
– T'es bizarre toi.
– Je me comprends.

Quand elle est morte on est allés chez elle pour vider l'appartement, dans le frigo, c'était que des petites croûtes de fromage, rongées, on voyait les petites dents de la vieille sur les croûtes, des toutes petites croûtes, y avait que ça, des croûtes, et les traces des petites dents, comme un livre d'histoire en croûte.

La connerie à pas faire, c'est écouter la nature ! y a pas plus méchant !

Je suis périmé, je peux bouffer du périmé.

Les Incas, les Mayas c'est deux noms différents mais c'est les mêmes cons.

Un peuple qui disparaît, c'est que la nature en voulait plus.

Vitry, Ivry, Choisy, Thiais, Villejuif, c'est mes cinq continents.

Le regard bleu azur, faut une mer azur dans la tête.

Le tango, mets de la chantilly, t'as la valse !

Le bonheur, c'est fumeux, le malheur est concret.

C'est alternatif comme médecine de mourir tout de suite plutôt que se faire chier à l'hôpital !

Il se lave les mains, tu peux jeter le savon.

– *Chaque Français jette vingt kilos de bouffe par an !*
– *On devrait jeter plus, t'as vu comme on est gros ?!*

T'es pas souffleur de verre toi, t'es aspireur !

Le Chinois est plus lourd que le Japonais, j'ai pas pesé, mais à l'œil.

Los Angeles sera détruit par un tremblement de terre, c'est pour ça qu'ils sont tous pédés là-bas, ils ont rien à perdre.

On est pas faits pour vivre ! l'ennui ! on s'ennuie ! moi heureusement j'ai la chance ! j'ai mes timbres !

Vous êtes tous des malades mentaux !

Un monstre de verre et d'acier sa cabane ! avec toutes les bouteilles vides et la ferraille !

La stratosphère, et en dessous, la sphère.

C'est la moustache « guidon de vélo », son nom scientifique.

Creuse ! allez, creuse !

Faudrait trois bouches pour l'heure de pointe.

Comme un arbre, je suis enraciné, avec ma bite on fait des planches !

La momie des tourbes ? vous connaissez la momie des tourbes ?

Y a que des animaux dans ce bar !

Un gros mot par mot !

Ils auraient pu mettre Saturnin le Canard au musée Grévin, y a bien Mimie Mathy qui y'est.

J'ai donné mon corps à la maladie !

La connerie est plus créative parce que souvent elle est plus libre.

Avec tous les volcans qui dégoulinaient de partout, n'importe quel con aurait pu inventer le feu.

Comparaison n'est pas cornichon.

Il s'est pas électrocuté, on l'a tué ! il a dû faire chier les mecs de Las Vegas pour racheter un casino, Claude François électrocuté, impossible ! Mike Brant tombé par la fenêtre, on l'a balancé ! tout ça à la même époque ! quand les chanteurs avaient de l'importance, aujourd'hui t'as plus que des cons, tu peux laisser vivre ! qui c'est que tu vas électrocuter aujourd'hui comme chanteur ? y en a pas, jeter qui par la fenêtre ? Drucker il les a tous connus, il te dira la différence des chanteurs avant et des brèles ! Drucker il les a connus, c'était des amis à lui, avec l'autre qui fait de l'hélicoptère, celui qui imite les Noirs, et l'autre de la clarinette, une autre époque ! j'ai lu un livre sur les morts célèbres, ils peuvent pas tout dire pour les procès, mais entre les lignes, on la voit la mort comment ils sont morts, la mort noire, les plus grands chanteurs qui partent au ciel assassinés ! ça pue Monaco ! Le Rocher ! Ah la vache ! Y s'en passe ! depuis l'accident dans le virage de Grace, y a eu un film, je l'ai pas vu, j'aime pas le cinéma, j'ai tout de suite envie de pisser.

– *La musique classique, ça fait des vagues.*
– *Sauf le violon, ça fait anglais.*

Contrôleur aérien pour les bulles de savon.

Le cerveau, c'est que du gras, et pourtant, au soleil, ça tient.

– *Je suis pas immoral, je suis amoral.*
– *T'es pas normal !*
– *Anormal.*

Ebola, c'est le sida noir, mais oui ! c'est le sida noir !

– *Qui vous a dit que j'étais là ?*
– *Vous.*
– *Quand ?*
– *Maintenant.*

Des crottes de chauves-souris sur la table de la salle à manger, et ils mangent là, ça les gêne pas ! les crottes dans les miettes de pain, sous le nez, comme sel et poivre !

Le soleil rayonne sans s'occuper, il s'en fout des résultats.

Pas de travail, pas de logements, on est trop sur terre, c'est là que des nouvelles maladies apparaissent, pour faire de la place aux gens.

– *C'est une philosophie de vie de pas philosopher.*
– *Houla !*
– *Parole de Sioux.*
– *Calva le matin, chagrin !*

L'Albanie, le Kosovo, historiquement, ça n'existe pas.

Depuis la rentrée scolaire, il a déjà deux profs absents ! deux bonnes femmes en plus !

Le seul truc qu'on fait en commun de nos jours, c'est boire.

– L'autre con de Valls qui va dormir dans un gîte de montagne pour bouffer de la tartiflette ! l'autre con de Hollande il va aller bouffer dans un routier et il va dormir chez Ginette et l'autre con de Sapin il va aller boire un coup chez Doudou et il va aller coucher chez Marius !

– T'as dit trois fois l'autre con.

– Moi ? ça m'étonnerait !

Mon fils aura moins que moi, déjà que j'ai rien !

C'est pas normal que le fils Leclerc qui est milliardaire qui fait un gosse il a la même allocation familiale qu'un maçon ! et le milliardaire qui se fait rembourser le médecin devrait pas avoir le droit, c'est honteux ! le milliardaire il peut se payer des dents ! tu peux te payer des dents toi ? les riches payent avec leur pognon et ceux qui ont pas d'argent payent pas ! c'est ça la justice ! à l'époque les pauvres payaient pas le vin, c'était le patron qui payait ! on nous fait tout payer ! Tapie on lui a donné quatre cents millions par magouille, moi je paierai le docteur si on me donne quatre cents millions ! je paye un coup, même ! si tu veux des dents je te paye des dents et on va bouffer !

– Cent vingt ans elle avait Jeanne Calment quand elle est morte, alors que des gosses meurent à seize ans !
– Comme cent quarante millions au Loto pour un seul gagnant.

C'est chez les cons que t'as le plus de solidarité !

Récupérer l'eau de pluie pour arroser les fleurs ?! c'est les Restos du bulbe !

– Aujourd'hui on jette la bouffe !
– On jette même les gens.

Connard Platinium, je l'appelle.

Une blanche, ça vaut deux noires, et un blanc, ça vaut deux rouges !

On devrait s'occuper plus des vieilles personnes et moins des jeunes personnes, je vous dis pas ça parce que je suis vieille.

– Le petit Grégory, on a jamais trouvé l'assassin.
– Si ça se trouve, c'est un copain de l'école.

Le poisson a pas d'ADN, ça tient pas dans l'eau.

Une vieille qui a qu'un chat, c'est la bourgeoisie des vieilles, une vieille, faut qu'elle ait vingt chats.

Le troglodyte, il rentre chez lui par le mur.

Brigitte Bardot ? tu laisses faire, elle bouffe les humains, elle baise les animaux !

Je peux pas lire avec mes grandes jambes.

Vous seriez venu y a trois ans, j'avais encore ma femme derrière moi.

– Moi je vais au bistrot parce que j'aime les gens.
– Te bourrer la gueule !
– Pas du tout ! les gens !
– Tu picoles t'envoies chier tout le monde, t'aimes les gens ?
– Oui mais ça mais non une fois !
– Tout le temps !
– Là on parle !
– C'est le matin.

C'est la télévision qui fait rentrer les nazillons dans les maisons.

– Gros con !
– Dix heures moins le quart, t'auras pas été poli longtemps.

Tu m'y verras jamais insectivore !

– Toutes les conneries ils les font les socialistes ! Le Valls qui mange une tartiflette !
– Il veut grossir pour être président.
– On a jamais eu de gros président ! à part Pompidou à la fin, et Coluche.

Au goût, on voit que c'est bon.

Je rentre plus dans mes pantalons et je rentre toujours dans mes slips, va comprendre.

– *Y aurait que de l'eau, t'irais au bistrot ?!*
– *Oui pour me laver !*

Je le lis plus le journal, je m'en fous de ce qui se passe, pour ce que ça change de savoir !

Incroyable le soleil pour un mois de novembre ! on se croirait en juillet ! pas le mois de juillet dernier parce qu'il pleuvait ! il faisait froid ! incroyable le temps pourri qu'il faisait pour un mois de juillet, on se serait cru en novembre !

Je bois moins parce que je mange moins salé.

Il doit se demander ce que c'est l'aveugle en se touchant la bite.

– *C'est qui qu'a payé ?*
– *Personne.*

Moi je lis quand je tombe un œil.

– *Le prix Nobel de littérature, c'est un Français.*
– *Oui, bof, y fait quoi ?*
– *Un écrivain.*
– *Oui, c'est quoi comme prix ?*
– *Nobel.*
– *Pour les livres ? c'est pas le Goncourt ?*
– *Le prix Nobel.*
– *Nobel des livres, on est sauvés pour le chômage !*

C'est pas Nobel qu'elle s'appelait Chantal Nobel ?

– *Tu sers à rien ! tu produis rien !*
– *Mon propre mouvement.*
– *Hein ?*

On met les livres dans les cabinets, après ça sera l'opéra dans les urinoirs !

– *C'est quand le 12 décembre prochain ?*
– *Le 12 !*
– *Oui mais le mois qu'on est ?*
– *Octobre.*
– *C'est quand le 12 décembre prochain ?*
– *Deux mois et plus.*
– *Non mais le jour du 12 décembre ?*
– *On sait pas !*
– *C'est mon anniversaire.*
– *Ah ! t'as quel âge ?*
– *Le 12.*
– *T'es né le 12 décembre ?*
– *Oui, c'est mon anniversaire.*
– *T'es quoi ? t'es roumain ?*
– *Roumain.*
– *T'es né en Roumanie ?*
– *Turquie.*
– *T'es turc.*
– *Jumeau avec mon frère.*
– *Il est où ton frère ?*
– *Mort.*
– *Ah.*
– *Le 12.*
– *C'est ton frère qui est mort le 12 ?*
– *C'est mon anniversaire.*
– *T'as quel âge ?*
– *C'est quand le 12 décembre prochain ?*
– *Le 20 novembre !*

Modiano il va même pas jusqu'à Belleville, il s'arrête place Maubert ! tu parles d'un prix Nobel qui raconte un continent !

Si tu retrouves de l'ADN de canard sur un cadavre, tu peux rien déduire.

La famille, c'est infect, faut sortir de sa mère par le trou !

– Un café !
– T'as basculé dans l'extrémisme ?

C'est pas le moment de mettre les pharmacies dans les grandes surfaces quand y a Ebola !

Une seule fois je vois un mec, son nom je m'en rappelle, toi, c'est Pignouf.

Le PS, l'UMP, on s'en fout ! ça marche jamais ! ils connaissent rien ! faut prendre la douche dans les vestiaires avec les maçons ! les chauffeurs de taxi ! tous à poil ! tu vas boire un coup après la douche ! tu comprends les gens !

L'homme n'est pas fait pour être vivant.

– Elle est pas là Martine ?
– Même les vaches s'appellent plus Martine aujourd'hui.

Je m'en fous du Front national mais y a plus que ça !

L'ADN dans le slip est différent de l'ADN dans la casquette.

– Suze ?
– Suze.
– On est de la même secte.

J'ai plus l'âge, un jour de cuite, trois jours pour me remettre, je commence à picoler je sais je vais en chier trois jours tant pis je suis con je m'en mets et après, mort ! je picole quatre jours, l'enfer ! trois jours ! pareil ! à la limite je cuite quatre jours, si c'est pareil la punition qu'un jour de cuite, ah oui, c'est con mais c'est vrai, tu vois, je suis con, je vais me bourrer quatre jours !

Il est tellement feignant, il vole même plus d'outils.

Je vois pas pourquoi on veut ressusciter, on arrête pas de se plaindre !

Fromage de montagne, pomme de montagne, hareng de montagne, tout ce qui est de montagne, j'achète !

C'est la dimension symbolique qui m'intéresse dans les trucs.

Le sida ça vient d'Afrique, Ebola ça vient d'Afrique, ils ont tous les cépages !

C’est les médecins qui transportent les microbes.

Ebola, vous avez la diarrhée, en plus, on vous enferme dans une combinaison étanche !

La cathédrale de Strasbourg et les saucisses de Strasbourg, c’est rare pour une ville d’avoir les deux.

Tu donnes la Sécu à un loup, t’as un chien !

Je m’en fous de l’écriture comment c’est écrit, je lis la lecture que je veux.

Verlaine Rimbaud ! le cœur le foie ! ici là-bas !

– *Moi ou rien c’est pareil.*
– *Ne dites pas ça !*
– *Si !*
– *Bon moi ce que je dis ou rien.*

Lui, il est con à perte de vue !

– *Il y a la loi, et l’esprit de la loi.*
– *Il y a le vent, et l’esprit du vent.*

Le vieux, on lui fait bouffer de la bouillie, on lui torche le cul, on peut le mettre en pédiatrie.

La fête du boudin, c’est pas sportif, c’est culturel.

J'ai peur dans les virages, on est pas faits pour tourner.

Ils sont avachis comme des mollusques, une classe de sixième, c'est déjà un plateau de fruits de mer !

Marchez-moi dessus pendant que vous y êtes !

– *Redites.*
– *Quoi ?*
– *Ce que vous avez dit ?*
– *Gamelle.*
– *Ça c'est des mots, on sait pas d'où ils sortent.*

Sauvons la France ! buvons du vin !

La nuit les bars ça dérape ça roule la queue à la charcuterie à midi je peux pas !

– *Aïe !*
– *Il tombera pas plus bas.*

Avec ses rhumatismes, ça lui fait des doigts de pieds Louis XVI.

Tu rêves debout, va t'asseoir.

Tu l'as eu toi le sida ? y en a qui cherchent !

Pour Ebola, faut bouffer du singe.

– *Comment y va ton gamin ?*
– *Il veut être vendeur de cailloux au bord de la route.*

J'en ai vu passer, la tuberculose, la polio, le sida, Ebola, et finalement je mourrai de la grippe, comme tout le monde !

Ils sont devenus milliardaires en comptant sur un boulier ces cons de Chinois !

Il y a des pays où c'est autorisé la zoophilie, mais il faut que l'animal soit content.

Le vin, c'est animal, alors que l'eau, c'est végétal.

– *On est allés voir le mont Blanc et on a mangé une gaufre.*
– *T'as les yeux plus grands que le ventre !*

Modiano, la lune, Sempé, le soleil, pour moi, je vous dis ça, pour moi.

Y aurait moins de chômage, y aurait moins de sida !

– *Le soleil à la mi-octobre, je supporte pas !*
– *Prenez un pastis !*
– *Un pastis au mois d'octobre, je peux pas.*
– *Prenez un vin chaud.*
– *Un vin chaud avec ce soleil, je peux pas !*
– *Un vin froid !*
– *Du vin blanc à cette heure-là, je peux pas !*
– *Vous pouvez quoi ?*

Ça sert à rien le miroir, on voit pas derrière la tête ! voir la figure devant on s'en fout ! tout le monde voit ta gueule ! derrière ta tête les gens font pas attention, faudrait un miroir pour ça, tu regardes derrière ta tête dans le miroir et du coup les gens regardent, sinon ils s'en foutent ! ils regardent que devant ! ta figure qu'on voit dans le miroir, on s'en fout, on la voit tout le temps ! ça sert à quoi le miroir que pour voir un truc qu'on voit déjà ? de la merde !

Tout le monde est fou sauf moi !

Si ça se trouve Ebola, ils nous l'ont ramené de la lune.

Un chien de rue on dit pas SDF, on dit chien errant, les SDF sont des errants, mais ça, ça fait peur au bourgeois, l'errant ! alors que sans domicile fixe, ça fait : « Il a pas travaillé à l'école, bien fait pour sa gueule ! » un errant, ça fait libre et ça mord, ça fait peur, l'errant, les errants, les villes sont pleines d'errants, le jour, la nuit, ils errent, ça fait peur, on voit l'ombre, on voit le dos.

Tout le monde vieillit, je vieillis aussi, je suis bon équipier !

J'ai jamais trouvé le bon endroit.

Il espère quoi le poisson volant ?

L'alimentation dans cent ans ! je sais même pas ce que je vais bouffer à midi.

Tu démontagnes ou tu sors de taule ?

Il partait du bar, il allait direct sous l'ombre de l'arbre de la place, sous l'ombre de l'église, sous l'ombre du lavoir, il rentrait à la maison en passant par les ombres, à la maison il se mettait loin de la lampe, il allumait pas la chambre, mon père, j'ai vu toujours que le bout de sa clope briller.

La bouche a évolué, le trou du cul n'a pas bougé, c'est ancestral.

Si t'es capable d'être tout seul aux cabinets, tu dois être capable d'être tout seul partout !

Le riz, c'est pas des légumes, c'est des patates, comme les nouilles.

Rien m'emmerde, tout me fait chier !

Il veut une robe de chambre, mais il dit ça quand il est saoul.

En vingt ans, j'ai bu une piscine olympique !

Merde à la dictature du courage !

En vélo, les jambes travaillent ? pédaler, vous appelez ça un travail ?

Le bébé pleure parce qu'il sait que sa mère va mourir.

Un jour, les mains, on en aura plus besoin.

Quand tu décapites un homme au couteau, tu dois être capable de manger du porc, non ?

L'amour ! et l'âme ! et la merde des escargots !

– *Toutes les lettres de ta mère tu les as jetées ?*
– *Je suis pas une araignée ! je garde pas les pattes de mouche !*

Y a vingt ans, j'avais trente ans de moins.

J'ai jamais été aussi bien assis que sur une chaise de cantine !

Ça n'existe plus les vieux écrivains qui sentent le pipi de chat.

Sollers, il a jamais décollé.

Tu le connais pas Sollers ? un écrivain, je sais pas ce qu'il écrit, un vieux, il passait à la télé, il est mal coiffé.

La fourmi sait pas qu'elle est une fourmi, elle se dit pas « je suis une fourmi » ! les autres fourmis, elle se dit pas « c'est des fourmis » ! elle sait pas ce que c'est ! t'es dans une fourmilière sans savoir ce que c'est ! ou t'es ! avec qui t'es ! c'est quoi qui grouille ? t'es recouvert de fourmis sans savoir je pourrais pas ! tu sais pas ! ça te monte dessus ! aucune fourmi qui s'en va ! elles savent pas qui elles sont ! elles restent ! elles sont pilotées !

Je bois, je mange pas ! je fais moins caca que quelqu'un qui mange et qui boit pas ! je fais pipi ! je fais pas caca ! je suis plus propre ! circulez !

Gueule pas ! on dirait Artaud !

– *Les animaux parleraient, on oserait pas les tuer !*
– *Ah bon ? les gens qui parlent on ose pas les tuer ?*

Ça date pas d'hier, les ronds dans l'eau.

Ça s'incinère un PDG de Total ?

Boum !

Tu nais, tu meurs, c'est l'enchaînement fatal !

Il est mort il y a trente ans, Truffaut, en même temps que d'autres trucs.

– *Ça réchauffe le cœur.*
– *Eh bé, c'est bien.*
– *Ça réchauffe le cœur.*
– *Un verre de vin, c'est rien !*
– *Je parle que vous me parlez.*

Vaut mieux qu'il pleuve aujourd'hui que demain parce que demain normalement il fait beau.

Il lui a foutu un coup de poing à la serveuse parce qu'il croyait qu'elle était un lézard.

Le bon pain, ça veut tout dire.

Je suis je sais pas où ! je sais pas qui !

La peur est un insecte.

J'ai une fille qui est morte ou c'est mon fils. Mon père, c'est lui qui est mort ! c'est moi !

Les machines remplacent l'homme, un jour c'est elles qui rentreront le soir à la maison !

– C'est laid les pieds.
– Vous êtes bien content de vous en servir !

Tu vas bosser dix minutes, tu reviens boire un coup, tu repars bosser, tu reviens picoler, t'es intermittent du spectacle !

– Un demi ! un kir ! un pastis ! un blanc ! un rosé !
– C'est un hymne à la diversité !

Il arrive avec des béquilles mon coup de rouge ?

– T'as jamais eu des rêves d'enfant ?
– Si ! que ma mère elle meure !

Il faut quatre naissances pour un mort, pour porter le cercueil.

En plus c'est vrai qu'on vieillit.

Les escargots plats, je leur fais la fête, c'est des ordures finies ceux-là !

Son nom dans le marbre faut l'avoir quand on naît, pas quand on meurt !

Ça fait vingt ans que le chômage augmente, je sais même pas comment il reste un seul travailleur !

La droite ! la gauche ! la gauche de la gauche ! la droite de la droite ! le centre ! le centre droit ! le centre gauche ! je passe par où quand je vais acheter le pain ?!

L'heure d'été, il pleuvait, l'heure d'hiver, il fait beau, explique-moi !

– C'est fermé, fini ! chez Rémy !
– Chaque fois que je passe devant, j'ai un pincement au foie !

Quand je lave la bagnole, ça me rince la tête.

Dimanche, le changement d'heure ? comme si d'habitude on changeait pas !

Je n'ai jamais reçu une lettre d'amour.

– On sera morts quand l'homme marchera sur Mars !
– Moi déjà je dormais quand il a marché sur la Lune.

Se réfugier dans les bras de sa mère, c'est rien par rapport à son ventre.

C'est difficile de vivre au jour le jour, la nuit la nuit, la merde la merde.

Le corps de Mozart mort roulé par la mer, je voudrais bien entendre les galets.

Je suis tombé plus bas que ma merde !

Neuf et neuf, dix-huit, moins neuf, neuf, moins neuf, zéro, plus neuf, neuf, plus neuf, dix-huit, tu peux le faire cent mille fois, ça bouge pas.

Bizarre, les sous, j'ai rien acheté, j'ai tout dépensé.

Faire cadeau de son sang ? faut faire le paquet aussi ?!

Il faut manger le soleil pendant qu'il est chaud !

Mon téléphone, c'est surtout si mon mari il a des ennuis, pour la gendarmerie ou l'hôpital, c'est pas pour acheter des billets d'avion pour partir en Tunisie !

Le verre de trop ? de trop quoi ?

Les bébés chinois sont pas plus forts dans le commerce que les autres bébés.

– La mer à la télé, t'as pas l'odeur.
– Fais des moules.

C'est le viral le plus moderne.

Dix minutes de retard à vélo c'est plus long que dix minutes de retard en voiture, en vélo le retard est plus long, même si c'est le même, parce qu'on attend plus un vélo en retard qu'une voiture.

– T'es imbu de toi-même !
– Toi t'es bu !

Moi je sors de moi comme ça je peux faire entrer quelqu'un à ma place.

L'animal, c'est un être humain qui se mange.

– T'es plein de cambouis !
– Miel de garagiste !

Excusez-moi, mais c'est pas très intelligent, les fleurs !

C'est bien la montagne, quand tu montes, c'est pas pareil que quand tu descends.

T'es beau comme un diot c'matin.

T'ouvres, ça gueule, c'est pas une boîte à musique, c'est une boîte à cris.

– *C'est l'ouverture du musée Picasso.*
– *Y en avait pas déjà un ?*
– *C'est le même, ils ont fait des travaux.*
– *Des travaux chez Picasso, y avait besoin !*

Un cercueil en carton, ça suffit pour un ouvrier du bâtiment.

Je voudrais être incinéré dans une chaudière à bois.

Quelqu'un qui parle à quelqu'un d'autre, c'est la base, pas besoin de machine, c'est direct, ça a toujours existé, la différence, tu dis bonjour, tu dis pas allô ! c'est pas pareil ! allô, ça veut dire quoi ?

C'est un objet vivant le frigo, c'est rempli de viande.

Triste sire !

Vous l'avez vu la Ségolène Royal avec ses boucles d'oreilles ! tout ce qu'elle veut celle-là, c'est se montrer !

Le demi n'est pas la moitié d'une autre bière plus grande puisque le demi est plein.

J'ai le droit de boire à condition que je picole pas.

– *Un village, t'as rien, pas de cinéma, pas de café, pas de commerce !*
– *T'as intérêt à avoir un commerce intérieur.*

Moins y a de vie extérieure, moins t'as de vie intérieure !

Les coins à champignons, c'est jamais dans les coins, c'est toujours perdu au milieu.

Catherine Deneuve, dans la rue, c'est rien qu'une blondasse avec des targettes.

Des logiques, y en a vingt !

La conquête de l'espace, on y arrive même pas au Sahel !

Elle a fait cinq gosses avec son ventre sinon avec les mains elle sait rien faire.

Les gens ils ont faim, ils ont chaud, ils ont froid, ils ont soif, y a pas plus de différence entre les gens qu'entre les poireaux entre eux.

Le poisson qui mange un autre poisson sait pas qu'il mange du poisson, pour lui, c'est de la viande.

– *Le PSG se déplace à Lorient.*
– *Facile de se déplacer quand t'es en car.*

Le premier écologiste, c'était Hitler, t'as qu'à voir le niveau !

Valise en carton ! cercueil en carton ! vie en carton !

Le monde, c'est le grand simulateur de vie ! la moitié des gens qui vivent sur la Terre vivent pas une vie !

Thibault, c'est le même prénom que Thierry la Fronde.

La conduite accompagnée, avec le mien ? déjà que la soupe accompagnée il l'a fait pas, il s'assoit pas à table, sa mère et moi on est de la merde ! c'est pas demain qu'on va rouler ensemble !

T'es typiquement con !

À la campagne tout le monde avait un cochon, y a plus le cochon, tout le monde avait des poules, y a plus les poules, tout le monde avait des grands-parents, y a plus de grands-parents, il reste que des gosses dans la chambre, qui s'ennuient.

J'aime bien boire avec les pompiers, y a pas une goutte par terre.

– C'est quoi l'actualité ?
– L'actualité de quand ?
– Aujourd'hui, j'ai pas vu le journal.
– Aujourd'hui quand ? de ce matin ?
– Aujourd'hui !
– Aujourd'hui, à c't'heure, c'est fini l'actu ! faut attendre le journal de demain !

On vit jusqu'à trente ans et après on fait que de la reconstitution.

Le temps suspend son vol, il se pose, il bouffe des graines, c'est pas mieux !

À la fin de la vie, on meurt ! et le droit de rien dire ! faudrait au moins un avocat !

L'évolution naturelle du comptoir, c'est de pas évoluer !

De toute façon il faut un continent qui meure ! tout le monde peut pas vivre ! si c'est pas l'Afrique, ça sera quelqu'un d'autre, ça sera nous ! l'Europe ! alors autant que ça soit l'Afrique ! ça les change pas ! c'est pas l'Asie qui va crever et pas l'Inde, c'est nous en deux qu'on va crever ! alors autant l'Afrique en un !

L'horloge biologique, faut t'ouvrir pour voir l'heure ?!

Loin des yeux, loin du cœur ! près d'autres yeux ! près d'autres cœurs !

– *La bière, j'en buvais jamais, je me suis converti.*
– *C'est mieux que l'islam.*

Plus je parle, plus je parle. Je devrais me vider, je me remplis !

Tu me touches pas le nez ! cité interdite !

Je suis pas prisonnier de l'alcool, je suis en détention provisoire !

Le jour des morts, c'est pas pour tous les morts, c'est pour les morts qui ont de la famille.

– *Il a un cancer du poumon alors qu'il a jamais fumé !*
– *C'est le piéton qui se fait tuer par une bagnole.*

On a voulu sortir en mer, on a pas pu, force neuf ! du coup on est restés au bar, force dix !

C'est nul d'aller sous l'eau pour pêcher le poisson, on s'envole pas pour chasser le canard !

Hollande, il aura ramené la France au rang de la Creuse.

Avant, les absents étaient pas là, maintenant, on entend qu'eux !

– *Qu'est-ce qui se passe ?*

– *Y se passe que vous êtes tombé en arrière et que vous avez cogné par terre, on vous a relevé, on vous a assis sur la chaise en attendant que vous allez mieux, ça va mieux ?*

– *Il est où mon verre ?*

– *On dirait que ça va mieux.*

Venise, ça pue la vase dans les chambres.

On a eu dix morts au Mali depuis le début de la guerre ! t'appelles ça une guerre ? y a moins de morts qu'un week-end sur les routes !

C'est laid Venise, t'as que des cons qui mangent des glaces et des pigeons.

Ça se boit comme un roman un vieux whisky.

Les poissons de Venise sont des poissons de ville, avec le chapeau et le klaxon.

Le mort, faut que je le voie ! sinon j'y crois pas qu'il est mort, à l'hôpital, je veux le voir dans le lit de la morgue, dans le cercueil, je veux le voir ! sinon je crois pas qu'il est dedans ! dans la terre ! faudrait m'y mettre avec pour que je croie qu'il est enterré ! que je voie quand il pourrit le mort ! sinon, je crois toujours qu'il va arriver en rigolant ! mon père il est mort, pas sûr ! j'avais six ans, rien vu ! alors ? si ça se trouve, c'est toi ! t'as l'âge de mon père ! si tu meurs, ce coup-ci, je veux te voir !

On est entrés dans une époque post-époques.

Ça va ma gueule ?

C'est les moines qui font le fromage, qui font le vin, les alcools, ils baisent les enfants, ils aiment tout faire, les moines !

Il est mou, Obama, mais comme il est grand, ça se voit moins que Hollande.

Avec les nouvelles régions, l'Alsace, tu te retrouves avec Dijon ! la France, t'es en Allemagne ! l'Europe, t'es en Chine ! la Terre, t'es sur la Lune pour finir !

– Il est tout jaune.
– C'est la ricardose.

Le jour des morts, je serais le jour, je ferais nuit.

Ça fait longtemps que le monde rural n'est plus un monde !

– Je me retrouve par le prisme de la lecture, ou par le prisme de la peinture.
– Vous êtes prismique vous.

– Un demi !
– Un demi !
– Un demi !
– Un blanc ! je cultive ma différence.

Il existe pas en poisson le lump, il existe qu'en œufs, sa maman, à l'œuf, c'est la boîte.

Avec les cheveux sur les oreilles, on entend comme les animaux.

J'ai le papier dans mon portefeuille pour donner mon corps à la science, faut pas que je perde mon portefeuille, ils vont venir me prendre mon corps.

– Il y a des choses qui se passaient il y a mille ans et qui se passent encore aujourd'hui.
– Lesquelles ?
– Le jour qui se lève, et d'autres.

Chez moi je parle tout seul mais je m'en fous, j'écoute pas.

Dans son langage, le chien, il sait ce qu'il dit !

Le premier Hitchcock, c'était Kafka.

On est que des animaux, on mange de la viande et la femme elle accouche.

– Ségolène Royal qui veut faire les autoroutes gratuites le dimanche ?! vas y en avoir de la famille broyée dans les accidents !
– Elle est malfaisante cette fille.
– C'est une femme qui ne réfléchit pas !

La poésie, y en a partout, vous regardez le mur, y en a sur le mur, le ciel, y en a dans le ciel, l'eau, y en a dans l'eau, le pain, le vin, les cils, les cheveux, vous en avez dans les cheveux !

Cinq gosses ! même moi la chienne elle en a eu que trois.

Mon accouchement s'est très bien passé, la preuve, aujourd'hui, il est garagiste !

La première cause de décès en France, c'est quand on crève !

Jules Renard, le nom c'est monsieur Renard, le prénom c'est Jules, bonjour monsieur Renard ! ça va, Jules ?

Brigitte Bardot, elle a le ver dans le fruit !

La pyramide du Louvre, c'est la queue ! Beaubourg, c'est la queue ! le musée Picasso, c'est la queue ! l'art c'est faire la queue ? je ne suis pas d'accord ! l'art, faut rentrer tout de suite !

Mon ancêtre, c'est pas les Gaulois, c'est mon père qui fumait des gauloises.

La Joconde, elle est mise derrière un verre, sinon elle gondole, ça lui appuie la figure.

La France, c'est pas les gens, c'est les haies dans les champs.

Y a pas que la musique qui est symphonique, y a aussi la cuisine !

– *Ça fait trois fois que vous dites le contraire !*
– *Comme ça je dis pareil.*

La femme pas enceinte, c'est coquille vide.

Le beau Danube bleu ? moi je mange pas le poisson !

Les huîtres, j'en mange toujours dix, jamais douze, j'en laisse deux, comme ça celui d'en face en a quatorze, il en mange treize, il en laisse une, et c'est moi qui la mange, la dernière.

– *Hier soir il était rouge ! rouge ! le ciel, vous avez vu ?*
– *C'était quoi ?*
– *Le coucher de soleil.*
– *Je croyais que ça brûlait au moins.*
– *Non, le coucher de soleil.*
– *Pas vu.*
– *Rouge et après, mauve.*
– *Pas regardé.*
– *Magnifique !*
– *Un immeuble qui brûle, c'est sûr je regarde, le ciel...*
– *Les nuages comme de la fumée.*
– *Pas regardé.*
– *Un incendie énorme !*
– *Dommage, pas regardé, je regarderai ce soir.*
– *Ils annoncent de la pluie.*
– *Foutez le feu !*

J'invente rien ! on me l'a dit !

– Il est tout seul, Hollande.
– Le pouvoir, ça isole.
– Moins que la lâcheté !

– C'est inondé Vals-les-Bains, et Lamalou-les-Bains ! comment ils avaient été noyés y a pas longtemps encore !
– Faut jamais habiter un bled qui finit par « bains ».

C'est pas la peine de construire des barrages, le niveau de la mer va monter et on sera inondés, alors ? un mec mort pour ça ! j'en connais pas des anciens Romains qui sont morts à l'époque quand les Romains faisaient des travaux ! le pont du Gard ! les Romains ça leur plaisait les travaux ! on veut plus rien faire ! le jeune mort, il avait vingt ans, pas aimer les travaux à vingt ans, je comprends pas !

– 97 % des Français sont contre lui.
– Il reste que 3 % de Hollande dans le saucisson !

– Les plus belles inventions, c'est les Chinois.
– Le feu d'artifice !
– Et les nouilles !

– Le Panthéon, c'est dans le Ve arrondissement.
– Tout le monde peut pas avoir la tour Eiffel !

L'étanchéité du nouveau joint ! vous l'avez testée l'étanchéité du nouveau joint ? quand on pose un nouveau joint, on teste l'étanchéité ! vous l'avez testée l'étanchéité du nouveau joint ? ça se teste l'étanchéité ! vous l'avez testée ? l'étanchéité du nouveau joint, vous l'avez testée ? vous l'avez testée ? l'étanchéité ? ça se teste ! vous l'avez testée l'étanchéité du nouveau joint ? et ça fuit ? ça fuit pas ? vous l'avez bien testée ? parce que des fois ça fuit pas au début et ça se met à fuir dans la nuit ! retestez l'étanchéité ! vaut mieux tester deux fois pour être sûr que la fuite va pas comme on dit dans le métier, j'étais du métier, survenir ! l'étanchéité, quand ça veut pas, ça veut pas, j'étais chef d'atelier, je voyais des jeunes qui travaillaient ni fait ni à faire, je leur disais : « Testez l'étanchéité ! » c'est le plus important, l'étanchéité ! jamais un client s'est plaint des installations, je testais, je testais l'étanchéité, jamais une fuite, si vous êtes sûr de l'étanchéité, vous pouvez partir tranquille et laisser le travail propre, l'étanchéité, tester l'étanchéité ! une fuite sur un chantier, j'en aurais chialé, monsieur, chialé ! chialé ! chialé ! même maintenant, encore, j'en parle, ça me remonte, ah oui, ah oui ! chialé ! la retraite, je vous la souhaite à personne ! à personne ! à personne !

Tu changes la vie des gens, ils veulent encore changer, c'est un slip par jour la vie des gens.

J'aurais même pas mis le nom de Napoléon sur la tombe, ça disparaît tellement vite, les noms.

Un bébé qui naît, il a déjà ses droits de l'homme ! faudrait commencer par ses droits du bébé !

À la poste, on peut le choper Ebola, avec la bave sur les timbres qui arrivent d'Afrique !

– *T'as maigri ?*
– *Pastis, rosé, je fais le régime crétois.*

Un éléphant, c'est cent litres d'eau par jour, y en a combien des éléphants en France, dans tous les zoos, à force, combien ? je compare pas, mais l'été, on a pas le droit de laver les bagnoles ! il faut choisir le monde dans lequel on veut vivre, les éléphants ou les bagnoles, attention ! je compare pas ! mais le mec qui habite en face du zoo il voit les éléphants qui se baignent ! et lui, pas le droit d'arroser sa pelouse ! ou de remplir le bassin ! je déconne ou pas ? c'est un exemple, parmi d'autres ! oui ! oui monsieur ! parmi d'autres !

Vous pouvez approcher, vous pouvez me parler, vous pouvez payer un coup, je suis navigable.

Trou d'balle !

Neuf mois entortillé dans la viande de sa mère, normal que le bébé naisse fou !

– *C'était bien le pot à la mairie ?*
– *Ah oui ! y avait tout le cortège du vivant !*

Pour aller sur Mars, c'est tout droit !

Moi je suis toujours contente d'avoir des saisons.

Marcher dans les rues, même si ça sert à rien, ça sert à quelque chose.

C'est un tout petit village, tout le monde se hait, si vous voulez que les gens s'aiment un peu, il faut plus d'habitants.

La France existe plus, deux jours de pluie, y a ça d'eau dessus !

T'as pas eu de livres ! t'as pas eu de profs ! t'as le cerveau qui manque de personnel !

Les ateliers des peintres étaient pas chauffés, tous les nus sont « à la chair de poule ».

C'est plus des sons que du sens, le japonais.

Le niqab, c'est les femen à l'envers !

J'ai besoin de rien d'autre que de tout le monde.

Les agriculteurs vivent moins bien que leurs vaches !

– J'ai pissé derrière l'église, un hérisson ! gros comme ça ! qui bouffait un ver énorme ! ça pousse des cris ! avec le soleil qui se couche ! sur le vitrail ! le mur rouge !

– Tu pisses comme un roman !

Le Congo a volé mon cœur !

Je ne sais pas ce que j'ai, je prends des arcs-en-ciel en photo tout le temps.

La moitié de la France est inondée tous les ans ! je vois pas pourquoi ils veulent faire des barrages !

Entre deux verres une chanson ! entre deux chansons un verre !

Le Français, il se plaint tout le temps ! si c'est pas la météo, c'est le chômage, si c'est pas le chômage, c'est les embouteillages ! si c'est pas ça, c'est le prix de l'essence ! si c'est pas le prix de l'essence, c'est les légumes ! le prix de la viande ! la rentrée scolaire ! les profs qui sont pas là ! le changement d'heure ! les radars ! le prix du café ! à la limite le prix du café je comprends qu'on gueule pour le prix du café ! tu le fais combien toi ici ? un euro quarante ! tu nous prends pour des cons !

Les journalistes, à part ceux qui se font tuer, les autres foutent pas grand-chose.

À la moitié de ma vie, je suis à 3 % de satisfaits à la maison !

– Tu te saoules devant ton fils ?
– J'ai un devoir d'exemplarité.

T'es agriculteur, c'est normal que tu t'énerves ! t'as des animaux, des arbres, des champs, t'as peur de tout perdre ! pas comme le con qui bosse dans les bureaux, qui a peur de plus avoir sa chaise !

Je me pollue au vin rouge et au boudin.

– *Il est mort hier.*
– *C'est la fausse note.*

On chie la même merde depuis la préhistoire, ça n'évolue pas.

L'eau a pas de racine ! la rivière, c'est pas la racine de l'eau ! l'eau a pas de racine ! elle a une source ! c'est moins con !

C'est le soleil qui réchauffe la planète, pas les bagnoles ! tous les gens qui vont au ski en voiture, ça fait pas fondre la neige !

Il s'est défenestré la tronche avec une balle.

– *Dès qu'il pleut on est inondés !*
– *On est devenus le Bangladesh.*

Plus t'es pauvre, plus t'es con, c'est pas comme ça que tu peux t'en sortir !

Les amuse-gueules, tu fais croire au cerveau que tu vas manger, tu bois l'apéro, le cerveau te laisse boire, après, tu vas pas manger, tu continues l'apéro ! le cerveau peut plus rien faire, tu l'a leurré, ton cerveau !

Walt Disney, c'est les mêmes magouilleurs que chez Picasso !

C'est à l'automne sur les figures qu'on voit que les gens sont pas des conifères.

Le facteur, il t'amenait pas le courrier, il t'amenait le facteur.

Ma plus grande récompense dans mon bar c'est de voir que personne est normal.

Qu'est-ce qui prouve que les pompes funèbres mettent le corps dans le cercueil et que dans la tombe c'est pas du vide ?

On parle pas d'écologie quand on sort de chez le coiffeur !

Moi tout droit j'y vais à reculons.

Le sol influence l'arôme, t'habites en ville, tu pues le parfum !

– *L'économie, c'est fini !*
– *La politique.*
– *Oui, la politique, c'est fini ! l'économie, c'est de la merde !*
– *Non ! la politique, c'est de la merde, l'économie, c'est important !*
– *Oui, c'est de la merde !*
– *T'écoutes quand je parle ?*
– *Oui, c'est de la merde !*

La fin du monde, ça va être la grosse boulette.

Hollande, c'est le président le plus impopulaire après mon chien qui pue !

Faut les accepter pas les rejeter ! les mongoliens, c'est des débiles comme nous.

On a qu'à ouvrir les fenêtres pour refroidir la planète !

Depuis quarante ans que je tiens mon commerce, je fais toujours les mêmes gestes ! c'est des gestes qui s'usent jamais ! taillés dans du bras de métier ! du geste que je pourrais donner à mon fils ça lui irait ces gestes ! ça lui ferait sa vie de métier à lui aussi ces gestes de mes bras ! ah oui ! sans rien changer !

Si tous les Chinois bouffent des insectes, en un repas, y en a plus !

Les Africains, même en Afrique, ils ont que des emmerdes, je vois pas pourquoi ça irait ici !

Si il est si pur leur sang aux Allemands, ils ont qu'à se le boire !

Le présent ça fait chier, c'est obligatoire.

Sur le banc, le SDF, il est à peine plus mieux que dans le cercueil.

Tananarive, c'est des noms tout de suite tu vois que c'est pas Le Mont-Saint-Michel.

Même si on dit que je suis une merde, ça me fait plaisir qu'on parle de moi.

– Marie Curie, c'est comme le curry ou c'est comme Pierre Curie ?
– C'est son mari.
– Pierre Curie ? le mari de Marie curry ?

Ça ferait bien chier le monde si toutes les peintures de Van Gogh retournaient dans les tubes !

C'est jamais respecté le cessez-le-boire !

Je lis un livre, je lis, je le finis, je repars au début, je lis, je le relis, je finis, je repars au début, je le relis et quand c'est encore fini je recommence au début, toujours le même livre, comme un mec qui fume une cigarette et qui rallume la nouvelle cigarette au mégot de la cigarette finie.

Donner mon foie à un con qui va prendre sa voiture bourré et tuer dix personnes, certainement pas !

Une greffe de foie, tu peux l'attendre des années, t'as le temps de te niquer les poumons.

– Sollers, il est vieux, il parle que de cul.
– Il est bilidineux, Sollers.

Moi j'te l'dis !

L'écrivain français lit pas, il cherche des idées dans les livres des autres.

C'est pas la peine d'aller jusqu'à la boutique pour voir nos cercueils, si vous voulez je peux vous montrer, j'en ai un dans le camion.

Dès que quelqu'un a l'air heureux, faudrait y faire le moulage !

La Joconde, c'est le haut, _L'Origine du monde_, c'est le bas.

– *L'alcool est mauvais conseiller.*
– *Quand je bois je réfléchis pas, c'est mieux comme ça.*

On te prend neuf organes, on greffe les neuf, sur neuf malades ! tu sors de l'hôpital, t'es neuf personnes !

Ça se voit dans les yeux si le mec est con, même dans un seul œil.

Quand t'as dix ans, tu prends le bain dans la baignoire avec la grosse mousse, la bite dans une bulle de savon, ça vaut la 3D !

C'est grâce à l'archéologie qu'on sait que les Égyptiens bouffaient pas de moutarde.

Désespoir égale connard !

Tu peux m'en donner de l'eau, ça fera pas placebo.

Faudrait une déclaration d'utilité publique chaque fois qu'on fait un gosse !

Ma mère est morte, mon père est mort, j'ai perdu mon frère l'année passée, ma sœur est morte cette année, j'ai perdu mon chien, je porte malheur au monde !

Berlin, ils nous font l'anniversaire du mur, ils avaient qu'à le garder si ils le regrettent !

Mon père avait horreur des cimetières, et il est mort quand même.

J'en connais pas des dates clés.

Guerre froide, viande chaude ! guerre chaude, viande froide !

Chaque femme devrait faire partie du réseau féminin de France Télécom.

Pas besoin d'échographie, je sais que c'est du caca !

La mort cérébrale, moi je l'ai, ça me fait rien.

Si on va trop vite dans un endroit, on a envie de rentrer tout de suite.

Le silence est d'or quand c'est Picasso qui peint !

Y a de plus en plus de riches, et de plus en plus de pauvres ! si y a de plus en plus de riches, devrait y avoir de moins en moins de pauvres !

Le champignon de Paris est pas de Paris, et la Seine non plus !

– *Les gens veulent rire, à cause de la crise.*
– *Quand c'est la crise, il ne faut pas rire, monsieur, il faut travailler !*

Faut pas avoir peur d'être fou, y a pire.

14-18, c'était que de la boue avec des soldats dedans, comme des morts dans le chocolat.

Bonnet blanc et blanc bonnet ! verre de blanc et blanc de verre !

Comme j'y connais rien, dans le doute, les champignons, je les bouffe tous !

Les moineaux doivent se demander pourquoi on s'envole pas après eux quand ils nous piquent des bouts de gâteau sur la table.

J'aime bien relire un livre que j'ai lu, je le relis, je le relis, je le relis, plutôt que quelqu'un que je ne connais pas.

C'est triste à dire, mais je pleure plus avec la moutarde qu'avec autre chose.

Moi j'ai la chance de me lever tous les matins et c'est pas une contrainte d'aller au bistrot.

Une ampoule allumée remplace pas le soleil qui se lève, quand vous avez des angoisses.

– *Sans les abeilles, t'as plus de vie sur terre.*
– *T'as plus de piqûres non plus !*

Les mathématiques, c'est abstrait, c'est du gaz carré.

Ça dure combien de temps le début du film ?

Nous on croit en Dieu, les islamistes, ils en sont sûrs !

Les paupières, elles tournent le dos à ce qui se passe.

Les livres, c'était bien quand j'étais petit parce que moi à la campagne, j'en avais deux ! aujourd'hui, des livres, y en a partout, et j'en ai même pas un, ah oui ! mais si ! des livres, il en faut pas beaucoup pour que j'en ai, sinon ça vaut rien, des milliers de bouquins ? alors que quand j'étais môme, mon livre, c'était que celui-là, c'était le mien, mon livre ! et mon lapin.

– *Vous avez des enfants ?*
– *Deux filles et un garçon.*
– *C'est ça que vous vouliez ?*
– *Non, je voulais des chats.*

La montée du niveau des mers, ça va leur remonter le plafond aux poiscailles !

– Tête de nègre, c'est limite raciste comme nom de gâteau.
– Tu veux quoi ? couille de nègre ?

Avec un con, il devient con, avec un gendarme, il parle comme un gendarme, avec quelqu'un qui fait des mots croisés, il devient le plus grand spécialiste des mots croisés, avec un chien, il a des puces !

– Je l'ai déjà dit, faut manger de l'homme.
– Bois ton coup.
– Faut manger de l'homme !
– Bois ton coup !
– Santé !

Un œil qui pleure, l'autre œil qui pleure, les larmes au bout du nez, le plus petit delta du monde !

– C'est des conneries de bas étage !
– T'as quoi contre les étages du bas ?

L'opéra, ça chante trop fort, moi si je suis devant, je peux pas ! même ici ! je vais m'asseoir tellement ça gueule au comptoir.

Condé-sur-Vire, d'Elle-et-Vire, c'est ça que je prends comme beurre, Condé-sur-Vire, d'Elle-et-Vire, même si c'est cher, je m'en fous ! j'y ai droit à ce beurre ! vingt ans postière !

Mon grand-père a connu le communisme, mon père le socialisme, moi j'ai rien connu.

T'épluches, tu manges, c'est pas compliqué, une banane.

– *Tu vas te faire bénir à sainte Rita ?*
– *C'est pour les animaux.*
– *C'est ce que je dis !*

À Verdun, tu trouves un champignon, un os, un champignon, un os.

Le mur a disparu, mais y a toujours la honte !

– *C'est historique la chute du mur de Berlin.*
– *Ce qui tombe est plus historique que ce qui monte.*

Charles de Gaulle, quand il avait dit, il avait dit ! il changeait pas d'avis ! c'est pas comme l'autre couillon ! moi je vais la déchirer ma carte d'électeur ! je suis ni de droite, ni de gauche, je suis d'ici ! Toto qui se branle, tu la connais ?

Je peux plus soulever les bottes avec la pluie, la terre est amoureuse !

Je suis rentré chez moi en trois étapes, ici, la rue, chez moi.

14-18, c'est un cassoulet, cette guerre.

Il est pas chinois sarko, pourquoi il fait du vélo ?

Je fais que des conneries réussies !

T'as déjà vu Mao sur un vélo ?

Fillon ! Hollande ! Sarkozy ! Juppé ! tous ces mecs, c'est que de la magouille ! ils pensent qu'à leur gueule ! le pouvoir ! on peut crever nous ! heureusement que la guerre c'est fini parce que avec des mecs pourris comme ça, on serait tous dans les camps !

C'est bien que la magie de Noël ça reste et que ça commence début novembre.

Moi du sport et la découverte de l'environnement, Marcel lui il a mangé des escargots et il a picolé.

Au piano, si tu joues qu'avec les blanches, si tu joues qu'avec les noires, c'est pas pareil que si tu joues avec les noires et avec les blanches.

J'habite dans mon travail, sans mes outils, j'ai plus de maison.

Jésus a jamais mis les pieds dans une église.

Je pète jamais, je suis trop timide.

– *Le comptoir est pas à toi !*
– *Avec vous, j'ai toujours des problèmes de voisinage.*

Le temps passe ! le temps file ! tant que c'est du fil de soie ! on se plaint pas !

C'est la sonde spatiale Rosetta ? pour moi, Rosetta, ça fait plus saucisson.

Y a pas qu'à Berlin qu'il faut faire tomber des murs ! Beaubourg ! t'as vu cette merde ! pire qu'un mur !

Cette année, pour Noël, je tue quelqu'un.

Les fêtes de fin d'année, j'ai déjà peur de trop bouffer, deux mois à l'avance !

On a fait la parade nuptiale, klaxons et compagnie !

– *Il est sale le verre !*
– *Comme ça t'es vacciné.*

Elle est minuscule votre montre ! vous voyez le temps passer avec ça ?

On sait pas ce que c'est le bourguignon, alors que le foie de volaille ressemble toujours à un foie de volaille même mort, la cervelle aussi ça ressemble à ce que c'est, la bavette, c'est quoi ? le pied de cochon ça ressemble, c'est ce qui ressemble le plus à ce que c'est, le boudin, un aborigène, tu lui montres ça, le pied de cochon, il te le dira tout de suite que c'est le pied d'un animal, le cœur on voit que c'est un cœur, l'onglet, c'est quoi ? le boudin, quelqu'un qui sait pas saura pas ! les Chinois, ils ont compris, ils bouffent des vers et des scorpions, là on reconnaît ! comme ça c'est dit !

Y en a qui se croiseront jamais, l'oiseau de mer et le poisson de montagne.

C'est produit en France, ce genre de chiens ?

À quel âge t'es né à Dijon ?

– *Il pleut depuis ce matin !*
– *Depuis ce matin tu bois !*
– *Je pleus dedans.*

Tous les jours on respire, si j'étais peintre, je peindrais ma respiration.

Dans tous les livres de Giono, c'est le même petit chemin.

Ce que je vous dis, dans mille ans, y aura quelqu'un pour vous dire pareil.

L'Europe, c'est une idée d'avant.

Ça devrait être l'Élysée qui dirige Paris, pas une mairie !

Un feu de bois, quand tu vois ce qui sort de la cheminée, c'est pire que mille kilomètres en bagnole !

Un siècle, c'est cent ans, ça serait cent un, ça changerait rien ! le siècle suivant, quatre-vingt-dix-neuf ans, ça changerait rien ! ça changerait quoi ?

Un nom par personne ?! moi les gens qui se ressemblent, je donnerais le même nom.

Il fout rien de sa journée ! c'est un inutile ! rien ! il vaut rien ! même une motte de terre qui bouge pas y a des herbes dessus !

Les hommes ont de moins en moins de sperme, mais y en a qu'un seul qui sert sur des millions ! tout le reste y meurt, faudrait des quotas !

– Elle a mis dix ans la sonde à arriver sur la comète.
– Putain ! les mecs sont payés dix ans à attendre le train !

Le roi des animaux, c'est le bifteck.

– Les platanes sont malades, ils vont tous les couper.
– Moi c'est les gens malades que je couperais !

Dans les bars y a des gens, dans les gens y a du vin, dans le vin y a des gens, dans les gens y a des rires ! dans les rires y a des bars, dans les bars y a des gens !

Le dauphin c'est con, ça aime l'homme !

– Déjà au Ricard ?
– Fidèle.
– Tu vas crever !
– Fidèle !

René, donne-moi le soleil !

– L'ancêtre humain, c'est au Kenya.
– Ça m'étonnerait, moi je suis breton.

Chaque fois qu'ils veulent nous vendre une merde, ils nous disent qu'il faut rêver dans le contexte actuel !

C'est l'*Autoportrait à la tête de con*, quand je me regarde dans la glace !

Les paroles s'envolent, les écrits restent, faut des GPS !

Le vin est pas égoïste, il bourre la gueule à qui veut !

– *Cinq millions de chômeurs en France ! l'équivalent de la ville de Lyon ! avec Hollande, c'est toute la ville de Lyon qui est au chômage !*
– *C'est bien ça, de mettre tous les chômeurs dans la même ville.*

Le Panda, c'est l'animal ou la bagnole ?

Tu lis pas de livres ? tu pourrais être ministre !

Tout est inondable, à partir du moment où tout est par terre.

– *Je me reconnais jamais sur les photos.*
– *Bien sûr, c'est pas toi.*

C'est un externe de l'hôpital qui est interne au bistrot.

– *Si tu deviens un légume, c'est normal que tu veuilles mourir !*
– *Qu'est-ce que t'en sais si les légumes veulent mourir ?*

Y a pas plus faux que le monde réel !

La formation professionnelle, avant, le maçon, il avait une forme !

– *Quatre cents escargots, c'est du suicide !*
– *Se suicider aux escargots, faut pas être pressé.*

C'est caoutchouteux, le dauphin.

L'Europe, c'est une idée du passé !

Le matin le café, le blanc, la bière, le midi le pastis, je bois dans le sens des aiguilles d'une montre.

Tout le pognon qu'on donne au sida, ils ont tous des Porsche les mecs !

– *Un milliard ça a coûté leur navette sur la comète ! et ça sert à quoi ?*
– *Pour savoir nos origines.*
– *Nos origines de quoi ? nos origines de gros cons sur la Terre ?*

La justice est pas indépendante, les juges, c'est des hommes ! les hommes c'est pas indépendant ! un juge qui a mal aux dents, il tue tout le monde ! le juge est pas indépendant de ses dents !

– *Un demi !*
– *Faut que je change le fût.*
– *Houston, nous avons un problème !*

Ils se mettent devant le distributeur de billets, toute la famille avec le mari la femme les enfants ! impossible de tirer des sous ! faut aller à l'autre distributeur, encore des mêmes ! et plus loin des mêmes ! faudra aller tirer de l'argent la nuit en cachette, et encore, la nuit ! c'est chercher l'ombre pour se faire battre !

– Gros con !
– Et alors ? c'est la nature.

– Les pickpockets, ils les arrêtent, l'après-midi, ils les relâchent !
– C'est des mineurs.
– Les mineurs, on les met à la mine !

On va pas remettre de la glace pour faire plaisir aux ours blancs !

Je m'assois à table, je pars plus, je me mets au comptoir, je pars plus, faudrait pas que je vienne ici si je veux pas rester.

Ils vont tuer la poule aux œufs d'or à force de pomper la vache à lait.

À la limite, vaut mieux un pays avec que des vieux à la retraite, qu'un pays avec que des jeunes au chômage.

Ils sont assis devant le temple, ils foutent rien ! les gens leur amènent du riz, les moines ils les bénissent, ils se lèvent même pas le cul pour bénir ! zip zop ! une seconde c'est fait ! le Tibet, c'est des glandeurs pires que chez nous, t'as les rats sur les moines, interdit de les tuer ! nous les curés quand même ils font la messe pas assis par terre, ils ont pas des souris dans les cheveux.

Ce qui manque, c'est un inventeur de vie.

– Dans les villes, y a un rat par habitant !
– J'ai pas de rat, j'ai un chat.
– Ton chat, c'est un habitant, il a un rat !

À force de picoler, ça crée des nouvelles espèces.

– La connaissance, ça coûte cher !
– Moins que l'ignorance !

Le soleil passe derrière la montagne dans les Alpes et il plonge dans la mer en Bretagne, fort !

La prière dans la rue ! à genoux par terre ! tous les jours ! que des barbus ! en plus moi je livre de l'alcool !

Cent cinq ans elle a la vieille, une Nancéenne, elle est plus vieille que Nancy.

– La navette qui se pose sur une comète ! à cinq cents millions de kilomètres de la Terre !
– Dès que c'est un truc génial qui se passe, c'est à cinq cents millions de kilomètres.

Écouter la musique, ça me permet de développer mes ouïes.

– *On t'a pas vu.*
– *Je me suis saoulé dans la stricte intimité.*

Le gâteau de mariage, il est tombé, je m'en fous, c'est pas moi qui me mariais.

J'ai pas de boulot, moi toute ma vie, elle est bénévole.

Les plus cons c'est les parents d'élèves et les syndics d'immeuble !

Un chanteur mort, faut détruire les disques et laisser la place aux vivants

J'espère de l'aide de personne ! si je meurs, c'est moi qui crève !

– Ça se mange ça ?
– Mais non ! c'est mon capuchon de stylo !

Y a pas de grand spectacle à la télé, y a que de la vie petit spectacle.

Moi ce que j'aime dans la musique, c'est les paroles.

– *Mireille Mathieu, elle rajeunit.*
– *Vous trouvez ?*
– *Elle a pas changé.*
– *De toute façon, avec toutes les sœurs qu'elle a, elle manquera pas d'organes.*

Le tour du quartier, je prends la rue commerçante, le tour du monde pareil, on va où c'est allumé.

Le sang de la girafe, monter le cou ! descendre le cou ! c'est le Grand 8 !

– Quand j'étais gosse, à la campagne, tous les ans, le cochon, il y passait !
– Et le samedi, sur la route, c'était les jeunes.

L'enfant le plus jeune sur terre il est âgé d'une seconde, ça dure pas longtemps, il devient le deuxième plus jeune en deux secondes ! le troisième plus jeune en trois secondes ! le plus vieux de la terre ça peut durer des années, le plus jeune, c'est plus difficile, c'est pour ça qu'on les voit jamais à la télé, le temps que t'arrives il est devenu le centième plus jeune sur terre le plus jeune du début, le millième plus jeune sur terre ! il est déjà vieux, par rapport au plus jeune qui a une seconde sur la terre ! c'est déprimant.

Mourir de froid, ça arrive qu'à des cons comme nous, le glaçon qui est froid, il est vivant !

L'orthographe des jeunes ! et le chômage des jeunes ! l'alcoolisme des jeunes ! tout ce qui est jeune, c'est la catastrophe !

Je veux pas un meuble télé parce que sinon je regarde que le meuble.

Vivre au jour le jour jusqu'au jour où il fait plus jour !

Le bébé appartient moins à la mère quand il est dans son ventre que quand il est né, il est né, elle peut le jeter par la fenêtre ! il lui appartient puisqu'elle peut le tuer ! avant, il est dans son ventre, macache pour le foutre par la fenêtre ! il est pas à elle ! elle peut pas l'étrangler ! il est pas né !

Pour moi le vin chaud est un plat chaud.

Ça leur rapporte quoi aux Allemands d'être français dans l'Europe ?

On mange la soupe, sans se parler ! on a nos cœurs, c'est des légumes à soupe.

C'est à la science de trouver des maladies qui se guérissent.

Une fois qu'on sera sur Mars, on voudra aller ailleurs, je me connais !

C'est le nuage qui a inventé la pluie à emporter ! elle me dit ça, qu'est-ce que vous voulez que je réponde, à une femme d'âge mûr ?

Sarkozy, c'est la drogue du violeur comment il parle !

– C'est long la vie.
– Au moins, quand on est mort, la vie est courte.

Sarkozy aime que lui, c'est un nain, il rêve de se sucer tout seul !

Si tu compares ce qu'on dit ici avec ce que les gens disent ailleurs, tu verras que tout le monde dit pareil, même ici.

Il faudrait un instituteur à vie !

– *Les députés payent pas leurs impôts ! pourquoi je les paierais ?*
– *Hollande il grossit ! pourquoi je maigrirais ?*

Paris, capitale de la photo ? tu vas faire quoi comme photo ? y a que la tour Eiffel !

– *Tu bois du Cointreau ?*
– *C'est le Mondial du diabète.*

Tout le monde parle, on entend plus rien, faut que personne parle pour qu'on entende ce qu'on voit.

Les livres, trop de mots !

Ça puait dans la cuisine, ça puait ! j'avais oublié des saucisses à l'île d'Elbe.

Balzac se lit, Zola se mange !

– *Les honneurs déshonorent ! c'est Flaubert qui dit ça.*
– *Qui ?*
– *Flaubert.*
– *Connais pas.*

Je préfère être tué par quelqu'un que mourir par mes propres moyens.

Les violences policières, c'est le minimum qu'ils puissent faire !

Le suicide collectif n'a plus le charme du suicide.

Les papes cachaient les nazis, les croix cachent les croix.

Les écrivains français, quand ils vont au Salon du livre de Brive, ils prennent le train du cholestérol ! comme on l'appelle, tellement ils bouffent du foie gras pendant le voyage, des truffes, du vin ! c'est des gens qui peuvent pas écrire sur les trains d'Auschwitz ! je crois pas, les écrivains français, de ce train-là !

Il pleure jamais, il boit ! les larmes sont dans le verre.

Les saumons vont mourir là où ils sont nés, c'est comme si ils naissent dans le cimetière.

Les écrivains, ça pleurniche, alors qu'avant, ça faisait des îles mystérieuses.

Le changement climatique, pour une fois que quelque chose change !

Un bébé ça a une longueur, c'est quoi la largeur ?

Elle est morte ma mère, rien à foutre ! c'est pas moi qui ferai le travail de deuil ! je suis chômeur de deuil !

Pas d'eau dans le pastis, ça tue les oméga 3 !

Mon verre, c'est mon animal de compagnie.

– Il est bien fleuri le cimetière.
– Les morts ont pas besoin de fleurs !
– C'est du respect.
– Respecter les morts, c'est tous des cons les morts !
– Vous en savez quoi des morts ? vous les connaissez tous les morts ?
– Ah oui ! ça rend personne intelligent d'être mort !

Faut pas lire longtemps, après le sang circule plus.

– Le cimetière des chiens, pareil, les gens viennent fleurir les tombes.
– Des fleurs pour les chiens ! c'est bien ce que je dis !

– Chateaubriand, c'est bien pour un écrivain qu'il ait son filet de bœuf !
– D'Ormesson, il a pas un yaourt.

D'Ormesson, c'est un mondain, il écrit pas, il regarde sa main.

Le Nord-Mali, le Sud-Mali, tout ça, ça veut rien dire ! le Mali c'est le Mali ! c'est comme le Nord-cailloux, le Sud-cailloux, c'est du cailloux !

Le jour des morts, vu le nombre de morts, ça fait pas tellement de jours.

Bouffer de la pizza, ça m'a rajeuni l'estomac !

Vous avez la télé en Guadeloupe ?

– *Je pourrais avoir un glaçon ?*
– *Un diamant des Alpes !*

Si on est vivants, c'est grâce aux morts.

Le marché, c'est pas pour le travail, c'est pour les légumes !

On était cinq, il s'est rien passé, ça faisait quand même cinq cœurs qui battent !

Marine Le Pen, c'est l'Ebola breton, faut l'appeler Éboline !

À la campagne, le coq à l'âne, en ville, le pigeon à taxi !

– *Tu payes un coup ?*
– *Pas le temps !*
– *Non-assistance à personne qui a soif !*

La liberté, c'est le seul rêve intéressant de quand on dort pas.

La cotisation retraite, j'ai l'impression de payer pour être vieux !

Ça mange quoi le raisin ?

C'est la bavette comme viande qui a le meilleur caractère.

Là où je suis le plus en colère, c'est toujours contre l'automne.

Hollande, c'est pas un président, c'est une boule de gras à oiseaux !

Y a que Picasso qui était assez riche pour s'acheter ses tableaux.

Mon père s'en foutait de savoir si il avait raison ou tort !

Dalida louchait encore sur son lit de mort.

Les chauffeurs de bus scolaire boivent rien, c'est les gosses maintenant qui sont bourrés !

L'âme malade, comment tu veux qu'elle reste au lit ?

Hollande, il est normal, moi aussi je suis normal, c'est pour ça qu'on peut pas s'entendre.

La peau est une forme de vie plus lente.

Il attend au coin du comptoir, contre le mur, il bouge pas, il dit rien, tu passes, il t'accroche le bras pour que tu payes un coup ! c'est l'homme araignée !

– *Oui ou non ?*
– *Merde !*

Tous les gens qui sont nés en 1500 sont morts, en 1600 ! en 1700 ! en 1800 ! en 1900 ils sont tous morts ! ah oui ! ça défile !

On sent pas pareil le matin que le soir, le matin, on sent tout seul, le soir, on pue les autres.

– *Le jeune Normand, le mec, celui qui a décapité des gens, le bourreau, il venait d'un petit village tranquille, sans histoires.*
– *C'est parce qu'il y a pas d'histoires que les mecs deviennent fous !*

Faut pas le laisser entrer, quand il est dedans, on peut plus le faire partir, le pochetron, il se fixe au comptoir, il est collé dessus !

Le mariage homosexuel, les mecs se marient, c'est tout, et voilà, eh ben ! tout ça pour ça !

Bouton-d'or ! pâquerette ! un calva ! une lichette !

Faut que ça parle, mais que ça soit pas des dialogues.

C'est inimaginable qu'un jour l'homme arrête d'imaginer.

Caca est un mot sauvage cueilli dans les bois.

Tout le temps il me parle avec ses yeux, y a que quand il dort qu'il se tait.

14-18, gaz moutarde à l'ancienne !

Le changement de chaussettes, c'est le plus petit changement à taille humaine.

– *Il a fait beau toute la matinée, sauf ici on avait un nuage devant le soleil qui a bougé tout ce temps !*
– *Les nuages sont pas plus intelligents que nous.*

On a des bombes atomiques, et on peut rien faire contre des mecs qui égorgent au couteau !

Pas le droit de mettre des claques aux gosses ! moi c'est comme ça que j'ai été élevé ! je me plains pas ! ça fait du bien des fois ! mon père il rentrait bourré fallait pas la ramener à table ! je crois que si mon père m'avait pas battu, jamais j'aurais été boucher.

Les couleurs, c'est irrationnel !

La vie quotidienne, c'est bien, mais pas tous les jours.

– Celui qui coupait en deux la pomme posée sur la tête avec une flèche ?
– Zavatta ?
– Non, un autre.

Les bébés qui sortent du ventre, pour moi c'est des fantômes.

– Il est froid le café !
– On entend beaucoup ceux qui critiquent, pas beaucoup ceux qui travaillent !

Léguer une Terre propre à nos enfants, eh ben ! quand on voit comment ils me salopent leurs habits !

– Robin des Bois ?
– Non, un autre.
– Zorro ?

C'est pas pour sauver des Noirs qu'ils soignent Ebola, c'est pour que les Blancs l'attrapent pas !

Le poisson c'est pas de la chair puisque c'est pas de la viande.

– Rambo ?
– Non, un autre.

La descente aux enfers, mais non ! l'enfer ça monte !

La France vieillit, la Terre vieillit, y a que le ciel qui s'en sort.

– Je te parle du futur, toi tu me parles du beaujolais nouveau !
– C'est ce soir.

Vive l'Alzheimer ! de toute façon, la mémoire, c'est qu'une poubelle !

Il est parti faire la sieste comme un boulet de canon.

– Les grammes d'alcool dans le sang, c'est pas des vrais grammes ! deux grammes pèsent pas deux grammes !
– De toute façon, l'alcool, on peut pas le peser, ça s'évapore.

Je vote plus ! je revoterai quand j'aurai du pognon à la banque !

C'est quoi l'issue de la bataille ?

– Elle s'est fait buter la fille qui devait être Miss Monde.
– Élue Miss Morte !

La jeunesse, putain ! j'en laisse plein sur l'oreiller le matin quand je me lève !

La vie d'un frigo, aujourd'hui, c'est deux fois plus long que la vie d'une famille.

On a besoin de viande, tu bouffes que des légumes, tu vas te liquéfier.

T'as la diarrhée aiguë ou t'as la diarrhée obtus ?

– Le pâté de foie, je vois pas pourquoi ils disent de la « mousse de foie ».
– C'est plus moussu.
– C'est du pâté !
– Du pâté moussu.
– Peut-être à la limite ils prennent des foies moussus, mais le pâté est normal.

Le beaujolais nouveau, c'est pas bon, mais c'est la cuite tradition.

Ebola, faut tout désinfecter, même la merde ils la lavent.

– Lui, il avait bu, il est mort, elle, elle avait rien bu, elle est paralysée.
– Elle aurait mieux fait de boire !

T'as vu ça comment les Arabes ils te décapitent les mecs ! et nous la torture en Algérie, faudrait qu'on s'excuse ?

Le beaujolais nouveau, t'as mal à la tronche ! t'as la chiasse ! c'est la boisson des chamanes !

Ça fait longtemps que ça marche plus la France avec un président français, faudrait autre chose, un étranger, un président allemand.

Ton sperme, tu l'achèterais en grande surface, ou dans une petite exploitation locale ?

Tu vis dans la rue ? à Monaco ? t'es SDF sur terre battue ?

Toutes les heures sont pareilles au même moment, faudrait qu'on soit des heures nous les gens.

– *On sait jamais ce qui peut se passer en sport.*
– *On y est pas allés.*

L'alcool c'est de la cire liquide, ça fait briller les yeux !

Au moins, la France, elle a une forme qu'on reconnaît.

Des toilettes dans une église, t'es deux fois recueilli.

Chaque fois que t'as une tempête, t'as un morceau de France en moins, c'est un pays qui durera pas longtemps !

Chez nous, le fromage fait partie de la famille.

Le certificat d'études, c'était important, c'est plus rien, le bac, ça valait quelque chose, ça vaut plus rien, prof, c'est plus rien du tout comme boulot, docteur, plus personne veut faire ça, président de la République, c'est de la merde, t'as vu Hollande ? qui c'est qui a envie de faire ça ? tout le monde te crache dessus ! y reste quoi pour les jeunes ?

Le Christ Roi ? il est Christ, il veut être roi en plus ? c'est quoi ces conneries ?

En vacances, je coupe avec la civilisation ! ah ! moi je coupe !

Avant, tout le monde buvait, y avait des accidents, et personne se plaignait !

On entend pas ce que tu dis, tu parles comme un épluche-légumes.

Donne pas ton sang à Noël, ils vont le bouffer !

La harpe, ça fait l'eau qui coule, l'eau qui coule, ça fait jamais la harpe !

– Si tu pleures une heure par an, c'est pas beaucoup ? deux heures par an ? c'est beaucoup deux heures par an ? on dit une heure et demie par an, il faut que tu pleures cinq jours de suite pour pleurer toutes les larmes de toute ta vie si tu vis soixante-dix ans et que tu pleures une heure et demie.
– Tu calcules ça toi ?
– Cinq jours à pleurer.
– C'est rien cinq jours de larmes pour pleurer les larmes de toute une vie, t'as dû te gourer quelque part !
– C'est combien les larmes de toute une vie ?
– Houla !

Y aurait pas Les Restos du cœur, y aurait moins de pauvres ! plus ça va, plus y en a ! évidemment ! on les nourrit !

L'enfance est trop longue, c'est pour ça qu'à vingt ans on a déjà un cerveau de vieux, à force d'avoir été trop jeune.

Au début les emmerdes tu rebondis, après tu rebondis moins, encore moins, moi maintenant je rebondis plus, je roule.

T'es neurologue ? alors touche pas la casquette !

C'est moi le patron ici ! je vais pas me mettre à ta place ! t'es rien qu'un connard d'alcoolo ! en plus que moi je bois plus que toi ! même si je te comprends, tu viens ici, tu fous ta merde ! même si des fois, c'est moi qui fous la merde, je suis le patron ! t'as pas à gueuler, même si des fois, c'est moi qui gueule ! achète-moi le bar, si tu veux être plus con que moi !

– *Ici c'est trois.*
– *Bises ?*
– *Ricard.*

Il est mort en picolant chez lui, c'est hanté ! la nuit, y a son esprit qui revient picoler dans la cuisine !

Faut être un éléphant si tu veux trois cents mètres carrés à Vincennes !

– *T'es tout le temps au comptoir toi !*
– *Je suis pas chevalier de la Table ronde.*

Personne veut mourir au CHU de Clermont-Ferrand !

– Elle est partie avec ses chaussures qui glissent.
– Ça promet l'apéro chez Monique !

Je roule sans permis, je bois sans permis, je bouffe sans permis, je baise sans permis, je vis sans permis !

– Elle a quel âge ?
– Vingt ans.
– Vingt ans, c'est bien.
– C'est de son âge.

J'ai pas eu de gosses, et ils peuvent me remercier !

Les grands peintres ! heureusement qu'il y a des femmes pour faire les courses pendant que ces messieurs, ils peignent !

– Tous les trois jours, t'as une femme qui meurt sous les coups de son mari !
– Ça, c'est les mortes qui le disent !

Il est bien caché le cœur, t'as les côtes, t'as la viande, en plus pardessus, t'as les fringues.

Quand y avait qu'un journal d'infos, j'avais peur de le rater, maintenant, y en a partout, je les regarde plus !

Faut pas mettre sur le dos des chômeurs les mauvais chiffres du chômage !

Quand je suis triste, je mange, mon gros cul, c'est du malheur.

La chirurgie esthétique, ils te mettent des poches en plastique dans les nichons, ils te sucent la graisse du ventre, ils la mettent dans des sacs en plastique qu'ils vont remettre dans d'autres nichons, tout bénef !

Le mieux, c'est la joie triste.

C'est les paysans du Larzac qu'il faudrait mettre sur la Lune.

– *C'est quoi l'âge de la Terre ?*
– *Ça dépend où ?*

La tristesse à table est un plat familial !

Le beaujolais nouveau, ça me ressemble.

Jamais vu un végétarien accoucher d'un légume !

Le Bonbel c'est futuriste, on dirait une soucoupe.

La météo, il pleut, il fait beau, il neige, il fait chaud, il fait froid, ils ont cinq mots !

C'est l'humour qui rajoute le sérieux.

Les infos à la télé, ça change quoi pour nous que ça soit vrai ou des comédiens ?

Sans domicile fixe, t'es vite sans corps fixe !

Les gens sont laids !

Quand tu nais, c'est ta mère qui pousse, quand tu meurs, c'est toi qui pousses !

– Tu fais quoi ?
– Je rentre chez moi, me laver les cheveux.
– Encore ?! mais tu fais que ça !

Quand t'es jeune, c'est mieux la ville, quand t'es mort, c'est mieux la campagne.

Qui boit Vabé va bien !

Ils sont au pinard toute la journée ceux qui vivent au fil de l'eau.

– La morgue, les cadavres sont dans les frigos, ils les sortent, ils les découpent, c'est au bord de la Seine, c'est tout gris, le bâtiment il est en briques, je sais pas comment les docteurs ils font, c'est de la boucherie !
– Les bouchers, y a le persil.

Plus on trouve des trucs dans l'univers, moins ça sert à quelque chose !

– Faut pas nourrir les oiseaux trop tôt, il fait encore doux, faut attendre le froid.
– Les Restos du cœur, c'est commencé, je vois pas pourquoi je nourrirais pas les oiseaux !

Je viens, je m'amarre, je me remplis, je repars, c'est l'écluse ici !

Tous ces gens, ils dorment ils se lèvent, ils se lavent, ils boivent le café, ils vont travailler, ils mangent, ils rigolent, ils prennent le bus, ils achètent le pain, tous les jours, tous les jours, c'est fatigant.

Avec les nouveaux accès pour les handicapés, ils vont partout, du coup, y en a partout.

On respecte pas la vie sur la Terre, pourquoi on en cherche dans l'Univers ?

Quand on habitera sur Mars, y aura des petites vieilles qui mourront toutes seules dans leur immeuble, mais sur Mars.

On construit rien de neuf, un jour Paris ça sera Rome, avec que des ruines !

On en voit pas à tous les coins de rue des crottes de femme.

Pourquoi à l'école on est tout le temps assis alors que c'est en marchant qu'on réfléchit ?

Y en a toujours autant des morts de faim ! ils ressuscitent ?

Treize régions ! on aura tout fait pour que ça porte malheur à la France !

– Même sans alcool, il se saoule !
– Il a sa pomme d'Adam qui lui fait du calva.

La femme enceinte n'est qu'une grosse poche !

C'est l'Afrique le premier continent qui est sorti de l'eau.

Recyclage eau, curage, fraisage, entretien réseaux, pompage fosse, il pourrait se garer plus loin le mec !

J'ai la cirrhose qui boit et le cancer qui fume.

Maintenant qu'on mange les insectes, une mouche qui tombe dans l'assiette, c'est rabe de frites !

Ici on boit sur place ! on emporte pas son verre dehors ! on encombre pas le trottoir des gens honnêtes !

– Les glaciers fondent et résultat, il pleut !
– Si c'est les glaciers qui fondent, ça devrait neiger.

Il a son intelligence colonisée par les champignons.

C'est quoi comme vache le beurre de karité ?

Même les pédés ont pas des bites féminines.

Les spermatozoïdes, c'est tous des mâles, c'est dans la femme que y en a qui deviennent des femmes.

On a jamais de caries sous les ongles ! pourquoi on a pas les dents en ongles ?

Si c'est une bite, ça vaut rien, l'art figuratif, faut que ça soit la figure.

Une seconde égale une autre seconde, une minute une autre minute, pas étonnant qu'on s'ennuie.

Le chef d'orchestre se mélange pas, il bouffe tout seul.

– *T'es toujours bourré ! toujours bourré !*
– *Et alors ! tu veux que je fasse quoi ? pape ?*
– *Y a pas un jour où t'es pas plein !*
– *Je vais pas faire Einstein non plus !*

Hollande, il est à l'Élysée, il y est pas, il est en France, il est pas en France, il est en Afrique, il est debout, il est au lit, on sait jamais où il est, il serait enfermé dans les chiottes de l'Élysée, on le chercherait même plus, dans deux ans on retrouverait le cadavre !

Les gosses, ils snifent du gaz qui les fait rire, ça les fait crever, nous, quand on était petits, on pétait, on mourait pas, on rigolait !

– *Plusieurs dizaines de communes de la vallée de l'Orb, placées en vigilance rouge, et du littoral...*
– *Ho ! t'es pas le journal parlé !*

L'enfance a vieilli.

J'ai voté Chirac, après j'ai voté Sarkozy, j'ai voté Hollande, je vais voter Le Pen, comme ça, c'est bien, j'aurai voté tout le monde !

Le premier pastis de la journée, j'ai l'impression d'être Christophe Colomb qui découvre l'anis.

Faut lui foutre une ruche dans le bide tellement il a du diabète !

Tous les objets sont super intelligents maintenant, y a que nous qu'on est des cons !

Ma voiture c'est mon chien sauf que je monte dedans pour la balade !

Le gagne-pain, ça a été le gagne-miettes, après le perd-miettes et maintenant on perd le pain !

– *L'air est pourri à Paris.*
– *En plus, on nous fait fumer dehors !*

Ça donne à réfléchir quand tu vois que le bébé il pleure dès qu'il sort.

Ça nous sert à quoi la francophonie en Afrique ? ça serait mieux en Asie.

C'est pas avec les routes que t'as en France que t'iras en Californie !

– *Mannequin trente litres chez Nicolas !*
– *Pauv' con !*

Zola c'est bien peint, Picasso c'est mal écrit !

Tu travailles de nuit ? t'es con comme la lune !

– *J'aime bien l'humour.*
– *Ah ! c'est pour ça ! je comprenais pas.*

Le retour de Sarkozy, ça vaut rien ! ça vaut rien les gens qui reviennent ! moi le soir quand je rentre je vaux rien par rapport au matin quand je pars !

– *T'es un feignant !*
– *Pas du tout ! je suis générateur d'énergie tordue !*

C'est les vieux qui payent pour les jeunes maintenant, alors que c'est les jeunes qui devraient payer pour les vieux !

Chaque fois je regarde le ciel, je peux pas m'empêcher de penser que quelqu'un dans l'univers nous regarde, lui le mec il se dit que quelqu'un dans l'univers le regarde, lui et moi on se regarde, comme deux cons, dans l'univers.

Jésus, j'ai une bonne opinion de lui, mais pareil, je lui confierais pas le pays.

Construire la tour Eiffel, aujourd'hui, ça serait interdit.

Le bébé qui naît, t'as encore la trace de sa tête sur l'estomac de la mère qui faisait coussin.

Aller vivre sur Mars, c'est une première étape, la deuxième étape, c'est se faire chier et rentrer.

Un kir ! un demi ! un café ! les jeux sont faits ! rien ne va plus !

C'est le travail qu'il faut supprimer, pas le chômage !

Vaut mieux mourir pauvre et malade que riche et bien portant !

Tu bois, tu bois, tu bois ! toute seule ! comme Pénélope ! t'attends Hercule ?

Aller sur Mars, c'est pas tellement original, on y est tous allés déjà.

– Ils s'engueulent ici, après ils rentrent chez eux, ils s'engueulent dans la cuisine, ils montent dans la chambre, ils continuent de s'engueuler ! des fois encore ils montent au grenier et ça s'engueule !
– C'est l'escalade de la violence.

Faut s'en méfier des écolos, ils trouvent qu'on est trop nombreux sur terre, ils vont nous foutre dans des camps !

Pasteur, il se servait de sa tête, il avait pas besoin des milliards du Téléthon !

Le Chinois né en France devrait rester *made in China* !

C'est idiot d'avoir treize régions en France, faudrait qu'une seule région, comme ça on aurait qu'un seul pays.

Faut pas causer avec lui, il va t'entortiller, il parle comme un liseron.

Faut aimer la France pour être président, Hollande, il aime que des poufiasses !

Faut arrêter de bosser, c'est ça le secret ! faut arrêter !

– Il est à vous le journal ?
– Non.
– Il est pas à vous le stylo ?
– Non.
– C'est pas vous qui faites les mots croisés ?
– Non, c'est un monsieur qui est parti.
– Sans finir ses mots croisés ?
– Oui, il faisait ses mots et d'un coup il est parti, pourtant c'était facile, c'était « oignons ».

Faut pas que le hasard, ça devienne une habitude !

L'œuf mayonnaise, le poireau vinaigrette, les lentilles en salade, c'est de la cuisine transparente comme l'eau de roche.

L'être humain, c'est l'homme ! l'être humaine, ça existe pas, c'est rien, c'est la bonne femme !

– *La hauteur du comptoir, c'est là, quand tu poses le coude.*
– *Un grand mec, un petit mec, le coude il est là ! il est là ! c'est pas la même hauteur !*
– *Au bistrot, tout le monde a le coude à la même hauteur !*

L'Algérie française ! l'Algérie algérienne ou la France algérienne ! même la France française ! y a rien qui est bien !

C'est pas fort, c'est du pinard d'eau douce.

T'es un vrai connard toi, t'es pas connard générique !

– *C'est de la merde la politique !*
– *Votez dur ! votez mou ! votez dans le trou !*

Un enfant né en prison reste avec sa mère pendant dix-huit mois en prison, même s'il est pas né en prison ! il reste en prison avec sa mère ! pendant dix-huit ans de prison !

C'est toujours au goût du jour d'être con.

J'ai jamais rien fait, et je recommence à zéro.

Tout le sud de la France ça sera un désert comme en Algérie, à Bordeaux t'auras le maquis, comme en Provence, dans le Nord t'auras les vignes du Bordelais et à Londres t'auras les quais de la Seine !

Y a du travail, mais ils veulent pas travailler ! c'est trop dur ! c'est trop tôt le matin ! il fait trop froid ! c'est trop loin ! j'aime pas tripoter la viande ! le poisson ça pue ! je peux pas me baisser ! c'est pas assez payé ! dans notre pays y a que les immigrés qui acceptent de bosser ! même sous la pluie ! dans la boue ! mal payés ! la nuit ! d'ailleurs, je sais même pas pourquoi on les paye !

Travailler le dimanche ?! et après ?! ça sera quoi ? le lundi, le mardi, le mercredi ?!

Le quotidien, c'est le jour même, même des fois, c'est le lendemain.

– *Un Ricard et un vin chaud !*
– *Y a plus de saison !*

Mon histoire, je la transmets par le boudin blanc.

Il a bien grossi ! il a une tronche à travailler à Canal+ Albert de Monaco.

Faut jamais vendre les gares au Monopoly !

Ils vont supprimer les notes à l'école ! qu'ils suppriment aussi la taille des élèves, les petits se font emmerder par les grands !

Pour récupérer sa bagnole à la fourrière, c'est cent cinquante euros ! je vois pas pourquoi l'État paierait pas pour les otages !

Si on trie les déchets, faut virer la moitié des ministres !

– *Pas le temps de picoler !*
– *Tu fais ton solstice d'hiver ?*

Ils votent pour la Palestine ! après ils annulent un barrage ! les portiques ! c'est fini ça aussi ! ils veulent qu'on bosse le dimanche alors que ça augmente le chômage partout ! quatre-vingts à l'heure sur les routes maintenant ! ils vendent les aéroports ! en plus aux Chinois ! à force, on se demande ! est-ce qu'il y a un navire dans l'avion ?!

– *Le dimanche, c'est pour la famille !*
– *T'es tout le temps là !*
– *C'est ce que je dis !*

Le droit d'asile, on a qu'à les foutre directement chez les fous !

– Ooooooooooooh !
– Ambiance branche de houx et rouge-gorge à paillettes !

Je fais les marchés, ma deuxième femme, c'est le froid.

On pense qu'à bouffer ! on finira par cuisiner sa merde !

– 43 degrés à Nîmes, en 2050 !
– En 2050, on sera tous froids.

Y a pas assez de couleurs, noir, blanc, les Chinois, les Arabes, c'est pour ça qu'il y a du racisme, y en aurait des centaines de couleurs, ça noierait le poisson.

Vaudrait mieux directement des pieds en chaussures.

Il est où le Sancerre ? faut nous servir ! ah si ! t'as fait miroiter ! sinon faut pas faire miroiter ! t'as fait miroiter !

Le dimanche, c'est un droit de l'homme.

Ah ben il est là le pavillon des viandes !

Il boit avec Pierre Paul et Jacques ! après il est saoul comme René Robert et François !

La Terre a pas été créée, elle a toujours existé la Terre ! c'est les cons qui disent le contraire ! le big bang, prouve-le ! t'as les photos ? fais voir !

Les attentats suicides, la viande qui reste, c'est pas halal !

0,5 gramme d'alcool dans le sang, comme on a 6 litres de sang dans le corps, on devrait avoir droit à 3 grammes dans le sang !

Il est au régime, il lui faut pas du tout ci ! il lui faut pas du tout ça !

0,5 gramme d'alcool dans le sang, c'est deux verres de vin ! si t'es tout seul à table, la bouteille est foutue.

Bifteck, rumsteak, rond de gîte, hampe, plat de côte ! faut acheter la viande en librairie bientôt !

On est trop gros, on finira comme les dinosaures.

La Belgique, on l'a sur la tête, moi je la foutrais en dessous l'Espagne !

– *Lève ton coude !*
– *C'est propre.*
– *Lève ton coude que je passe la lavette !*
– *C'est propre.*
– *Lève ton coude !*
– *C'est propre ! c'est mon coude du dimanche.*

Il a des nageoires tellement il picole.

Parler chômage, c'est moins marrant que discuter boulot !

– *Je suis pas vieux, je suis d'un certain âge !*
– *T'es pas saoul, t'es d'un certain vin !*

Après mes soixante-dix ans, je sais pas ce que je ferai, mes soixante et onze, peut-être.

Il me traite de vieil enculé ! moi mon père vieux cornichon, je lui disais pas !

Au pays des aveugles, c'est les chiens qui sont rois !

Quatre-vingts millions au Téléthon, ça fait pas un centime par gène !

– *C'est du gâchis d'eau potable les chasses !*
– *Va chier dehors si tu veux de l'eau de pluie dans les toilettes !*

Travailler le dimanche ! moi le dimanche je vais au bistrot ! c'est comme si je travaille ! je fais travailler le bistrot !

Pour la Noël il veut un lapin, je lui ai dit, ton père en veut pas, son père il a dit : « Un lapin dans la maison, je te préviens, je le bouffe ! »

Avec toutes les seringues qui traînent, pas étonnant qu'il y ait autant de crevaisons sur le Tour de France !

– La Noël, c'est plus que du commerce !
– Pâques, pareil.
– Noël, on bouffe plus qu'à Pâques !
– Et le chocolat ?
– T'as pas le foie gras à Pâques.
– Les œufs, les cloches, les lapins !
– T'as pas le saumon fumé.
– Les poissons au chocolat !
– La dinde, et la picole ! on boit plus à Noël qu'à Pâques.
– Pâques, y a pas le réveillon.
– Tu vois.
– Faudrait un réveillon à Pâques.

Les tableaux s'en foutent que le Louvre soit ouvert ou pas le dimanche, pour eux ça change rien.

Moi le travail dominical je suis d'accord, mais pas le dimanche.

Le café ici il est déjà un euro quarante ! sur Mars il sera combien ?!

– Prout.
– C'est la magie de Noël qui commence.

L'eau de la chasse, plus le produit, on a la merde plus propre que la vaisselle !

La France est morte, monsieur, et les politiques, ce sont des asticots !

– *Un blanc !*
– *C'est exactement ce que je voulais sans le savoir !*

T'as besoin d'une aide mentale pour être con ?

Comment il s'appelle celui qui a les grandes oreilles comme son fils ?

– *Ils veulent qu'on travaille le dimanche !*
– *On s'en fout, on est mercredi.*

– *Venise s'enfonce.*
– *Y a pas que Venise, toute la Terre s'enfonce dans l'espace, à cause du poids.*

La clarinette a un drôle de son parce que les notes sont en anglais.

– *Ils sont tous dopés dans la natation !*
– *C'est super surveillé.*
– *Ça sert à rien de surveiller les nageurs, le dopage, il est dans l'eau.*

T'as le burn-out du drink-out toi !

– *Les Arméniens, c'est quand même une autre culture.*
– *Moi je m'en fous, la culture, j'en ai pas.*

J'ai pas besoin de mémoire pour les souvenirs que j'ai !

– *C'est ici qu'on dérègle le climat avec nos bagnoles et c'est aux Philippines qu'ils ont les typhons !*
– *Oui, mais le sida qu'on a ici, ça vient de chez eux.*

Tel maître, tel chien, ça le fait encore plus avec le vélo.

Le questionnaire de Proust, la seule question à poser : est-ce que vous en avez lu ?

C'est Merkel qui devrait diriger la France !

Cinq cents euros le kilo de truffes, on se sent petit quand on voit ça.

Elle est pas inversée la bite quand tu la regardes dans la glace, si ?

– *Mercredi je ferme plus tôt.*
– *Tu nous changes les rythmes scolaires ! ?*

Je marcherais sur du sang pour boire du vin !

– *J'ai acheté le pain, le journal, et pis des bananes.*
– *C'est le parcours du combattant !*

Le cristal illumine le nez.

Neuf mois dans le ventre, après normal qu'on pense qu'à bouffer !

– *Elle était bourrée la vieille ! dans le couloir du métro, elle pissait debout !*
– *Ça, ça me gêne pas, c'est les musiciens qui m'énervent.*

Ils tirent sur les noirs, de toute façon y a que ça.

– Je te parle du recouvrement de la tablette qui vient cogner l'épaisseur du Velux.

– Sauf si t'as 5.

– Les 5 avec l'ardoise tu peux pas, ça va redescendre ton minimum de 5, tu peux pas descendre en dessous même si tu peux remonter.

– Avec les pattes t'es obligé de recaler.

– Sur du zinc tu peux pas recaler les pattes !

– Le relief de 5 y passe pas avec le couvre-joint !

– Automatiquement.

– T'as le relief soudé.

– Pas sur le battement qui descend sur la vitre, ça passe pas !

– Plus c'est bas moins y a de problème.

– Celle qui va tomber en premier va pousser la partie qui va descendre pour remonter dans l'écoulement.

– Dans ce cas-là faut rehausser, t'auras besoin de la patte de zinc.

– Obligatoirement.

– Obligatoirement.

– Trois demis !

En France, on préfère les chômeurs bien payés que les travailleurs mal payés !

– On a pas besoin de fraises toute l'année.

– Vous avez rien d'autre à foutre les écolos que faire chier les fraises ?!

Le Français raciste ? va voir en Algérie ! va voir en Afrique si les mecs sont pas racistes ! les Noirs aux États-Unis, va les voir comment ils sont racistes ! tout le monde est raciste ! c'est presque ici le moins pire ! les mecs le savent, ils sont pas cons ! ils viennent en France parce que c'est le moins raciste ! t'avais beaucoup des juifs qui allaient vivre en Allemagne pendant la guerre ? mais non ! ils sont pas si cons ! si on les a ici c'est qu'on est trop cons !

Moi je veux bien travailler le dimanche, mais je m'en fous, je foutrai rien.

La Romanée-Conti, ça va avec rien.

Je suis tolérant, mais pas plus !

– *Moi je défends les gens qui pensent pas comme moi.*
– *Moi je pense comme toi !*
– *Toi t'es con.*

Il faut pas oublier qu'il y a mille ans on était encore des singes.

Si tu votes pas pour le connard qui se présente, c'est que du one-man-show le mec.

T'es saoul, t'es à jeun, t'es saoul, t'es à jeun, c'est le régime yoyo !

– *Je roulais pas vite, j'étais à 37.*
– *C'est la vitesse de la température du corps.*

Un bout de glace en forme de violon, il pleure quand il fond !

Le jumeau qui sort en premier, plus tard, c'est celui qui porte les deux cartables.

– *Elle est bien taillée ta barbe.*
– *Je vais chez un barbier, un vrai qui fait pas les poufiasses.*

Ils forcent l'Alsace à se mettre avec la Lorraine, ça finira mal ! comme les pays africains !

Je l'ai pris moi le pont de l'île de Ré qui va à Oléron.

Le poisson pas frais, il est toujours frais, si tu le sers frais dans une salade.

On dégueule pas sur son bébé !

Ah non !

Je mange des filets d'hareng le matin mais j'ai pas de mérite, je conduis un camion.

L'an 2000, c'est aussi vieux que l'an 1000, maintenant.

On arrive à changer le climat et on arrive pas à changer le chômage !

Je suis comme Fleur Pellerin, je lis rien.

Une boîte de thon, ça bouge pas ! moi, en six mois, je prends un an !

Ah bon ?

Moi quand j'achète une boîte de thon, je me pose pas de question.

– *Le Français est con !*
– *Moi je trouve pas.*

Poule au riz avec du cheval, pâté de tête avec les pieds, cuisine à la Prévert.

– *Il est pédé Florian Philippot ?*
– *C'est un mec du Front national !*
– *Y a des pédés au Front ?*
– *C'est pour les élections qu'ils disent ça.*
– *Bientôt ils seront juifs.*
– *Pour la présidentielle, il sera noir !*

Déjà qu'à Paris, le dimanche, y a rien, à l'époque préhistorique, le dimanche, je te raconte pas !

– *Il va mieux ?*
– *Oui, ça va mieux son cancer, il est en forme, il est de bonne humeur, il a la flemme, ce matin il est pas allé bosser, il va se refoutre au chômage !*
– *Il revit alors !*

Ça se lave pas la fourrure, c'est des animaux.

Les maladies génétiques, c'est les gènes pourris des mères ! c'est les mères qui donnent les maladies aux enfants ! salopes !

Les petits vieux maigres avec une casquette, ils boivent du vin blanc, quand ils traversent la rue, je fais attention, je les aime bien, je les écrase pas, surtout à la Noël, le soir, on voit pas bien avec les illuminations, tuer un vieux qui boit du vin chaud, c'est triste, je trouve.

Crottin de crotale !

– Elle est tombée de sa fenêtre, c'était dans le journal.

– Pour une fois qu'il se passe quelque chose dans le village !

Combien un éléphant il a de femmes dans sa vie ?

– C'est bien Shakespeare à lire.
– C'est du théâtre.
– Ça se lit le théâtre !
– En plus ? eh ben.

On était des hommes, on est plus que des gens !

Ce qui est bien dans les pays chauds, c'est que dès que tu mets un pull, t'es obligé de l'enlever, t'as trop chaud.

– J'ai voulu sentir le vin dans la casserole, j'ai mes cheveux qui ont trempé dedans !
– Ça sent pas le vin.
– Je sais, j'ai mis trop de cannelle.

Comment tu veux rouler à cinquante à l'heure en Bretagne avec un vent qui fait quatre-vingt-dix ?

L'islam, ils ouvrent pas les huîtres, ils ouvrent l'écailler !

Chez eux, c'est le chat qui commande.

La crèche, c'est pas religieux, j'en ai vu une en foie gras.

– Avec ma femme, on se met toujours là face à la pompe à bière.
– C'est la suite parentale.

Ils disent que le premier homme est apparu en Afrique, c'est pour qu'on leur envoie du pognon !

C'est Biarritz qui se réchauffe le plus, sur la Terre.

– Si le pape bénit les nuages, il pleuvra de l'eau bénite !
– T'arrives d'où ?

Strasbourg, y a le Parlement, mais c'est surtout la saucisse.

Une dent préhistorique que tu trouves par terre ça intéresse tout le monde, alors qu'un mec couché sur le trottoir aujourd'hui tout le monde s'en fout.

Même aux Antilles, t'as pas le droit d'appeler un enfant « Pain grillé » ou « Poule au riz », par exemple.

– Il est mort Guy Béart ?
– Du cancer. Sa fille c'est pas mieux, elle a un bec de canard.

Ça leur fait pas mal le gavage des oies, on prend des cuites pires.

Si quelqu'un s'intéresse à un truc plus que moi du coup moi ça m'intéresse plus.

Le plus indépendant, c'est le chat mort.

On a picolé dans la moyenne de saison.

Moi j'attends pas d'être malade pour repicoler après comme si j'étais content d'être guéri.

Tu trouveras pas un bon pain ! c'est un quartier homosexuel !

– *Il est mort Jacques Chancel.*
– *Y a longtemps !*
– *Non, aujourd'hui.*
– *Ah bon ?*
– *Cette nuit.*
– *C'est lequel qui est mort y a longtemps ?*
– *Zitrone.*
– *Non, pas lui.*
– *Il est mort Zitrone.*
– *Un qui est mort y a longtemps mais moins longtemps que Zitrone.*
– *Un qui est mort y a moins longtemps que Zitrone, y en a plein.*
– *Ils sont morts les Frères ennemis ?*
– *Non, des gens de la télé.*
– *Mitterrand ?*
– *Celui qui est mort ou l'autre ?*
– *Vous buvez quoi les gars ?*

C'est pas moi qui ferai dix mille kilomètres pour découvrir un endroit que je connais même pas !

Y a de tout sur son plateau de fruits de mer, c'est la mégalopole.

Au début ça fait bizarre de mourir, après mille ans que tu es mort, ça devient normal ! tu reviendrais pas en arrière.

Je picole, le temps s'arrête, comme le temps s'arrête, je picole, puisque j'ai le temps ! je picole, le temps s'arrête, comme le temps s'arrête, je picole, puisque j'ai le temps ! je picole !

Nous, à la maison, on se complique pas, on fait comme dans la vraie vie.

Le chèque à l'auteur est le texte fondateur de la littérature !

Le bon vin, ça se mange tout seul.

– Cuba, ça va être que des putes, la came, et du luxe !
– Tu préférerais qu'ils fabriquent des pneus ?

Je lui dis sale négrot, mais c'est comme si je dis sale Chinois à un Chinois ! c'est pas du racisme, c'est des phrases ! c'est tout ! si je lui dis « enculé de bougnoul » à l'Arabe c'est comme si je dis « enculé de Yougo » à un Yougo ! c'est rien, je dis ça à tout le monde !

Ebola, si ça se trouve, un coup de pastis et ça se soigne, on peut pas savoir tant qu'on a pas essayé.

– Ils foncent dans la foule en criant : « Allah Akbar ! »
– Joyeux Noël, en arabe.

Si ils mettent des caméras de surveillance dans les rues, j'aimerais bien avoir les écrans chez moi pour voir.

– C'est une saloperie qui rentre dans l'huître et ça fait une perle.
– Dommage que les Arabes qui rentrent en France, ça nous fait pas des perles !

Respecter la nature ! elle nous respecte la nature ? quand tu vois les merdes de pigeon sur les voitures !

– Si tu fais voter les Arabes, t'aurais un président français arabe.
– Les femmes elles votent, on a jamais eu une femme président.

Les ombres ! les lumières ! c'est de l'esbroufe ! c'est comme les sons ! c'est bidon !

Le sida, c'est des inventions pour nous prendre du fric ça encore !

J'aime bien la télé, je me fous de ce qui y a dedans.

Nous, les églises ont toujours été là, on les a pas construites, c'est pas comme les mosquées qu'ils mettent partout maintenant !

Y aurait pas la gravité terrestre, on pourrait boire plus.

J'ai jamais pris un avion qui s'est écrasé, je suis un miraculé !

Avec une jambe plus courte que l'autre, tu tournes en rond, comme les aiguilles d'une montre.

Y a pas de débat démocratique puisque c'est toujours le plus fort qui gagne.

Le midi, je mange toujours pareil, ça me fait un sujet en moins dans le cerveau.

– Sept milliards d'hommes à nourrir !
– On manque pas d'alcool, pourquoi on manquerait de bouffe ?

La télé, c'est que des documentaires sur les animaux ou des émissions de cuisine, remarque, c'est pas loin.

Un euro quarante, c'est un café, qu'est-ce que tu veux faire avec un café maintenant ?

– J'étais bourré, j'ai ramené tout le monde.
– T'étais pas capitaine de soirée ?
– Commandant !

Pour chaque mort de froid dans la rue, je tuerais un ministre, ou sa femme.

Trop tard ! t'as plus qu'à boire un coup ! t'as atteint le point de non-retour de pas y aller.

Il sera pas dans les livres d'histoire Hollande, il sera dans *Tintin*.

– Moi quand je serai enterré je veux une croix qui me tourne le dos plantée à mes pieds et que moi je suis couché sur le ventre avec un capuchon de stylo !
– Tout doux.
– Les plus sincères c'est les poissons, les oiseaux c'est des enculés !
– Tout doux.
– Des enculés les oiseaux !
– Tout doux !

Sans mon permis, je peux plus rien faire ! et si je voulais aller... au théâtre, par exemple... ou même boire un coup le soir, comment je rentre ? je suis plus considéré comme un Français !

Pas le droit de téléphoner en voiture ! et si tu manges des bulots ?

Jésus sur la croix, c'est pas le vrai, parce que le vrai, y en a qu'un.

– *Ils partent au ski, ils restent coincés sur la route à cause de la neige !*
– *Vivement la guerre !*

Un verre là ! un verre là ! un verre là ! comme si on picolait dans un champ de mines !

Mozart, il a pas fait de musique pour le cinéma, il a fait que des pubs.

– *Même si on dépense des milliards de milliards, si c'est que pour on sauve que un seul enfant, ça vaut le coup !*
– *Tu t'en occupes de ton enfant toi ?*
– *C'est pas pareil ! il est pas malade !*

Quand je vais chez le boulanger, tous les jours, je lui dis oui pour son pain, je vote oui pour mon boulanger ! ils ont qu'à nous vendre du pain les politiques si ils veulent qu'on vote, ils nous vendent rien !

La France n'a pas la taille d'un pays.

– *C'était bien le réveillon ?*
– *Beuh... moi... la merde de la vie... tu fais ce qu'on te dit le travail... là... on sait pas vivre... le temps... et hop un jour ! voilà ! t'es là ! t'obéis ! merde !*
– *Ah oui, OK.*

C'est tellement beau la neige dans la montagne, on dirait que c'est fait exprès.

La vie, faut la finir ! même au frigo, ça se garde pas !

Moi ce que je cherche, c'est l'homme, derrière l'huître.

Y a plein du bon à manger dans la merde de Noël, on pourrait l'envoyer en Afrique.

Directement je les foutrais dans les prisons les tris des déchets, avec les déchets des hommes !

Ta gueule ! et j'te l'dis comme ça s'prononce !

– *Concours de beauté.*
– *D'élégance ! ça s'appelle, avec le chien, le maître, la voiture !*
– *Moi mon chien il a que trois pattes.*
– *T'as pas le permis !*
– *J'y vais en tracteur, avec la femme dessus, toute rouge !*

Jésus, tu le comptes comme Terrien ?

Michel Drucker, y en aura pas un autre après la mort de Michel Drucker.

– *Vous êtes laids !*
– *Normaux.*

N'importe quelle race, on voit que c'est un chien à la forme, une forme de chien, c'est pas une race le chien qu'on voit que c'est un chien, c'est une forme, une forme de chien ! le chat il a une forme de chat, l'oiseau une forme d'oiseau, mais oui ! bien sûr ! la forme du chien, c'est ça le chien ! comme une chaise !

Il dit jamais bonjour votre chat ?

T'es pas chômeur de longue durée, t'es travailleur de courte durée toi !

Mais oui ! bien sûr ! je le dirais pas sinon.

On a plus le droit de dire du mal des Noirs maintenant !

Le canard, c'est ses palmes qui lui dévisagent les pieds.

– *En général, la gastro, c'est sur les huîtres.*
– *Non non ! t'en as sur la bûche.*

Moi, de la viande, j'en vends jusqu'à ce que les gens en veulent plus, ça fait trente ans qu'ils en bouffent ! juste de la mienne ! alors en tout !

C'est dégueulasse de vieillir la nuit, le temps devrait ralentir quand on dort.

Je n'aime pas la galette, et je ne sais pas pourquoi.

Moi j'apprends rien, tous les jours !

– Refuser l'enterrement d'un bébé, c'est infect, même si c'est un Rom.
– Moi tu me files du fric, je l'enterre dans le jardin le môme, je m'en fous.

La France peut pas accueillir tous les morts de la planète !

– C'est le maire qui a pas voulu qu'on enterre le bébé rom.
– Le bébé dans le cercueil moi j'irais le faire brûler devant la mairie !

Le patient c'est lui qui a mal et c'est lui qu'il faut qu'il paye, en plus ?

– Gravement malade, c'est bien de travailler, tu penses à autre chose.
– Le cancer ! et en plus faut aller bosser ? moi le cancer, devant la télé ! Télématin, Patrick Sébastien, Nagui, toute la merde !

Avant de naître, on existe pas mais on est pas mort, sinon c'est la charrue avant les bœufs, si on est mort avant de naître.

Je m'en fous d'être enterré à la fosse commune, mais pas avec n'importe qui.

– Hollande, il est quand même président !
– Eh ben, le secret est bien gardé !

Hollande contre Le Pen ! c'est le pot de terre contre le pot de merde !

– Ils sont en grève, faut bien qu'ils défendent leur bifteck.
– Des docteurs qui défendent leur bifteck, c'est des bouchers !

La disparition des dinosaures a été le début de la désertification des zones rurales.

– Je te ressers si tu payes ce que tu dois.
– C'est dégueulasse de prendre un vieux client en otage !

Le docteur, y m'a dit : « Attention ! » Ça veut dire quoi, attention ?

C'est bien les enterrements des vedettes, on voit les gens du show-biz pas maquillés, trente ans de plus !

– Les mecs restent toute la journée sur les bancs à picoler, du coup la mairie vire les bancs !
– Ils ont qu'à boire comme nous, on boit debout.

Tu fais un pull avec les poils du chien, quand le chien est mort, y reste le pull.

La force de l'intelligence, c'est de la merde, c'est encore une loi de la force !

T'es beau comme James Dean après l'accident !

– Tiens, tu m'en remettras un autre, que je parte pas sur une jambe.
– Toi ! avant que tu partes ! t'en auras cinquante des jambes !

Soi-disant que pour enterrer le bébé rom y avait pas de place dans le cimetière ! même sur un balcon y a la place pour enterrer un bébé !

L'islam, ils décapitent ! nous à Noël on se bourre la gueule, c'est pas pareil !

– T'as vu le bide qu'il a !
– C'est la picole qui lui fait un glissement de terrain.

T'as la connerie à son comble toi !

– Cinq mille dollars ça leur coûte pour être entassés sur un bateau, traités comme des animaux !
– On a qu'à les bouffer alors !

– Faut pas confondre islam et islamisme.
– Comme Christian et christianisme.
– Pauv' con !

– J'ai été gâtée, j'ai eu une robe de chambre.
– Avec ça, on oublie les misères du monde !

Houellebecq, il est comme Céline, il veut des musulmans au gouvernement de la France que pour faire chier les juifs !

C'est toujours les gens sans histoires qui finissent par faire des conneries.

– Il était bipolaire Napoléon ?
– T'as vu le chapeau.

Un jour, faudra évacuer la Terre.

– Bon an mal an.
– Quand ?
– Il est mort hier.

– Nanar, t'as pas soif ?
– J'ai jamais pas soif !

– Il est pas là Paella ?
– Sur le marché.
– Il est pas là Beignet-de-morue ? que je leur paye un coup.
– Sur le marché !

– Je vais chercher les énergies dans les cristaux.
– Pendant ce temps-là, je fais la vaisselle.

Moi ma femme est con, c'est impeccable.

La douleur, ça va partout, alors qu'un truc qui fait du bien, ça va pas partout.

Moi si je deviens aveugle, je bois le double.

– Le cancer, c'est le hasard, que tu fumes ou pas, c'est pareil.
– Je fume pas.
– Pas de chance !

Elle dit des super banalités, ça finit par être bien.

– Le climat se dérègle.
– Le climat, ça marche jamais !

Ce qu'il a dit, il va le penser.

L'immigration climatique, avec la fonte des glaces, on aura des Esquimaux par terre sur le trottoir à nous mendier encore !

– Lucien ?
– Il est à la poste.
– Bon, je vais l'attendre en attendant.

Elles ont mauvais caractère en plus les grosses horribles.

Une fois, pareil, moi, je sors, j'avais balayé propre, les feuilles retombées !

– Le foie gras, tout est parti, les huîtres aussi, le saumon fumé, on a mangé la moitié, la dinde, il en reste, les fromages, on a pas touché, la bûche, tout est parti, on en a pour une semaine à finir tout ça !
– Faut en donner.
– À qui ? on a donné au chien, il a pas fini.

– Seulement un ténor peut comprendre un autre ténor.
– Ça, c'est des conneries de ténors entre ténors.

C'est pas en disant un truc que ça changera quoi que ce soit au bidule.

– *Quand j'ai quelqu'un bourré à la maison, je le retiens pour qu'il conduise pas.*
– *Moi le mec bourré chez moi, je le fous dehors !*

Le foie gras, les escargots, le boudin blanc, c'est bien que la France soit quelque chose par rapport aux autres pays.

Chez moi, c'est un peu comme ma deuxième maison.

– *Ceux qui sont dans la station orbitale, ils souhaitent le nouvel an dans la station orbitale.*
– *Ben oui ! ils vont pas rentrer pour ça !*

– *Le foie gras, c'est de la torture.*
– *On torture les animaux, tout de suite, c'est le foie qui prend.*

Ce que je contrôle le mieux, c'est le hasard.

Chier de la merde, c'est l'acte d'un fou !

– *Personne le connaît Woody Allen aux États-Unis.*
– *Toutes les merdes qui font des bides aux États-Unis, on se les récupère, on est la poubelle du cinéma américain.*

Quand tu vois la tour Eiffel, c'est presque du tourisme sexuel.

– Encore un mec qui fonce en voiture dans la foule !
– C'est des fous.
– C'est la Noël qui rend fou.
– Onze blessés à Nantes.
– Vous n'avez pas ça à Pâques.

– Je suis pas là pour que tu m'aimes ! je suis là pour que tu me serves !
– Tu me fais chier, je te sers plus !
– Ah ben non, je suis là pour que tu m'aimes alors !
– Terminé !
– Tu me sers ?
– C'est fini.
– Je suis là pour que tu m'aimes et que tu me serves !

Pourquoi t'as besoin de quelqu'un d'autre pour avoir une idée tout seul.

Le malheur est une plante à parfum.

– Toi tu connais que des cons !
– Et toi alors ?! tu crois que t'es mieux ?!
– Euh... oui... euh...

– Ça s'arrange pas !
– Quoi ?

T'étais limitrophe hier soir !

J'ai vécu en Afrique, la viande elle traîne par terre, elle est pleine de mouches, on la ramasse, on la fait cuire, on est pas malades ! alors qu'est-ce qu'ils nous font chier avec leurs contrôles d'hygiène pour tuer le petit commerce !

Les crottes de souris, c'est pas sale, pendant les guerres, on les mange.

– Le piano, ça va dix minutes !

– La trompette, moi, même pas cinq minutes !

– J'avais perdu mes lunettes de soleil, je les ai retrouvées.

– Moi c'est mes clés de la boîte aux lettres, je les avais perdues, c'est bon, je les ai retrouvées.

– Je les avais pas perdues en fait, je les avais pas prises.

– Moi je les avais dans la poche.

– Et la clarinette ! même pas deux minutes !

– Et le violon ! une minute !

– J'ai grossi, je rentre dans rien !

– Vous rentrez quand même dans le café.

Ben avec tout ça, je vais pas manger à la cantine avec mes copines ? (*une petite fille*).

Mercredi 7 janvier 2015

Attentat à *Charlie Hebdo*

12 morts

Cabu, Charb, Philippe Honoré, Frédéric Boisseau,
Georges Wolinski, Bernard Maris, Elsa Cayat,
Mustapha Ourrad, Michel Renaud,
Franck Brinsolaro, Tignous

Un policier abattu dans la rue
Ahmed Merabet

Jeudi 8 janvier 2015

Une policière abattue dans la rue à Montrouge
Clarissa Jean-Philippe

« Le plus grave c'est pas que les bonnes choses aient
une fin, c'est que les pires aient un début ! »
(Charb)

Vendredi 9 janvier 2015

Attentat porte de Vincennes

4 morts

Yoav Hattab, Yohan Cohen, Philippe Braham,
François-Michel Saada

Silence des comptoirs

Fermeture définitive des BRÈVES DE COMPTOIR

Du même auteur (suite)

AU THÉÂTRE

Les Brèves de comptoir, « Une journée », ont été créées le 23 août 1994 au théâtre Tristan-Bernard, direction Eddy Saiovici, mise en scène Jean-Michel Ribes.

Les Nouvelles Brèves de comptoir, « Une année », ont été créées le 15 septembre 1999 au théâtre Fontaine, direction Dominique Deschamps, mise en scène Jean-Michel Ribes.

Les Nouvelles Brèves de comptoir, « Une semaine », ont été créées le 9 mars 2010 au théâtre du Rond-Point, mise en scène Jean-Michel Ribes.

Les Cantates de bistrot, d'après *Les Brèves de comptoir*, ont été créées en 2004 à la Péniche Opéra, opéra-comique, musique de Vincent Bouchot, direction et mise en scène de Mireille Laroche.

Rita, elle est pas belle la vie ?, d'après *Les Brèves de comptoir*, a été créée le 10 janvier 2012 à la Péniche Opéra, opéra-comique, musique de Gaetano Donizetti et Vincent Bouchot, direction et mise en scène de Mireille Laroche.

Cet ouvrage a été composé et mis en pages
par ÉTIANNE COMPOSITION
à Montrouge.

Impression réalisée par

BRODARD & TAUPIN

La Flèche
en octobre 2015

Dépôt légal : octobre 2015
N° d'édition : 54935/01 – N° d'impression : 3012744
Imprimé en France